THE PREDICTIONEER'S GAME

預測工程師

的遊戲

如何應用**賽局理論**，
預測未來，做出最佳決策

Using the Logic of Brazen Self-Interest to See and Shape the Future

布魯斯‧布恩諾‧德‧梅斯奎塔（Bruce Bueno de Mesquita）／著

林添貴／譯

本書為《預測未來》2013 年改版

經濟趨勢 55

預測工程師的遊戲
如何應用賽局理論，預測未來，做出最佳決策

作　　　者	布魯斯‧布恩諾‧德‧梅斯奎塔（Bruce Bueno de Mesquita）
譯　　　者	林添貴
責 任 編 輯	林博華
行 銷 業 務	劉順眾、顏宏紋、李君宜

總　編　輯	林博華
發　行　人	涂玉雲
出　　版	經濟新潮社
	104台北市中山區民生東路二段141號5樓
	電話：（02）2500-7696　傳真：（02）2500-1955
	經濟新潮社部落格：http://ecocite.pixnet.net
發　　行	英屬蓋曼群島商家庭傳媒股份有限公司城邦分公司
	104台北市中山區民生東路二段141號2樓
	客服服務專線：02-25007718；25007719
	24小時傳真專線：02-25001990；25001991
	服務時間：週一至週五上午09:30-12:00；下午13:30-17:00
	劃撥帳號：19863813；戶名：書虫股份有限公司
	讀者服務信箱：service@readingclub.com.tw
香港發行所	城邦（香港）出版集團有限公司
	香港灣仔駱克道193號東超商業中心1樓
	電話：852-25086231　傳真：852-25789337
	E-mail: hkcite@biznetvigator.com
馬新發行所	城邦（馬新）出版集團Cite(M) Sdn. Bhd. (458372 U)
	11, Jalan 30D/146, Desa Tasik, Sungai Besi,
	57000 Kuala Lumpur, Malaysia
	電話：603-90563833　傳真：603-90562833
印　　刷	宏玖國際有限公司
初 版 一 刷	2010年12月23日
二 版 一 刷	2013年8月6日

城邦讀書花園
www.cite.com.tw

ISBN：978-986-6031-38-0

售價：390元

〈出版緣起〉
我們在商業性、全球化的世界中生活

經濟新潮社編輯部

　　跨入二十一世紀，放眼這個世界，不能不感到這是「全球化」及「商業力量無遠弗屆」的時代。隨著資訊科技的進步、網路的普及，我們可以輕鬆地和認識或不認識的朋友交流；同時，企業巨人在我們日常生活中所扮演的角色，也是日益重要，甚至不可或缺。

　　在這樣的背景下，我們可以說，無論是企業或個人，都面臨了巨大的挑戰與無限的機會。

　　本著「以人為本位，在商業性、全球化的世界中生活」為宗旨，我們成立了「經濟新潮社」，以探索未來的經營管理、經濟趨勢、投資理財為目標，使讀者能更快掌握時代的脈動，抓住最新的趨勢，並在全球化的世界裏，過更人性的生活。

　　之所以選擇「**經營管理—經濟趨勢—投資理財**」為主要目標，其實包含了我們的關注：「經營管理」是企業體（或

非營利組織）的成長與永續之道；「投資理財」是個人的安身之道；而「經濟趨勢」則是會影響這兩者的變數。綜合來看，可以涵蓋我們所關注的「個人生活」和「組織生活」這兩個面向。

這也可以說明我們命名為「經濟新潮」的緣由──因為經濟狀況變化萬千，最終還是群眾心理的反映，離不開「人」的因素；這也是我們「以人為本位」的初衷。

手機廣告裏有一句名言：「科技始終來自人性。」我們倒期待「商業始終來自人性」，並努力在往後的編輯與出版的過程中實踐。

目錄

賽局理論準確預測了許多國際事件，兩岸關係的未來又會如何發展？

嚴震生

　　本書作者梅斯奎塔（Bruce Bueno de Mesquita）教授是美國重要的國際關係學者，他在1960年代末期於密西根大學攻讀政治學博士撰寫論文時，因閱讀賽局理論大師、羅徹斯特大學（University of Rochester）萊克（William H. Riker）教授的經典著作《政治結盟理論》（*The Theory of Political Coalitions*）而著迷。當他發現該書有一邏輯上的錯誤，而寫信給萊克教授求證後，萊克教授在1972年聘他到羅徹斯特大學任教，建立了該校採用數學模型進行政治分析的權威地位。

　　1980年代中期他轉往史丹佛大學胡佛研究所（Hoover Institution）從事研究工作，本世紀初起，又在紐約大學政治學系任教，同時還是梅斯奎塔與隆岱爾（Mesquita & Roundell, LLC）顧問公司的合夥人，以賽局理論模型提供情

報界及企業界諮詢服務。

梅斯奎塔之所以著名，乃是他以理性選擇（rational choice）為出發點，再利用賽局理論來預測政治領導人的政策走向及決策過程。根據他自己的說法，這個量化模型獲得的結果，往往比由專家根據質化知識所做的判斷更為精準。他以自己1979年替美國國務院預測印度政局發展為例，說明其設計模型的精準。梅斯奎塔宣稱根據美國中央情報局（CIA）已解密的評估，他負責的預測有九成準確率，是CIA內部評估的兩倍。他還表示，賽局理論不僅是國際關係政治談判的重要工具，也適用於企業甚至個人的決策行為。

舉例來說，就以個人較為熟悉的非洲政治來看，梅斯奎塔指出中非地區薩伊共和國的莫布杜總統長達三十多年的專政獨裁事實上是有跡可循的，因為這是符合他理性的選擇。近年來在我國所處東北亞地區最令人頭痛的金正日，其看似非理性的行為模式，事實上是完全符合其國家利益。梅斯奎塔認為每個議題相關的利害關係人（stakeholder）或團體都有其偏好的立場，他對這些立場提出四個問題：第一、利害關係人最想要的結果為何？第二、他們會多努力來達成此目標？第三、他們對其他人的影響力究竟有多少？第四、他們的意志力有多強？梅斯奎塔再以不同的比重將這四個數據輸入他的模型，經過演算而得出最有可能的結果，就成為他預測的根據。

　　梅斯奎塔之所以成功，乃是因為他對訪談的利害關係人之觀察入微，能夠透過對話及肢體語言獲得正確的資訊，並且給予適當的比重，因此雖然他宣稱數學模型讓他做出精準的預測，但若沒有對利害關係人的正確分析，則所有輸入電腦程式的數字也無法反映出應有的預測。

　　由於梅斯奎塔數學模型預測的表現極其精準，又是受到尊敬的學者（有十六本專書和上百篇學術論文），因此經常受到美國政府及企業界的邀約，讓他不僅名利雙收，更成為政治學界將賽局理論形成主流的重要推手。不過儘管梅斯奎塔的預測能力無庸置疑，但他也曾失準過。在1986年出版的《五星旗下的香港》（*Red Flag Over Hong Kong*）一書中，他預測香港的媒體在九七年後會成為港府的工具，雖然有不少批評家認為香港媒體偶爾會進行自我檢查（self-censorship），但沒有人會接受港媒是港府工具的看法。

　　若是將賽局理論應用在兩岸關係上，大陸及台灣的各個利害關係人及政策選擇當然是重要的決定因素，但不可否認，美國的角色更是不可或缺。有學者根據賽局理論對兩岸三邊關係進行分析，認為中國大陸不使用武力、台灣選擇實質而非法理獨立、美國無需軍事介入兩岸衝突最符合三邊利益，事實上，由諾貝爾經濟學獎得主也是賽局理論大師的奈許（John Nash）提出的「奈許均衡」（Nash equilibrium）之存在，或許在2008年國民黨重新執政、兩岸達成和解後，

獲得證實。

　　對企業決策行為及談判有興趣的讀者，這本書確實值得思索細讀。對研究國際關係的學者而言，梅斯奎塔的預測，無論是針對北韓或是伊朗，都會成為美國及國際社會制定政策領導人的重要參考，但不知他是否有替美國國務院預測兩岸關係的未來發展，或許這是台灣讀者最想獲得的資訊。

　　　　　　（本文作者為政治大學國際關係研究中心研究員）

善用賽局理論，做出更好的決策

陳勁甫

　　賽局理論可以運用在解釋、預測，甚至影響許多國際、社會、經濟、戰爭、個人的行為與活動。因賽局理論得到諾貝爾獎的至少就有John Nash（1994）和Thomas Schelling（2005）。本書作者布魯斯・布恩諾・德・梅斯奎塔（Bruce Bueno de Mesquita）是賽局理論運用的大師，我之前也讀過他在1981年出版，利用賽局理論與期望效用理論來解釋戰爭與衝突的《戰爭陷阱》（*The War Trap*）。

　　《預測工程師的遊戲》這本書是布恩諾・德・梅斯奎塔探討與運用賽局經驗的最新力作。作者從日常生活的買車學問展現賽局思維的運用，如果想買車的人能熟用此章的智慧，就遠遠值回書價。接著作者也以淺顯易懂的語言介紹了賽局理論的基本理念與假設。簡單地說，人是理性的，人們互相競爭與互動，彼此會去做其認為最符合其利益的事。要

能了解狀況掌握全局，人就必須學會將心比心，策略性地思考別人的問題，因為參與賽局者的利益如何交集或衝突，乃是評估決策與結果的基礎。因此，要做出可靠的預測通常只需：一、確認哪些人或團體可能影響結果；二、他們的政策立場或想要什麼？三、此議題對他們的份量有多重要；四、他們在說服他人或改變政策的影響力有多人？決策者只要能善用專家，並知道從哪裏蒐集這些資訊，有信心地運用資訊就可以掌握預測和策畫結果的關鍵。

作者運用其所開發的模式去解釋、預測並幫助決策者做出更好的決策與獲致所要的結果，從北韓核武危機、中東和平、美國柯林頓健保法案、銀行併購、企業弊端風險、企業執行長的挑選到因應氣候變遷的預測，可說是包羅萬象，也充分顯示賽局理論的廣泛運用範圍。然而模式的推論、預測都建構在模式是否合理真實？模式可以非常複雜，也可以很簡單地在一張餐巾紙上擘劃和平。本書美中不足之處在作者並沒有清楚地描述其模式的詳細內涵與程序，因此難以加以複製或運用。這或許是有其商業機密或本書的對象為一般讀者的考量。雖然如此，透過作者案例模式的邏輯與理性推導，我們是可以了解到在複雜的模式背後有其共通的簡單邏輯與思維，而這些啟發就已深具價值。

舉例來說，作者在前言就指出「我們今天的世界，不惜花費億兆元為戰爭作準備，可是卻很少花錢在改進決策……

當然也沒有好好思考如何成功地談判。」的確，一個國家、企業到個人整體的績效表現，可以說是其決策與執行的總和，今天的管理都過度專注在執行面，而常忽略了決策面的努力。事實上，大部分的失敗結果都可歸咎到錯誤的決策，「錯誤的決策更甚於貪污」！而要做出好決策的第一步就是要清楚了解決策問題的本質，這是非常關鍵也是常被忽略的一步。作者在第五章就清楚指出把問題定義清楚的重要性，建構問題通常是預測工程過程中最困難的一部分，而初步診斷錯誤，幾乎必然會肇致錯誤治療。的確，今天很多的管理成效不彰或導致災難後果，往往是運用龐大資源與精密工具去解決錯誤的問題所造成的，例如越戰的失敗、反恐戰爭成效不彰等。

另外就制度設計上，不能只是一味地防堵與規範，組織制度的設計必須考量到人性追求自我利益的動機。例如書上指出以「沙氏法案」（Sarbanes-Oxley Bill）來防止企業舞弊是沒抓住根本原因。給予經營主管錯誤的誘因，他們必會做出對社會不利的行為。給予他們正確的誘因，他們會正直行事，不是因為這樣符合公民道德，而是因為這樣符合他們本身的利益。當然，適當的誘因制度加上正確的倫理道德信念，才是企業永續經營與追求卓越績效之道。

世界是複雜的，也充滿問題與挑戰，但我相信在複雜的背後仍有簡單的動力與邏輯在推動這複雜世界的運作。本書

是作者30年來的經驗菁華與啟發，值得大家去細細品味並
活用在生活與工作上，來改善你的決策品質與環境。

（本文作者為元智大學社會暨政策科學系副教授）

預測未來，從共通的人性出發

馮勃翰

《預測工程師的遊戲》這本書的作者梅斯奎塔，有一份讓人眼花撩亂的個人履歷。他是紐約大學的講座教授，國際政治領域的權威學者，著作等身，過去十年來又跨足憲政體制的比較分析。另一方面，他是一家顧問公司的創始人與合夥人，曾任美國中央情報局、五角大廈、以及許多大企業的特別顧問，業務範圍包含了國際局勢預測、法律訴訟策略以及商業談判策略的擬定，不一而足。

究竟是什麼樣的背景與專長，讓一位政治學博士可以橫跨從北韓核武問題到華爾街企業併購，這種種看似不相關也不相容的場域？這當中一以貫之的祕訣，在於一套善用既有資訊、研判對手動向、並找出最佳對策的系統性方法。這套方法，用行話說叫做「賽局理論」。而這當中最讓人難以捉摸的環節，就是如何洞悉你的對手怎麼想、預測你的對手下一步會怎麼做。在這裏，你的「對手」可以是向你推銷最新

車款的業務員，可以是商場上和你搶生意的其他廠商，可以是職場裏和你角逐同一個晉升職位的同事，也可以是國際公約談判當中的他國代表。

我在西北大學管理學院任教的時候，曾經和一個鑽研賽局理論的數學家聊到這些話題。他說，學院裏的教育大多可以訓練學生如何在已知對手策略的情況下，輕鬆找出對應策略，游刃有餘；但是實戰上的關鍵，卻是如何精準地判斷對手會用什麼策略。若沒有這樣的預測能力，其餘的技能都是英雄無用武之地。

在這本書當中，梅斯奎塔拿出了壓箱寶，向讀者分享他近四十年的教學、研究與顧問經驗，所累積出來的訣竅。這個訣竅是，先放下意識形態和個人好惡，認清大多數人逐利的共通人性，然後設想自己若位在別人的處境、擁有同樣資訊的情況下，究竟會怎麼做。書中梅斯奎塔旁徵博引，用一個接著一個的真實案例，來闡釋他的基本想法，這當中包括了他個人和車商殺價的心得，對於伊朗、北韓、印度政治局勢的分析，甚至還有對斯巴達亡國和哥倫布發現新大陸的這些重大歷史事件的重新解讀，讓人眼界大開。

梅斯奎塔曾有超過二十年的時間，任教於羅徹斯特大學（University of Rochester），而他的基本思路就是在這段期間成形的。羅徹斯特位在紐約州西北一隅、安大略湖南岸，在數位科技尚未發展成熟的年代裏，曾是全球光學工業

的重鎮，繁華盛極一時。在那個年代裏，在政治學大師威廉‧萊克(William H. Riker)的號召下，羅徹斯特大學聚集了一群年輕教授和博士生，他們捨棄了個案分析和哲學思辨等政治學傳統研究方法，卻引入了賽局理論和統計學來分析選舉、立法程序、公共行政、憲法和國際關係。這些人及其後進所共同發展出來的，就是今天大家常聽到的「理性選擇」（Rational Choice）學派。而當年梅斯奎塔也參與其中。

而後許多從羅徹斯特出去的年輕學者，紛紛為哈佛、史丹福、普林斯頓、西北大學等名校所網羅，當中有不少人也和梅斯奎塔一樣，成為知名顧問，直接或間接地影響了美國的政治與商業。和我一同合作研究立法程序問題的學者丹尼‧迪爾麥（Daniel Diermeier）就是這樣一個例子。他開的顧問公司，特約客戶就包括了美國聯邦調查局、麥當勞，以及多家石油公司和跨國銀行。而他在羅徹斯特當學生的時候，也曾坐在梅斯奎塔的課堂裏。這些人的成就和影響力，足足見證了本書當中的基本思路，並非只是適用於梅斯奎塔一人的特殊觀點。

當然，這本書的規模沒有那麼宏大。但是它絕對可以讓你一窺堂奧，跟著梅斯奎塔一同領略預測未來的一點點樂趣。

（本文作者為香港城市大學經濟及金融系助理教授）

我如何成為一個預測工程師

先來說一個故事。

今天被比利時人視為建國興邦明主的國王利奧波德二世（King Leopold II），在位期間為1865年至1909年。❶ 他身為一個立憲君主，雖然和同時代的各國國王一樣渴望享有往日的絕對王權，但仍是一個非常有勢力且活躍的國王，促成了比利時人民的自由、繁榮與安全。

在利奧波德統治下，比利時的良好建設可謂多不勝數。他推動成年男子在有競爭的選舉當中普遍享有投票權以擴大政治自由，奠定比利時成為現代化民主政體的堅實基礎。在經濟方面，他鼓勵自由貿易政策，帶領比利時邁向高度的經濟成長。被視為十九世紀歐洲工業引擎的煤，在蕞爾小國比利時的產量，上升到幾可媲美法國的水準。社會政策也迅速開展。初級教育成為強制一律就學，依據1881年頒布的「學校法」，女子也可接受中等教育。❷ 甚至，利奧波德的政策賦予婦女、兒童的保障亦大於當時歐洲多數國家的一般水準。依據1889年通過的立法，不滿十二歲的兒童不得上

工，滿十二歲的少年每天工作時數上限為十二個小時，這與當時各國通行的政策已經大大不同。

1873年，比利時經濟發生重大危機，利奧波德提出對勞工友善的改革，如准許工人有罷工權，以改善貧民生活——美國在半個世紀後仍激烈抵制罷工權。他也推動真正宏偉的公共工程方案，如興建公路和鐵路以降低失業、促進城市化、增加商業機會。比起小羅斯福總統和歐巴馬總統他可是遙遙領先，認識到如何以投資基礎建設來刺激就業和經濟繁榮。

利奧波德在比利時國內是偉大的改革者，是比利時長治久安的奠基者。

可是，剛果的情況卻大為不同。

雖然利奧波德一生不曾到過非洲，他卻統治剛果自由邦（Congo Free State）將近四分之一個世紀（1885年至1908年）。他先在該地區榨取高價象牙，再利用該地所發展的獲利更豐的橡膠生意，積攢龐大的個人財富。剛果和比利時不同，並未設置內閣首長，當地大約三千萬人當中也沒有選民能夠限制他的作為。因為這是他的個人采邑，利奧波德可以放手實施他在比利時無法享有的絕對統治。他的「警察」——公共部隊（Force Publique）成為治理剛果的關鍵。他們的任務就是確保大量出口橡膠以迎合世界需求，替國王榨取財富——當然也藉機中飽私囊。這群屠夫由一小撮歐洲人

領導，他們綁架並奴役剛果人當兵，這些士兵回過頭來負責確保橡膠生產符合配額規定。奴工是公共部隊喜愛的生產方式，因此士兵也動手奴役剛果的男女老少。

利奧波德的「警察」薪餉微薄，但若能達到、甚至超過其橡膠配額，就可得到大筆佣金。除了叢林法則之外，他們的行為不受任何法律限制，加上透過佣金制度有巨大的財務誘因，這些士兵上上下下有志一同，不擇手段追求達成配額。不僅成功者可以致富，失敗者也會遭到嚴懲，包括挨揍，甚至處死。為了避免此一命運，這些警察就刑求、截肢、甚且謀殺底下會威脅到（或被栽贓說會威脅到）橡膠生產的人。殺死那些從事反政府活動的人可以得到獎賞，並以用掉的子彈為證，士兵們很快就開始濫殺無辜，虛報業績，甚至砍下婦孺的右手以證明他們的確奉行利奧波德的利益。公共部隊在追求利奧波德的財富、自己也從中圖利的過程中，或許有高達一千萬人被他們殺害。❸

利奧波德在比利時國內推動種種的進步政策，卻沒有在剛果做絲毫投資以改善該地情況。公路只蓋在有助於運送橡膠到市場的地方。保障婦孺或工人罷工權的法律，聞所未聞。利奧波德對於如何保障其比利時臣民，殫精竭慮；對於剛果臣民卻殘民以逞，橫徵暴斂。輸出到剛果的唯一項目大約就是供公共部隊使用的武器，可是流回歐洲的卻是龐大的財富。貿易上如此異常不均衡，終於導致比利時國內掀出利

奧波德之所以日益富有，乃是因為在非洲搞奴役等等不義勾當得來。1908年，暴行的證據已到達無從否認的地步，利奧波德才勉強把對剛果的控制權轉給比利時政府。內閣固然沒有把剛果治理得很好，但是和利奧波德一比，已經有了顯著改善。

利奧波德二世怎麼可能同時治理兩個地方，而方法、態度卻截然不同？

論者可以很輕易指責利奧波德人格分裂——在比利時是進步份子，到了剛果卻成了噬人怪獸——是因為他性格的缺陷或精神不正常。也可以很容易推說，他在剛果的恐怖統治是典型的種族主義行為。這種解釋可以令人心安，但是肯定無法看清楚整件事。我們不妨再看看剛果日後的另一個利奧波德——戴豹皮帽、從1965年至1997年統治薩伊（大部分領土即從前的剛果自由邦，今名剛果民主共和國）逾三十年的暴君莫布杜（Mobutu Sese Seko）。莫布杜統治期間害得國家破產，自己搜刮走數十億美元，還殺害了數十萬剛果人民。我們可不能把莫布杜的暴政歸咎於種族主義作祟。他瘋了嗎？恐怕不是。何況，有多少瘋子能竄升高位，倒行逆施還成功抓權數十年，這種機率有多大？

利奧波德和莫布杜絕不是罕見的案例。即使到今天，聯合國的報告還說陷入獅子山鑽石戰爭的人，手腳被砍，時有所聞。辛巴威也傳出這種刑求、截肢、甚至謀殺的事例；盧

安達更傳出種族屠殺的慘劇。我們不應該忘記納粹屠殺猶太人的大浩劫（Holocaust）；近年來還有柬埔寨的波帕（Pol Pot），下令殺害數百萬柬埔寨人民，連戴眼鏡的也不放過——戴眼鏡，證明他們唸過書、受過教育，因此可能威脅到政府。這種恐怖的統治者並沒有絕跡。歷史上領導人靠著暴政在位長久的事例屢見不鮮，而且這個事實在今天，和在百年前、千年前一樣，一直不變。❹

　　認為那些促進和平、富裕的領導人可以在位長久，受全民愛戴，因此樂於勤政愛民，這是善良的想法。但是事實上，那些想要久居其位的國家領導人很少聽進諫言，推動和平與繁榮。並不是說造福民生就會不利於領導人；只是，推動貪腐和不幸更好。比利時的利奧波德和剛果的莫布杜都清楚這一點，今天的北韓、辛巴威、土庫曼、查德、敘利亞等國家的政府也都明白箇中道理——不幸的是，這份名單還沒完沒了。

　　那些真正帶給人民好生活、自由和幸福的領導人，往往絕大多數是經由民主選舉產生，面對有組織的政治競爭。他們也往往只任職短暫的時間就被拋棄了。

　　沒錯，利奧波德統治比利時四十四年，但他是個立憲君主，如果想長久掌權，他必須在比利時的民主制度中接受限制。可是我們看看現代的民主政府，可以發現為民造福並不保證政治上得以長命百歲。梅爾夫人（Golda Meir）擔任總

理期間，以色列的經濟年成長率平均為9%，可是她在位只有四年。日本首相佐藤榮作的政績是年均成長率9.8%，在位期間也不超過八年。或許最著名的例子是1945年的邱吉爾：他在位五年，直到德國承認第二次世界大戰敗戰而投降之前的兩個月，他被迫下台，把首相職位讓給艾德禮（Clement Attlee）。然而（雖然有些誇大）他幾乎是拯救了英國。

相形之下，為什麼那些讓臣民生活於水深火熱的領導人卻可以在位二十、三十或四十多年之後壽終正寢，或是卸職之後悠遊徜徉於奢華的海灘？我認為（當然可能有爭議），強盜領導人未必天生壞胚子，至少未必都如此；而為了爭取連任而努力為人民服務者，也不見得是聖人。他們只是為了要久居其位而做了正確的事罷了。利奧波德雖然卑鄙，在剛果這個政治上不受限制的地方為自己謀求最大利益，而在比利時受到憲政限制的環境裏，他也是做最符合他利益的事。

表現良窳的差異是看領導人「必須」讓多少人高興而定。為什麼不是每個領導人都聽任親信扈從像公共部隊那樣掠奪竊取？大規模民主體制的領袖做不到這點──因為他們必須獎賞太多人，才能從竊取和貪腐中圖利自己。換句話說，制度不能有效地獎勵此一策略。然而，實質上，所有長久在位的（我指的是威權的）領導人，只靠著非常少數的將領、高級文官和家人支持。由於他們只靠少許人支持就在位，他們可以出手闊綽地收買這些人。既然得到偌大好處，

這些扈從不會肯冒險喪失特權。他們會不擇手段幫助老闆保住權位。他們會壓迫同胞；他們會堵塞言論自由和懲罰抗議者。只要老闆給他們足夠的好處，他們會刑求、截肢和謀殺，以保護老闆的利益。

難處在於，即使依賴扈從抬轎的領導人有心做些好事，他們也不敢拿已答應付給主要支持者的錢來支付這些善行良政。從扈從口袋裏挖錢，必然會遭到推翻。花太多錢幫助老百姓，扈從會擁立新主，讓新主不在群眾身上「浪費」錢，可以老老實實地付好處給他們。❺

和對獨裁君主一樣，人民也要求選任的官員負責任，他們想知道：你最近為我做了什麼？──不同的是，經由選舉產生的領導人有數百萬個潛在支持者（如果不能使他們高興，他們就會變成怨恨者），而獨裁者只需面對數百個親信扈從。民主領導人必須表現出好像很關心群眾。他們的選戰永遠像是政治主張的軍備競賽一樣：看哪個候選人對醫療照護、稅務、國家安全、教育等等有最好的主張（或表現得像是具有好主張）。每個看來適任的民主領導人被趕下台時，往往是因為他的對手被認為比他還高明。

因此，對於明君利奧波德和暴君利奧波德的解釋就開始到位了。當統治者需要許多人的支持時──如利奧波德在比利時的狀況──他的上策就是創造良好的政策。當統治者只需要依賴少數人就可掌控大權──如利奧波德在剛果的狀況

——他的上策就是讓少數人口袋滿滿、高高興興，即使其他人全都悽悽慘慘也無妨。但我們要再往下挖掘。

利奧波德、莫布杜和梅爾夫人都是強有力的領導人，但是舉個最明顯而重要的事實：他們也都是人，和我們大家沒什麼不同。不管是在政府或企業任職，我們全都力圖保住工作，在集聚財富或勢力的過程中力爭上游，我們經常優先於國家利益或公司福祉等等崇高理想，先衡酌自我利益。

記住這一點之後，我們再把時鐘倒轉回去，是不是會做出一些預測：同樣是利奧波德這個人，在統治比利時王國和剛果自由邦時會不會有不同的施政作為？我們能否認為莫布杜不會以相同的手法統治國家？或者說，當英國人民已把重心轉到戰後重建、國內事務時，邱吉爾不會失去權位？或者再換上完全不同的場景，我們看不看得到某家公司的夥伴結構或許會鼓勵其成員忽視詐騙的存在？事先知道這些事，不是挺有價值嗎？

我相信針對上述這些問題的答案，全是「是的」；由此衍生出我的研究主旨，以及本書的主要主張：我們有可能預測行動，預測未來，並且藉由找出方法改變激勵的誘因，考量多種人們決策的因素，而建構未來。這不是說它很簡單，或是它只是說說故事、做些回想——它涉及紮實的科學、理論和若干繁複的計算——但是它是可能的，我們可以看到不論是在宮廷或是董事會，當人有了權力，就會胡作非為。我

們是凡事不顧後果，或是會把我們的好主意用在該用的地方，免得事後後悔莫及？

■　■　■

　　我是什麼人，以致你需要注意我對這些重大問題的看法？為什麼你必須認真聽我這個預測工程師的話？

　　我對於預測未來事件已有三十多年的經驗，通常在事件發生之前即已見諸文字，絕大多數預測也預測對了。別誤會我！我不是占卜師、也不玩水晶球，不是占星家、或是電視名嘴。在我的世界，要預測人們的選擇及其後果以改變未來，用的是科學。我運用賽局理論（game theory）──稍後我們再來談它是什麼──替美國政府、大型企業、甚至一般人做預測工作。事實上我做過的預測成千上百件──其中許多已見諸文字，任何人若有懷疑都可審視它們。我有能力做預測，其實一點也不奇怪。任何人都可以學會利用科學推理，做到我所做的，我在本書也將稍稍向大家展示如何做。但是，首先讓我先向大家報告當初我是怎麼走上這一行的。

　　我是紐約大學的政治學教授，也主持該校的亞歷山大‧漢彌爾頓政治經濟學中心（Alexander Hamilton Center for Political Economy）。該中心以及我所開的課都試圖教會學生如何以邏輯和證據來解決問題。重點是使他們擺脫以直覺、個人意見、單純的直線推理、黨派偏好或意識型態為基礎的

直覺結論。我和在紐約大學的同事，都想要在學生們踏入社會之前訓練他們知道如何處理問題。我們不希望他們在還不明白自己在事態發展過程中能否發揮助力，就輕舉妄動、毛毛躁躁行事。

除了在紐約大學任教之外，我還有另外兩個身分。我是史丹福大學胡佛研究所（Hoover Institution）的資深研究員，職責是替政策難題找出解決方案。我在這方面的研究任務是把我在紐約大學任教得出的想法善加利用，藉由替報章言論版撰寫方塊專欄、文章以及專書；有些作品很技術性，有些則類似這本書，設法促進大家對賽局理論的了解。此外，我還是梅斯奎塔與隆岱爾（Mesquita & Roundell, LLC.）這家小型顧問公司的合夥人。梅斯奎塔與隆岱爾公司也運用我所設計的一些賽局理論模型，替一些情報界、企業界人士提供諮詢服務。

我並不是刻意要身兼三職。1979年時，機會從天而降：國務院有位官員找上我，請教我對於印度政府危機的看法。他希望知道誰會出任下一任印度總理。當時我是羅徹斯特大學政治學教授——賽局理論運用到政治問題研究即發源於羅徹斯特大學，而我已完成的密西根大學博士論文，探討的就是印度反對黨的輸贏策略。因此，這位國務院官員要求我以專家身分運用我的專業知識，就印度的新政府做一番預測。

當時我正好拿了古根漢獎助金，撰寫一本有關戰爭的

書。我剛為我的研究計畫設計了一套數學模型，也為解決此一模型寫了一個電腦程式可做計算。這個電腦程式可以模擬在壓力情境（例如可能導致戰爭）下的決策行為。它檢視人們可以有哪些選擇，並且估算如果選擇甲行為（如談判）、或乙行為（如戰爭），他們能達成其目標的機率有多少，並估算決策者對於勝、負或中道的妥協結果的重視程度來賦予這些機率權重。當然，這個模型也了解，當事人必須思索對手對於他們所做的抉擇可能會有什麼反應。

任何的模型都需要有資料。國務院這通電話來的正是時候，我正在發愁如何找資料去餵飽我的戰爭與和平模型呢！時機實在太棒了。這通電話使我想到，或許戰爭與和平的決策實際上與日常的政治對立也相差不遠。當然，戰爭會死人，關係到的利害更大，但是任何一個追逐大位、或行將丟掉大位的政客，看待他們個人的政治得失也一樣大得不得了。或許我們每個人在任何複雜的情境下，不論是政治、生意或日常生活，只要涉及重大風險和可能有重大報酬時，針對如何增進自己的好處，也都會有類似的盤算。

國務院催促甚急，我也想幫他們。我還想知道我的新模型是否有效。我決定要弄清楚這個模型是否真的是有用的工具，可以釐清印度的政爭。把這個模型和印度政治連結起來，是個極艱鉅的工作，可是也改變了我的一生。

我抓起記事本，開始搜索枯腸，列出模型所需的各種資

訊。我先列舉一份我認為對於決定下一任印度政府具影響力的人士名單。在這份政黨領袖、印度國會議員和若干重要的省級人物名單下，再去估計每個人可能有的影響力、他們對每個可能出任總理人選的偏好、以及他們對於政局發展的關切程度。我在這一張紙上填滿許多數字後，就擁有了電腦程式做預測所需的一切資訊。我把這些資料輸入我的程式，讓它去跑資料。翌日早晨，計算完成——當年的電腦運算速度極慢——我仔細爬梳近百頁的計算數值，看看模型預測出什麼結果。

　　我自認很熟悉印度的政治情勢。我的「專家」知識引導我相信一位拉姆（Jagjivan Ram）先生會是下任總理。他是個支持度很高的知名政客，比他的主要競爭者更被看好出任總理。我很有信心他不僅在種姓階級的地位無懈可擊，在政治場域也實力強勁，無可撼動。他的政治歷練豐富，看來已經順天應人該接掌大位了。許多其他印度觀察家也和我看法相同。當我看到自己寫的電腦程式，餵了我自己填的資料，卻預測出另一個全然不同的結果，你可以想像我有多麼驚訝。它預測辛格（Charan Singh）會出任總理，他會延攬查萬（Y. B. Chavan）入閣；他們會得到最近被罷黜下台的總理甘地夫人（Indira Gandhi）的支持——即使很短暫。這個模型也預測新政府將治國無方，因此很快就會垮台。

　　我發現，要得出一個政治結論，我必須在個人意見和我

對於邏輯和證據的信仰之間做出抉擇。我相信我模型背後的邏輯，我也相信我寫下的資料的正確性。瞪著電腦跑出來的報表，我思索我的程式怎麼會得到和我個人判斷如此不同的結論；結果我選擇了科學，捨棄自我意識。事實上，我在向國務院提出報告之前，先跟我羅徹斯特大學的同事提及模型預測的結果。他說，根本沒有人預測這人會上台，這個結論看起來很奇怪。他問我怎麼會得到這個判斷。我告訴他，我根據自己設計的決策模型的電腦程式跑出這個結論。他忍不住大笑，勸我別跟其他人提起這件糗事。

　　幾個星期後，辛格果真出任印度總理，查萬為副總理，內閣得到甘地夫人的支持。又過了幾個月，辛格政府瓦解，甘地夫人撤回支持，全國另行舉辦大選，一切都如電腦預測。我真的興奮極了。在這個案例上，我個人的判斷錯了，可是我的知識又是電腦模型唯一的資訊來源。模型產生的答案正確，我的判斷卻出錯。很顯然，這裏頭至少有兩個可能性：一是我太幸運，瞎貓碰上死老鼠；一是我碰上大發現了。

　　幸運當然是好事，但我不認為光憑幸運足以解釋這個結果。固然，偶爾會發生罕見的事，但也的確太罕見了嘛！我開始拿我這套模型去測試許多案例，想知道它是否真的靈光。我把它應用到蘇聯領導階層人士可能的異動；墨西哥和巴西的經濟改革；義大利的預算決策等等問題上──換

句話說，運用到政治、經濟等範圍廣泛的問題上。這個模型
的確靈光——事實上，它好到吸引到政府相關人士的注意，
因為他們聽到我在學術會議上提出了一些分析報告。最後，
它使我得到國防部所屬的研究機關「國防先進研究計畫局」
（Defense Advanced Research Projects Agency, DARPA）的補
助款——這個單位曾經贊助的一項研究，促進了網際網路的
發展，遠遠早於所謂的網際網路是高爾副總統「發明」的說
法。他們交給我十七個題目檢視，結果是已經更加繁複的模
型得到滿分，十七項預測一個不少，全部準確。提供模型所
需資料的政府分析人員——我們稍後會再討論——表現根本
不及它。深信自己已掌握了某些有用的知識，我與幾位同樣
對於預測重大政治事件有興趣的同事，共同成立一家小型顧
問公司。現在，事隔多年，我和我的合夥人、從前是我客戶
的哈利・隆岱爾（Harry Roundell）共同主持一家小型顧問
公司。哈利曾擔任摩根銀行（J.P. Morgan）的常務董事，我
們把我1979年時的模型改良得更細膩，運用到有趣的企業
和政府問題上。我們在本書中將會看到許多例子。

　　如果預測結果很明確，我們很容易看清它是對是錯，但
它們若是蒙上含糊的言語，就幾乎不可能去評斷它們的對
錯。根據我的經驗，政府和民間企業都要紮實的答案，因為
他們從自己的幕僚部屬得到了太多模稜兩可的預測。他們要
的更勝於「一方面是如此，可是另一方面又……」，而我給

他們明確的預測。有時候我也會犯錯出糗，但這才是重點。如果人們重視預測，他們需要實質證據，也需要知道預測正確的機率有多高。不願意把預測公開出來，正是預言者對本身作為缺乏信心的第一個跡象。

　　根據中央情報局（CIA）已解密的評估，我所負責的預測有九成的準確率。❻ 這並不是說我有多麼聰明或有遠見──我兩者都不足為傲，而且請相信我，有許多大牌教授和新時代知識份子會同意這個說法。我真正擁有的是我學到的教訓：政治是可以預測的。所需者不過是工具──譬如我的模型──利用它蒐集基本資訊，假設每個人行事都以本身最佳利益為準去評估這些資訊，對於他們將會做什麼、為什麼會去做，產生可靠的評估。成功的預測不靠任何個人特殊的資質。你不需要四處走動，以咒語召喚未來，從虛無中擷取預測。你也不需要占卜，或特異功能。預測準確與否的關鍵是，把邏輯搞對，或是比其他預測方法的邏輯「更正確」。

　　準確的預測靠的是科學，不是藝術，當然更不是變戲法。它反映出邏輯和證據的力量，也證明其在破除人類思想與決策的迷思上頗有建樹。要做預測，有很多有力的工具。運用賽局理論（我選擇此一方法），可適用於某些問題，但不是所有的問題。處理不涉及到太偏離過去模式的問題時，統計預測法是很棒的方法。有些選舉預言家，不論他們是在大學、民調公司或是網路部落客（如奈特‧施爾維〔Nate

Silver〕即是我老朋友的兒子）全都是估算過去結果的變數之影響，再把此一影響的權重投射到（project）當下的狀況。線上選舉市場也不錯。他們的方法就好像豆豆糖（jelly bean）遊戲一樣。要很多人猜罐子裏的豆豆糖有多少顆，沒有人會猜對，但是他們的預測之平均值經常非常接近正確數字。這些方法運用到合適的問題上，準確率都非常高。

統計方法當然不只限於研究和預測選舉，也可幫助我們了解更困難的問題，例如是什麼導致國際危機，是什麼影響國際商務和投資。行為經濟學（behavioral economics）是另一個知名的工具，用科學的方法從複雜的統計和實驗測試中去找答案。《蘋果橘子經濟學》（*Freakonomics*）作者史帝文‧李維特（Steven Levitt）把行為經濟學介紹給數百萬個讀者，引領他們了解一些重要和非常有意思的現象。

而賽局理論模型聚焦於策略行為，最適合用來預測一些我被諮詢的商業和國家安全議題。我這麼說，是因為我已經就戰爭與和平、建國等等問題做了許多的統計研究，也進行過許多歷史的及當代的個案研究。並不是每個方法都適合運用到每個問題上，但是要預測未來，賽局理論最好用。我將試著說服你接受這一點，我不僅坦率展示我的方法之成績，也敢在本書稍後預測未來大事件時，勇於承認出槌。

運用賽局理論做預測，必須學會如何將心比心，就像你思考自己的問題那樣策略性地思考別人的問題。運算快速的

電腦和合適的軟體會有幫助，但任何牽涉到許多人、又涉及實質或想像的談判的問題，用一些基本方法要得到正確預測很難。

事實上，我們不僅可以學會前瞻未來可能發生的事，還可學習建構未來以產生更幸福的結果。（這比起只是預測、看清楚過去和現在，來得更有用。）可惜的是，我們的政府、企業和民間領袖很少利用這個可能性。他們反而依賴一廂情願的想法，渴望有「智慧」，而不求助於最尖端的科學。他們寧願相信自己的經驗或直覺，而不相近那些分析工具。

我們今天的世界，不惜花費億兆美元為戰爭做準備，可是卻很少花錢在改進決策，以決定何時或是否應該動用我們的武器，當然也沒有好好思考如何成功地談判。結果呢？我們被困在遙遠的國度，不了解自己怎麼會來到這裏，也不知道如何促進我們的目標，甚至更看不清楚前途的路障。當科學可以幫助我們，卻棄之不用，這樣絕對無法經營好一個二十一世紀的政府。

企業領導人也沒比政治領袖高明多少。他們不惜花大把銀子就每筆大生意的預期盈虧進行財務分析，卻不太花錢去分析談判對手是如何思考他們自己的盈虧。結果就是：公司在試圖併購一家公司之前很清楚它值多少錢，卻不知道該出價多少去買。我的經驗是，他們經常付出太高的買價；或者換成是賣方，他們賣的價錢遠低於買方預備付的價錢。對於

股東來講，實在太糟了。

　　一個人不先想清楚對方將如何看待選擇、如何回應，怎能做出審慎的選擇？可是，絕大部分重要決策都是這樣做的，完全不顧其他人的觀點。不思考對手懷著什麼動機、動力而埋頭蠻幹，不論是企業或政府，都會壞了大事，使我們艱苦打仗、把希望繫於短視的決策。

　　政府和企業阻絕科學進入的最後一塊領域就是決策。我們生活在高科技時代，卻以過時的猜測法來指導生死攸關的決策。占卜問神的時代早應成為過去。我們應該把卜卦交給靈媒，迎接科學做為我們做重大決策的依據基礎。

　　你會想說，要怎樣才能辦到？本書各章將說明如何做出準確的預測。我們將從國家安全、企業乃至日常生活的案例，看到和平與戰爭、企業併購、法律訴訟、立法與管制等問題，甚至任何不需依賴市場力量那隻看不見的手的任何事情，都可以可靠地予以預測。

　　我們將看到運用科學、數學，特別是賽局理論的力量去釐清行為，改善未來。我希望和讀者諸君分享此一最尖端的思想世界，其潛力仍有許多人認為幾近神祕。但是，好的預測絕不是搞神祕。為了向你證明這一點，我將在第一章提出，做一些策略思考就可以讓你下次買車時，省下數百甚至數千美元。

買車學問大

當銷售員已經準備好策略等你上門，你的策略是什麼？

「賽局理論」其實是一個很簡單的概念——人們會去做他相信最符合其利益的事。也就是說，一旦他做了某件事，他會很注意別人如何反應。所謂的「別人」是指任何被認為會支持、或反對他的人。檢視利益如何交集或衝突，乃是評估決策的潛在結果的基礎。要掌握人們可能會怎麼做，首先要估量他們如何看待情勢、他們希望有什麼結果。仔細評估人們所要、所信，任何人都可以可靠地預測每個人將會如何做。如果你能預測將會發生什麼事，你就可以預測如果你改變了人們對情勢的看法，又會發生什麼事。簡而言之就是，我們可以利用同樣的邏輯做預測和建構未來。

我將在下面兩章提供對賽局理論更詳細的檢視，但是，首先讓我先展示我所謂的達人購車術。

對於絕大多數的人來說，購買新車是代價很高的交易經驗，因為我們大多數人都不擅長談判。做一點策略性思考可以大大改善此一經驗。如果你遵行以下的點子，你不僅買車時輕鬆愉快，也可省下一些錢。

一般人買新車不外乎以下兩種方法。我們大多是登門找一家經銷商，試開，可能滿意，然後就買賣價格展開最不愉快的談判。有些人太討厭這種經驗，遂改由透過網路購車。通常這表示讓少數幾家本地經銷商競標，然後選擇其中之一向它買車。這樣做稍微好一點，但還有一個更好的方法，我建議你不妨試試。

傳統的購車法有什麼不好？恐怕還真是一無是處！首先，你這個買方要花費你的時間登門找汽車經銷商，說不定還要親人陪同，連同他們的時間也算進去。業務員知道很少人喜歡跟他們打交道。他們知道在任何人的職業可信賴度排行榜上，汽車業務員都幾乎墊底——《職業評鑑年曆》（*Jobs Rated Almanac*）以若干項目評鑑各行各業，發現汽車銷售在二百五十種行業中名列第二百二十幾名❶。計程車司機、牛郎或碼頭捆工，固然更受人輕視，但也相差不遠。可是，你必須移樽就教，來到汽車經銷商的營業處所，非得跟他議價不可，你可能很為難，而且必定處於劣勢。你和車商談話的全程所洩露的訊息，全都在引導你付出更高的價錢。

移樽就教，在賽局理論專家眼裏就是一個「代價高」的訊息。之所以說它代價高，是因為你已經付出了時間和精力，宣示你想買車，而且有相當大的機率會向你到訪的這家經銷商買車，不會再跑別家；特別是當你帶著小孩闔家光臨賞車，你會希望盡快離開現場。第一步，你老兄登門，代表業務員在議價上已佔了上風。他們相信你已準備好要買車了。賣方得一分，買方掛零。

代價高的訊息，通常也不見得一無是處。它們顯示你對所言所行是認真的。它們可以賦予你可信度，我們在後面各章將陸續談到。不幸的是，當你是個消費者時，代價高的訊息可能出現反效果，它表示你有心要買，使你很難談到好價

錢。

當你走進經銷商大門時，情勢已經不妙，一旦開始對話，就更糟了。雖然你或許已在網路上做了功課，對心儀的汽車的標價略有概念，但還有許多事是你不知道，業務員卻很清楚的。你說你想買一輛灰色汽車、黃色汽車或藍色汽車時，你不曉得是否挑了最熱門的顏色，或是乏人問津的顏色。你或許也不知道選色也會有數百美元不等的差價，因為車商把選色當做「加裝」（option）——又一個加價的地方。你對本地的供需狀況所知不多，當業務員告訴你你要的車缺貨時，你也無從反應。換言之，網路上查到的牌告價一點也不管用。賣方再下一城，買方依然掛零。

任何一個買過新車的人都曉得，這時業務員必定會問你：「你願意出多少錢，今天就可以把這輛車開走？」現在，你無法迴避了。如果你出了相當低的價，一直在掌控你的業務員可能擺出一副很為難的樣子，或表現得興趣缺缺，甚至可能變得有點不禮貌。討論的控制權現在完全不在你手中。你覺得不好意思出價這麼低，為了表示的確有誠意買車，又出了一個更接近你願付價碼的價錢，好讓談話繼續下去。因此，業務員已誘使你亮出更有誠意的價錢。他誇獎說這才像話嘛！宣稱他可以拿這個價錢去向業務經理爭取了。這時候，出價已經往上提升。你坐在業務員（姑且稱他為「老包」）桌邊，喝著紙杯裏那淡得像洗碗水的咖啡。其實不

用擔心業務經理會怎麼說，你不妨問問自己：老包會不曉得汽車該賣多少錢嗎？當然曉得，因為他每天幹的事就是賣車呀！

你現在幾乎已把手上掌握的資訊全給了老包。同時，你對市場真正的狀況所知不多。你可能認為老包正在代表你向經理爭取，告訴經理你是好客人，全家人都是好人。我猜，他們談的是昨天晚上的球賽、抱怨老闆供應的咖啡真爛；然後，老包帶回來經理核定的售價。

雙方就小細節又談了一陣，接下來就握手，成交了。你得到一個「好」價錢，可以向朋友吹噓你是個殺價達人。老包向你拍胸脯保證，划算極了——或許的確是如此，任何一筆生意的本質都是買賣雙方都對價格滿意，否則無法成交。你實際上並不曉得是否以最好的價錢買到車子，就像業務員也不曉得你是否付了願付的最高價錢去買它。但是，老包控制了議程（agenda），透露的東西很有限，而且還讓你加碼，提高出價。車商又得了一分，你或許也得到一分。車商往往以三比一或四比一贏你。

相比之下，網路購車會更有利。你可以從網路上取得許多資訊，包括經銷商不希望買家知道的資訊。這是找出一輛汽車的牌告價的好地方，而且網路購車服務一般保證會有兩、三家經銷商和你接觸，他們至少知道你已在網路上進行過比價。不過，要成交，還是必須到經銷商那裏。一旦你

登門，上述傳統購車法所出現的狀況，都會再次發生，只是
業務員老包已經知道你有興趣的是在網路上已經報給你的價
位。或許老包會說，你中意的車已經賣掉了。當然，可以特
別下訂，但總得等一陣子才能交貨。或許老包會以還不錯的
價錢，推薦另一輛新車，你從網路上蒐集來的資訊，重要性
就消失了。你覺得同款車，但是多一些配裝，如天窗、高級
音響、特別加條（trim）等等，怎麼樣？其實這都是你原本
沒想要的。至少，這是經銷商現有的貨，只要再添點錢，立
即可交貨。或許你可以用網路上報的價位成交買下你中意的
新車。你或許更接近經銷商肯接受的最低價，但是一般來
說，你到不了那裏。畢竟，他們報給你原始價格，絕不是盼
望你再往上加碼；他們預期你會殺價。因此，這裏頭一定還
有殺價的空間。

　　因此，你還有什麼別的方法買車？我這裏推薦的方法，
可以讓資訊流到你手中，而很少量資訊流向經銷商；因而
情勢轉為對你有利，不是對賣方有利；因此，賣方基於自
身利益會透露他們的最低價（經濟學家稱之為保留價格
〔reservation price〕），你卻不必透露你的最低價。

　　談判中若能夠掌控議程，一般都能佔上風。在買車這個
情境下，這代表建構一個對話，使得賣方亮出他的最好價
格，而且知道不論這價格多麼漂亮，都不會立刻成交。怎麼
做呢？你得要告訴賣方你在玩什麼遊戲，包括你真的要買輛

車。遊戲的情況大致如下：

先做足功課，決定你確切想要的汽車款式和各種裝配。你或許因此而到經銷商那裏去探查——我絕不這麼做，太容易被套進去——你或許也可以在網路上搜尋，找出最符合你需求的車子。你重視的是什麼？安全和性能孰重？車型和舒適孰重？顏色是否重要到你願意加價，非要不可？確認你所要的加裝，以及這些加裝是如何綁在一起的？當你知道你要的是什麼車子，包括加裝、顏色、款式等等，這時才展開行動。你不妨以住家方圓二十至五十英里為範圍，找出所有銷售你要的車型的經銷商。以住在城市裏的人來說，這份名單已經有夠多的經銷商了。

打電話給這個範圍內的這些經銷商。不用擔心日後保養要跑到遙遠的經銷商那裏。提供保固的是汽車製造商，不是經銷商。要求總機把電話轉給業務員，向他清楚表明來意。我通常會這麼說：「哈囉，我名叫梅斯奎塔。我打算在今天下午五點購買某種汽車（講出確切的車型和組裝）。我要打電話給我家方圓五十英里內的每一家經銷商，我會告訴大家我對你講的話。我會在今天下午五點到報價最低的那家經銷商買車。我需要的是一切全包的價錢，包括稅金、經銷商整備等等，全部包含在內，因為我出門之前會開好確切金額的支票，身上也不會多帶支票。」——我會要求不做經銷商整備（dealer prep），也不能向我收這筆錢，因為所謂的經銷商

整備，不外乎把車子洗乾淨，把塑膠套和紙護墊拿掉，通常索價數百美元。

打第一通電話時，一定要向業務員表明你會把他報給你的價錢告訴下一個經銷商。第一通電話之後，一定要讓之後的業務員知道，你會把迄今最低的報價告訴下一個經銷商。這麼做可使後來的經銷商知道他必須打敗什麼樣的報價；你正在談話的經銷商也清楚，如果他想賣車，最好是報出他的最低價。老包的手已被綁住，想要往上加價等於是更沒機會賣車給你。你移樽就教、交代完整資訊的傳統購車法，幾乎不可能會有這種優勢。你現在用這個方法已建立一個拍賣，讓每個人知道他們有機會喊出最好的價錢。

經銷商很不喜歡接到這種電話。他們典型的回應是：「先生，你不能在電話裏買車子。」我會回答說：「我曾經用這個方法買過好幾輛車。因此，或許我不能在電話中向你買車子，但我知道有別人會願意賣給我。如果你不想做這筆生意也沒關係。」少數經銷商的談話會到此為止，但許多人則不是。接下來是業務員在展示間最愛講的一句話：「先生，如果我跟你報一個價錢，下一個經銷商會再下殺五十美元，你就跑去跟他買了。」老包現在又祭出標準招數，試圖搶回主控權，讓我覺得應該多付五十美元，彷彿我欠他老兄似的。我的回應是：「沒錯啊，我會向別的經銷商買。因此，老包呀，如果你現在報價減個五十美元，豈不就有機會賣車

給我了？」他們通常會接話說：「請您大駕光臨小店，相信我，不蓋你，我們的價錢最公道。」我會說：「很好啊，那你應該很高興現在就可以報價給我，因為你有信心那是最好的價錢呀！不肯在電話裏報價只有一個原因，因為你認為會被別人比下去。」如果還能繼續談下去——很多經銷商絕不放過做生意的機會——老包會報價的。

我會在下午五點以前拿著支票到報價最低的經銷商，辦理交割手續。如果他們要更動任何條件，我立刻走人，不多囉嗦，跑到第二低價的經銷商那裏。我只有一次必須以第二低價買下新車。

我發現每家經銷商的報價天差地遠，甚至出入高達數千美元。我個人曾以這個方法買過豐田、本田和福斯汽車。我在紐約大學的一些學生也曾經用這個方法買了車。對於必須支付大筆學費的他們來說，的確不無小補。他們和我用這種方法一直都能拿到比網路報價更低的成交價。我甚至曾經用這種方法向三千英里外的一家經銷商，替我女兒買了一輛車——當然是她在下午五點現身辦交割，價格好到比同一家經銷商在網路上就同一輛車報給我的價錢，足足少了一千二百美元。我怎麼知道是同一輛車呢？因為我要求業務員提供汽車辨識碼（VIN, vehicle identification number）。

這個辦法為什麼有用？賽局理論即是在和別人打交道時運用策略取勝。有一部分的策略即是理解別人也同樣在運用

策略。業務員老包絞盡腦汁要用什麼說詞從你身上榨出最好的價錢。你必須思考種種方法去回應老包的策略。重點是，如果你說出很高的價錢、很低的價錢、或是中等的價錢，或是如我所推薦的根本不出價，你要去預測老包會如何回應你。讓老包把價錢攤在檯面上，他曉得其他許多經銷商也有同樣機會，你也無意把他的報價保密。當老包被問到經銷商最好的價錢時，他知道這是他賣車給你的唯一機會。

業務員希望你對他有好感。他們希望你覺得堅守那五十美元，或是質疑他們的誠信，是對不起他。他們認為這可以動搖你的決心。請千萬記住：這些人設計出來所謂的「經銷商整備」！他們只想到自己要賣到最高價。他們根本不當你是朋友。

打電話這一招破解了所有這些問題。在電話中，剔除了肢體語言這個因素，而且是你、不是賣方，掌控了對話。❷你決定了動作先後順序，定義了這遊戲怎麼玩。他們曉得你會和夠多的經銷商通電話，總有人會給你真正的好價錢。無論他們怎麼作答，都洩露訊息給你。有些人早早退出對話反而是好事——節省你的時間。你並沒有錯失機會。他們了解這市場；這是他們吃飯的行業。你給他們誠實的機會。對他們、對你，這都是好事，互蒙其利。

當你用這種方法在當天下午五點鐘買車，你這筆交易的成交價已很接近賣方的最低價。你主導了談判，有理由對這

個結果很滿意。

你或許會驚訝地發現，買車和國際危機談判其實差別不大。事實上，我也準備告訴你，我們如何從買車進階到與北韓的核武威脅談判。但是，讓我們先來談談賽局理論，看看是哪些原理讓我們可以預測並創造未來。

第2章

賽局理論第一課

假設人是理性的、人性並非本善、
事情可以取捨

人們談到科學的時候，最先想到的是化學、物理，絕不會是政治學。但是，科學是一種方法，不是一個科目。它是依賴邏輯辯證和經驗證據去探究事物（和人類）的世界是如何運作的一種方法。科學方法當然可以運用到政治學上，與它運用到物理學上一樣。可是，物理學和政治學很明顯是完全不同的科目。它們有個地方不同，那正是了解即將發生的事物的關鍵所在。物理學大體上是跟分子（particles）如何互動有關。如今，分子互動的中心特質就是光子（photons）、電子（electrons）、中子（neutrons）或組成它們的夸克（quarks）絕不預期彼此會互相碰撞。因此，沒有所謂分子碰撞的策略。

研究人一向比研究單調的分子來得複雜。你不妨想想夸克和貴格派（Quakers）、電子和選舉人（electors）、光子和抗議者（protesters）的互動有多麼不同。人類，還有每一種生物，似乎都有生存的本能。基因的行為就像是具有遺傳的本能，細菌尋找宿主，蟑螂會躲鞋子，一般人會趨吉避凶。這包括和友人合作，奮力抵抗敵人。人類就像物理學家的分子一樣也會互動，但人類和分子不同的是，人類互動時講究策略。這就是賽局理論的思維。

要成為一個成功的預言者，必須設身處地去想別人是如何思考他們的問題。同時，也要思考別人認為你是如何思考你及他們的問題，這也很重要。這個冗長的句子可以無窮盡

地重複下去，因為這就是進行策略思考時所需的資訊。本章和下一章——還有預測工程學（science of predictioneering）——就是要解決你認為別人怎麼想、他們認為你怎麼想、你又認為他們怎麼想、你認為他們覺得你怎麼想……的問題。這種資訊是物理學家在研究他們感興趣的分子時，根本不會去想的事——但是以此為基礎，我們可以知道何時、如何使情勢轉為對我們有利。

我們要學什麼？

在賽局理論第一課裏，我們要探討如何透過別人的眼睛看世界。對於剛入門的人，我們至少為了論證的需要，必須先擱置對於人性的樂觀主義。賽局理論要求我們對一切要冷靜、嚴肅地看待，才能成為精於計算、理智的決策者。當然，世界上的確有一些真正善良、利他主義的人存在——但這不代表他們對其行動不做仔細的盤算。事實上，我們會看到即使像德蕾莎修女這麼一位善心的、利他主義的偉人，也可以透過賽局理論專家不是那麼溫暖、含糊的眼睛去檢視。這麼做可以有助於我們了解，她和自殺炸彈客的所作所為雖然大不相同，卻可以是同樣的理性，並合乎策略。這也可幫助我們理解，即使有些最不受質疑的智慧——譬如，所謂國家利益的存在——可能只是政客為了他們本身的利益而非我

們的利益，而策略性地虛構出來的東西。聽起來很令人洩氣是吧？是的！真是這樣子嗎？當然啦！

本章將提供我們一個架構以理解賽局理論者的興趣、信念和理性；如何運用邏輯去穿透語言的迷霧；了解策略行為在結合前面兩個概念後，將能夠更好地描繪、預期別人的想法與行動。

別人的利益和信念是什麼？

賽局理論可分為兩種。一是由馮紐曼（John von Neumann）和摩根斯坦（Oskar Morgenstern）所發明的「合作賽局理論」（cooperative game theory）。❶他們兩人在1947年有關這個主題的專書，對於人們（或國家）面對的問題，以及酒吧遊戲（如字謎）之間得出清晰、有說服力的類比。這些遊戲涉及到玩家們互動，試圖預測對方行為，予以反制，只是他們所說要做的行為，正是他們確實做出的行為。也因此它被稱為合作賽局——他們言而有信。也因為如此，合作賽局理論有一個重大局限，尤其是涉及到兩個以上玩家時，它太樂觀地認為人性本善。在這個世界裏，人們會談生意，也會守信用。當然他們會被收買，但大體上當他們說會做什麼，也會去做。這意味著合作賽局理論在零和遊戲上沒有問題，一方所失等於另一方所得。但是世界上許多有

趣的賽局並非如此簡單乾淨。當它們不是時，這個原始的賽局理論就沒什麼作用了。

到了1950年代初期，數學家奈許（John Nash）──電影《美麗境界》（*A Beautiful Mind*）的主人翁、1994年諾貝爾經濟學獎得主──才又發明另一種賽局理論。❷他把焦點放在人們也有不和他人合作的傾向。撲克牌玩家還有外交官用的「虛張聲勢」（bluffing），就和一般人指責別人「說謊」是同樣意思。在非合作的賽局裏，承諾未必真的會被履行。說謊是計謀的一部分。玩家認為遵守承諾符合其利益時才會履行承諾。當承諾和利益牴觸時，一般人就背信毀約，他們食言、耍詐、做出他們認為最符合其利益的行為。當然他們明白，虛張聲勢和耍詐欺騙有可能代價高昂，因此他們會衡量可能的代價和利益。事實上，提高他人的成本是鼓勵人們誠實的一種方法──雖然既困難又痛苦。的確，那也是我們會打電話給汽車經銷商而不親自去一趟的原因。

賽局理論的中心思維就在於把人當作是冷漠、殘忍、自私的。雖然好人或許有些空間，其實並不大。大部分時候，好人也可以撐到最後。有些人英勇撲向手榴彈，救了同伴性命；是的，他們這麼做之後，自己卻犧牲了。他們脫離了人生的賽局。我們緬懷他們、尊崇他們，也歌頌他們，但是我們不和他們競爭，因為他們已不在人世和我們競爭。這些善良的人不應該佔據我們太多時間。如果真要探究的話，我們

將應用賽局理論家採取的辛辣觀點，看看自殺對他們有什麼好處。天堂或許會有貞女，或者說像二次世界大戰時的日本神風特攻隊飛行員、中古時期的十字軍，或今天的一些自殺炸彈客的情況，或許存在著重大的財務誘因，如對其家屬支付現金或勾銷欠債，以換取他們的犧牲。

有人可能覺得用這種唯物主義解釋個人犧牲，太過分了。問題是，錯誤地相信別人的善意，會比起認定他們自私自利（除非他們以行動證明他們不是），代價更高。如果你相信雷根總統的信條：「相信，但要查證」，你就不會吃虧上當。覺得這種人性本惡論太超過的人，我勸你要考量一些事實。

美國在伊拉克有實施一項「關心當地公民」計畫（Concerned Local Citizens）。參與這項計畫的伊拉克人，被稱為CLC。CLC要協助守護街坊免遭叛軍攻擊。他們每天可以得到十美元的報酬。看起來並無不妥，也不會報酬過當。但是我們應該停下來問問：這些CLC是什麼樣的人？究竟我們每天花十美元，買到的是什麼？

這些所謂的關心的伊拉克人可不是你我熟悉的街坊守望相助小組。他們不是父母親仍在上班時，學童可以暫時安全棲身的左鄰右舍。他們不是你外出度假時可以交代鑰匙，替你澆水、收信、餵貓的朋友。不是的！他們原本是反美的叛軍，而且人數多達好幾萬人。其中有些人實際上曾是凱達組

織（al-Qaeda）成員。他們本應是最瘋狂、最惡劣的敵人。可是，為了區區的每天十美元薪資，這些原本不會動搖的凱達組織恐怖份子，現在卻搖身一變，成為美國的盟友，擔任我們的民兵，協助我們在遜尼派（Sunni）居多數的街坊降低暴力事件，防衛他們原本要粉碎的和平。這究竟是怎麼回事？恐怖份子怎麼會這麼容易就變成我們的盟友和保護者？

原本是叛軍，現在受雇為CLC，以伊拉克的標準來看是一份好差事。每天十美元，CLC每年可從美國賺到幾千美元，加上他們另外幹活，還可賺別的錢。一般伊拉克人儘管國家有鉅額的石油財富，每天只能賺到六美元，幾乎只有CLC的一半！❸ 那些認為恐怖份子是不理性的宗教狂熱者、對金錢和個人的激勵不會有反應的人，應該記住只要每天付他們十美元，就足以把這些人變成美國的準友人。

當然，在賽局理論裏，聖賢和罪人皆有容身之處。像是德蕾莎修女也一定有一席之地。由於賽局理論是在可預期的成本和效益之下針對行為做出抉擇，它鼓勵我們提問（也可能激怒別人）：德蕾莎修女預期她的犧牲奉獻可能會得到什麼回報？我們不能不注意到，她不像一般修女隱姓埋名做功德，行善不欲人知。德蕾莎修女的事蹟公開使我們確信她的理性，以及她有潛力大規模地幫助窮人。

我們不論是以天主教對聖人生活的觀點，或猶太教塔木德對行善生活的觀點來看德蕾莎修女的行為，都會碰上一

個問題。她在行善時,或許必須和聖伯納德(Saint Bernard of Clairveaux, 1090~1153)一樣擔心,如果要嚴守上帝的誡律,她可能就犯了驕傲的大罪。她或許覺得因為自己的犧牲和善行做得比別人好,所以更應該上天堂,甚至成為聖徒。我們將看到,她似乎並不擔心這一點。

從邁蒙尼德(Moses Maimonides, 1135~1204)所表達的塔木德觀點來看,德蕾莎修女的問題還真不小。邁蒙尼德(當時的人稱他為Rambam)認為,隱姓埋名對不知名的受惠人施助,協助他們自立,是最上等的行善。德蕾莎修女的行善並不符合此一標準,她也的確不想符合此一標準。她並沒有隱姓埋名默默行善;她曉得她施惠的對象;她也沒有特別努力去讓受惠人自立自強。事實上,她努力使自己及其行動廣為人知。譬如說,德蕾莎修女小心地促銷自己,創造品牌知名度——和Cheerios、可口可樂、全錄或凡士林並無不同——她一向穿她所創立教會的服裝(鑲藍邊的白色長袍,配上涼鞋),別人不致於把她和別的善心女士混淆。當然,默默行善還是值得驕傲的事,但一定不會在當今之世得到諾貝爾和平獎,或是在來世被宣福或封聖。

有沒有可能,德蕾莎修女自己的野心已經和她對永恆獎賞的信念連結在一起了?支付短期、有限生命的犧牲之代價,如果能換得在天堂永世的榮耀,有它的道理。事實上,這不就是我們許多人對自殺炸彈客行為的解釋嗎?——他們

在自己驕傲的眼神中壯烈犧牲，換得在天堂的永恆地位。

　　或許以德蕾莎修女的例子來說，她行為背後的理性、盤算的動機更加複雜。我們現在知道，她質疑過她的宗教信仰與上帝的存在。❹她的懷疑顯然始於她在加爾各答開始對貧病人士傳道之後不久。當時她或許覺得已經自陷於她所選擇的宗教生活中，進退維谷。一方面懷疑上帝，一方面沒有準備好脫離教會生活，或許她找到了一個完美的策略，讓她在這個她擔心或許死後就不存在的世界中能夠獲得讚譽。她在找尋永恆的獎賞，或是在當今之世的獎賞？真正的答案只有她知道。我們身為應用賽局理論家樂於看到，她的做法似乎就是：得到獎賞即是她的動機。換句話說，她並不冷酷、唯物，而是溫暖、唯物。這就足以使她成為我們要分析人生賽局中的理性、有策略的玩家時，一個最好的目標──或許這也足以讓她能被封為聖徒。

　　賽局理論使我們注意到形塑人們言行的重要原則。首先，就像德蕾莎修女或自殺炸彈客，所有的人都被假設是理性的。也就是說，我們假設他們所作所為皆因他們相信那是符合他們的最佳利益，不論是盡量賺大錢、或是爭取進入天堂等等。他們或許後來發現自己做了糟糕的抉擇，但是在賽局理論的思維裏，我們只關心人們在選擇其行為時，他知道什麼、相信什麼、珍視什麼，而不是他們在後來已來不及變卦時是怎麼想的。賽局理論才不甩事後諸葛；它只關心在必

須做決定時做了什麼，即使當下我們不敢確定我們的行為會有什麼後果。

有些人不太能接受理性行為這個概念，通常這是因為他們所謂的理性，和經濟學家或政治學家所說的理性並不相同。語言可以有許多不同的意義，因此我們必須很小心謹慎地界定概念。賽局理論家在使用「理性」這個詞時，就堅持它的特定用法。

有些人似乎覺得，理性的人一定超級聰明，絕不犯錯，仔細評估過每一種可能，計算出每一可行行動的成本與效益。這才是胡說八道！沒有人那麼聰明、細心，也不應該會如此。事實上，查核每一個可能的行為，計算過每一個可能的結果，幾乎根本就不理性；至少在我的世界裏，理性不是這樣的。譬如說，追求更多資訊的成本若是大於知道更多資訊可預期的效益，那麼繼續搜尋更多資訊就絕對不算是理性。理性的人知道什麼時候應該停止搜尋。（我試圖把這個訊息傳授給我的學生。每當他們告訴我，他們希望把學期報告弄得盡可能完美，我會拜託他們千萬不要。學期報告要弄到盡可能完美，那就永遠完成不了，永遠無法交卷。）

人們對於理性還有一種說法，是和理性選擇理論家（rational choice theorists）心目中的理性完全不相干的，那就是討論某人所要的是否為理性。很令人討厭的一個事實是，想出瘋狂點子的人可能非常理性。理性是選擇符合個人利益

的行動,不管這些利益指的是什麼。它和你我認為某人所要的究竟是好是壞,是否有好品味、好判斷,或甚至合不合道理,根本不相干。

我當然認為希特勒為了推動他邪惡的目標的言語和行為確實很邪惡,可是我也不願意隨隨便便就接受他是個瘋子,他不理性因此就放過他。以他的邪惡目標而言,他的行為是理性的,因此要他和其黨羽負起責任,非常允當。

對現代的恐怖份子也應該同樣如是觀之。他們不是神經病。他們是絕望、有心機、不滿意的人,想要強迫別人注意他們真實的或想像的苦難。指責他們不理性,就會抓不到重點,使我們在處理其威脅時做出不符實際的抉擇。只因為我們不了解其目標,就把他們貼上神經病或不理性的標籤,對我們沒有好處。我們最好專注在他們的作為,因為即使我們未必能改變他們所要的,至少或許可以改變或阻止他們的行動。

理性究竟需要什麼?其實很簡單。要理性,一個人必須能在諸多選擇中指明他偏好哪一種選擇,包括他完全沒有任何偏好(亦即,這些選擇對他來說完全無差異)。而且,他的偏好也不能彼此矛盾。例如,就冰淇淋來說,我喜歡巧克力口味勝過香草,而且喜歡香草又勝過草莓;那麼我應該也會比較喜歡巧克力口味勝於草莓。最後,理性的人會依據其偏好行動,也會考量這麼做的阻礙。例如,某家冰淇淋店的

巧克力冰淇淋常常最快賣完。如果這家店的巧克力冰淇淋的確好吃，那麼我可能會退而求其次只好買香草的。計算過風險而去做，也是理性行為的一部分。我只需要思考風險有多大、成功的話報酬多大、失敗的話成本多高，然後比較不同做法的風險、成本和效益即可。

由於理性的人會接受計算過的風險（calculated risks），所以有時事情的發展會不順利。沒有人永遠事事順遂。儘管我努力要實現我所喜好的，但有時也只好改喝冷飲或吃香草冰淇淋、草莓冰淇淋。這就是所謂的接受風險。我們絕不能因為某人得到一個糟糕的結果（不論是被迫接受草莓冰淇淋、輸掉一場戰爭或甚至更嚴重的後果），就下結論說某人不理性或其行為不理性。

理性的選擇不僅是思考過風險，也試圖釐清成本與效益。要釐清成本效益，有時非常不容易。這也可能成為我做理性決定時的重大障礙或限制。有時候即使我們對後果如何一無所知，也必須做出決定。幸運的是，在買冰淇淋或冷飲時，不太常發生這種狀況，但是在談判一筆大生意或制定外交新政策時，卻是常有的事。在這種情形下，我們最好要仔細衡量我們不確定性的來源有哪些，不要一廂情願地一頭栽進危險的情境裏。我們或許得不到我們希望的結果，但是我們可以小心管好可能發生的結果之範圍。（例如，我們不妨想像一下：如果美國的領導人不認為，海珊被推翻後伊拉克

人民會湧上街頭高興地迎接美軍，就像1944年8月26日美軍隨著戴高樂進入巴黎，全市的民眾喜迎王師那樣；那麼伊拉克的情況會是多麼不同？）

可是，問題仍是人究竟在什麼時候會不理性？日常生活中有許多行為乍看不理性，可是一仔細檢視，卻又不然。有時候有些評論家說，在餐廳留小費、送禮物給朋友，或是——抱歉，我不是故意要粗鄙——在機場或博物館等公共場所如廁後沖水等等行為不理性。他們認為好處全歸別人，給小費、送禮、沖水的人一點好處也沒有。我卻要說，這話不對。

許多理性行為對行為者來說構成短期成本，但卻可能在長期有所收穫。給小費、送禮、沖水、不亂丟垃圾等等，都是如此。沒錯，即使你不會再次光臨某家餐廳，也會留下小費。可是，給小費和送禮一樣已經是行之有年的一種社會禮儀，因為我們已經知道它對別人（服務生）的期待會產生重大效果，而且我們可能更舒適愉快。如果服務生認為他們不會得到小費，而餐廳老闆給的薪水也不高，我敢肯定每家餐廳的服務水準都會比現在來得低。例如，研究顯示，在中國的華南省份，顧客對服務的滿意度無法用以預測顧客如何選擇餐廳。❺ 在中國，付小費是違法的（不過這並不是說從來沒發生過給小費的情況，只是大家都不期待有這一回事）。華南各省不同餐廳的服務品質差異不大，因為服務倫理並不

是說服務好就會預期有報酬。去除掉對小費的期待後，服務人員的激勵因素並非顧客至上，因此轉而關心其他會使他們得到報酬的事物。

給小費、送禮和公廁沖水即使在行為的當下會有一些代價，但創造出好的預期，使我們大部分時候能夠更感到愉快。當然，我們可以因別人的善意行動而「搭便車」（free-ride），自己不給小費、上公廁不沖水、亂丟垃圾；但多數人會因為這麼做而覺得過意不去。想要自我感覺良好——不去冒險得罪人，就不用承擔他們反應的代價——已足以誘使我們以合乎社會常理的方式行為。對於那些少數不肯付小費、送禮的小氣鬼，或是不肯替公廁沖水的傢伙來說，他們其實也是理性行為者。他們才不介意被別人另眼看待。他們覺得因自己的行為所省下的錢或力氣比起被別人看重或是長期利益來得重要。這也就是為什麼品味無從計價。理性，正如我所說，是做你認為合乎你自己利益的事；它並沒給我們利益。

因此，在應用賽局理論家的世界裏，是什麼構成了不理性？回到冰淇淋口味的例子，如果以下皆是，這個人就不理性：她喜愛草莓冰淇淋勝過巧克力、草莓的並不比巧克力貴、草莓的不用等立刻可以買到；然而她卻買巧克力口味的。在這種案例上，我可能會懷疑，是不是她最近草莓冰淇淋吃太多了，因此想要換個口味（寧可變化，不想堅守一

致，這是另一種考量），如果這些考量不存在，那麼愛吃草莓冰淇淋的人會在一切條件不變的情況下選擇草莓冰淇淋。

以上是說，不會依理性行事的人只有很小的小孩，以及精神分裂症患者。小小孩（尤其是兩歲左右）以及精神分裂症患者，有時候彷彿每隔幾秒鐘就會改變主意。前一分鐘，他還要草莓，下一分鐘草莓已經是全世界他最討厭的東西。對於想要預測或製作選擇的人來說，這種個人偏好反覆不定，是最難應付的狀況。要和反覆不定的人講道理，幾乎是不可能的任務。他們對其所言所行完全不符合邏輯一致性。

大自然不允許有真空，賽局理論也討厭邏輯的不一致。如果你允許某人真正想要的東西可以一直不斷變化，那麼你可以說他們所有的行為、所得到的一切，都會符合（或有違）其利益。但是這當然不會帶來好的預測或好的未來規畫，而且，還真的不好玩。它會使你窮盡一切本事去探索他真正想要什麼。

對方的邏輯是什麼？（不是指語言）

根據以上的敘述，你或許已經明白，賽局理論提醒我們在如何表達及了解我們的利益、以及別人的利益時，要十分小心。我們很容易犯邏輯的錯誤，這些錯誤也很難被發現，它們時常會掩飾或隱藏個人思維與行動的意思。這正是為什

麼賽局理論家運用數學來說明人們的行為。

日常生活的語言可以是非常含糊和不確定的。我有個朋友是語言學家，他很喜歡用一句話來凸顯這一點：「I saw the man with a telescope.」這是個意義含糊的句子。究竟是我透過望遠鏡看到一個男子？還是我看到一名男子帶著望遠鏡？或是這句話還有完全不同的意思？你就知道為什麼語言學家喜歡這句話了。它給他們一個有趣的問題去解決。我可不喜歡這樣的句子。我喜歡用數學寫出來的句子（許多語言學家也是如此），它們不會產生詩意或雙關語，這使得它們很無趣，但也有極大的優點。在英文裏，說某些東西equal（相等），通常指「大致」相等；在數學裏，equal就是equal，不是幾乎相等或往往相等，而是簡單俐落的相等。

我們人類設計了各式各樣聰明的方法以掩飾隨便說說的或不牢靠的意見。我很喜歡告訴我的學生，一看到句子開頭是「我們可以認為」（It stands to reason that）或「事實是」（It is a fact that），我的懷疑心就升高。通常，跟在「我們可以認為」後面的話，都是應該要懷疑的。這個子句通常是用來逃避必須從假設開始合邏輯地推導到結論的困難工作。同樣的，「事實是」往往置於表述意見之前，而非事實之前。請留心這些詞語，它可以輕易把人帶到錯誤的思考方向，認為某些或許是真、或許不是真的事物為真。

譬如，請想想你認為我們的國家領導人應遵行何種政

策，以保護和增強我們的國家利益。當我們仔細思考要如何
增進國家利益時，就會很清楚發現，有時候明明似乎是真的
東西，卻非為真。這時候，運用一點邏輯可以幫助我們釐清
思考。

　　大家一般都認為外交政策應該增進國家利益。這個想法
非常普遍，我們接受它是明顯的真實，但真是如此嗎？我們
很少停下來問說：我們怎麼知道什麼才符合國家利益？我們
似乎大多認為，有益於大多數人民的政策就是合乎國家利益
的政策。守好邊境、防阻外敵入侵或非法移民偷渡入境，被
認為合乎國家利益。使人民更繁榮的經濟政策也被認為合乎
國家利益。可是我們也知道，花在保衛國家安全的錢，就沒
辦法用來拼經濟。兩者必須取捨（trade-off）。那麼，請問在
國家安全和經濟安全之間如何找到正確的均衡點，以確保國
家的利益？

　　假設美國所有老百姓分成人數相當的三個群組。第一個
群組希望多花錢在國防項目上，也希望採取更多的自由貿易
方案；姑且稱這些人為共和黨人。第二個群組希望削減國防
支出，並且想要把貿易政策從現狀（status quo）移開，俾
能更加保護美國的產業以應付外國競爭；不妨稱之為民主黨
人。第三個群組則希望增加國防支出，也希望大幅提高關
稅，以保護我們的市場不會被廉價的外國產品所淹沒；我們
不妨稱這個群組是藍領的獨立派選民。把這三個群組放在一

起思考，請問什麼樣的國防政策、貿易政策可以自命為「符合國家利益」？答案（參見圖2-1）是，「任何」政策都可以有正當性自稱符合（或不符合）國家利益。

圖2-1表達這三個群組——共和黨、民主黨和藍領獨立派——對於貿易和國防支出的政策結果之偏好。因此，你會在圖的右上角看到共和黨，顯示他們支持更自由的貿易、更高的國防支出。民主黨出現在最左方稍低於中間的地方，這

圖2-1　國家利益：國防與貿易政策組合

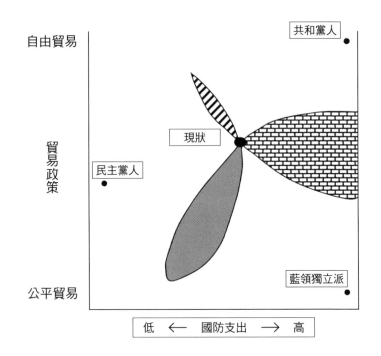

也符合他們希望大幅降低國防支出、溫和修正貿易政策的立場。藍領獨立派選民出現在右下角，符合他們偏向貿易保護和提高國防支出的立場。你也可以看到有一個點，標示「現狀」，代表目前的國防支出和貿易政策。

把這兩個議題一起擺進這個圖，代表我承認它們在公共辯論中經常被連在一起討論。因為認定兩者之間必須有所取捨，因此辯論一般會環繞著如何才能在貿易和國防之間找到最佳的平衡。譬如，自由貿易可以代表銷售高端電腦技術、武器技術和其他技術到國外，敵人或許可用以威脅我們的國家安全。高關稅可能引發貿易戰，甚至其他更糟的結果，因此可能會有害國家安全，導致必須多花些錢在國防上。

我假設，每個人都比較偏好離他所贊同的立場較近之政策（也就是代表共和黨、民主黨和獨立派所代表的黑點之位置），而不偏好離他所贊同的立場較遠之政策。譬如，藍領獨立派假如有機會選擇接近於他們認同的政策組合，他們會投票改變目前的「現狀」。

為了表示藍領獨立派認為比現狀更優的政策組合，我畫了一個圓圈（圖中只出現一部分），圓圈的中心是他們最想要的政策組合，而它的圓弧剛好經過現狀。❻在藍領獨立派喜愛的圓弧之內的任何一點，對他們而言，都比現狀的國防支出和貿易政策要好。以共和黨及民主黨的偏好為圓心所畫的圓圈也經過現狀，其圓弧之內的任何一點也是如此。

　　藉由從每一個群組偏好的政策組合畫出一個圓，我們了解到一些重點。我們看見他們的偏好有重疊的地方。重疊的地方代表可以讓三個群組中的兩個同盟群組的政策組合，獲得一些改善。譬如，靠近圖左上方那個長橢圓形，即是增進民主黨和共和黨福祉的政策（哈，就是藍領獨立派會不爽、但兩黨認同之對外政策）。圖左下方的灰色部分，代表民主黨和藍領獨立派的利益獲得改善（犧牲了共和黨）；圖右方的磚塊部分，代表有利於共和黨和藍領獨立派利益，卻令民主黨生氣的貿易與國防支出政策之組合。

　　由於我們假設三個投票群組人數相當，每個重疊的地方即是獲得三分之二選民支持的國防及貿易政策。可是，談到國家利益時，問題就來了。一個同盟希望增加貿易自由、降低國防支出。另一個同盟則要降低貿易自由、也要降低國防支出。第三個同盟卻要降低貿易自由、增加國防支出。因此，我們可以就增加或降低國防支出，組成佔三分之二多數的同盟。我們也可以就增加貿易自由或促進公平貿易，組成佔三分之二多數的同盟。事實上，有許許多多方法分配國防支出和貿易政策之間的作為，以使各種不同的同盟滿意。❼

　　那麼，我們要問：國家利益是什麼？我們或許必須下結論說，除非在一些最直接的情況下，否則根本沒有所謂「國家利益」這一回事，即使這個字詞指的是大多數人認同的東西。或許讓人覺得很意外是吧？但是就邏輯而言，它吻合人

們會支持較接近他們想要的政策、反對較遠離他們想要的政策這個主張。任何時候在花錢或施加影響力時，各種選項方案之間有取捨關係時，就有可能出現許多不同的花錢或影響力的組合以打破現有觀點。沒有一個選項能夠說是比別的組合更真實反映國家利益，它反映的是從利害關係人眼中所見的，不是對國家福祉的客觀評估。我們的領導人追求國家利益，或者說，企業經營者一心一意增進股東價值，其實這些是經不起分析的概念。我假定，他們可以自由自在去建立一個同盟，而同盟所要的也正是他們想要的東西；同樣的，我們的領導人也的確可以自由自在去追求他們「自己的」利益，卻把它們稱之為國家利益或公司利益。

對方會有什麼樣的行為？（他握有一手好牌嗎？）

要了解與我們切身相關的許多問題是如何跟利益扯上關係，賽局理論的假設仍然要求人們在那些利益之間的行為必須有邏輯上的一致性。這不表示人就不會有出乎意料的行為，人當然會那樣。如果你曾經玩過Mastermind遊戲，你就有面對邏輯難題的經驗。我曾經用這個遊戲教導學生真實地去探索他們的信念。在遊戲中，參與者A從六種不同顏色的棋子中選擇四個（在更難的玩法中，還要選更多個），以他所選的順序排列。其他的參與者不能看那些棋子，他們要

猜棋子的顏色順序，A要回答他們「是的，有三個顏色是對的」，或「錯，全部都不對」，或「是的，有一個顏色位置正確，其他都不對」等等。以這樣的方式，一回合一回合地累積資訊，仔細思考什麼是對的，什麼是錯的，你逐漸刪除原先的一些假設，逐漸接近這些彩色棋子的正確順序。這就是Mastermind、Battleship或是「猜字謎」（charades）這類遊戲的重點。這也是我所設計用來預測和策畫事件的預測賽局，背後的重點。

這些遊戲的關鍵，就是要篩選出知識和信念之間的差異。任何遊戲中不同的參與者可能會從不同的信念出發，因為他們沒有足夠的資訊可以了解真實的情況。如果觀察到的情況符合他們的信念，維持原來的信念就可以，但是如果周遭的狀況已經駁倒他們的信念了，還緊抓住原來的信念，那就不明智了。當然，在信念和行動不一致時作篩選，就必須了解是什麼誘因使得人們必須說謊、誤導、虛張聲勢或作弊。

在Mastermind遊戲中，這還算是容易的，因為遊戲規則規定了猜測的次序，以及要求放置棋子的人對於其他人所猜的顏色順序，要誠實回答。放置棋子的人沒有理由對其他人說謊。但是即使每個人說的都是實話，也很容易落入嚴重的邏輯失誤，導入完全錯誤的信念。這是必須要注意之處。

落入錯誤的信念，是很多人會有的問題。我們容易選擇

性地看待事實，然後得到錯誤的結論。在某些實務上，這會造成重大問題，例如，警方所謂的嫌犯特徵描述，或是有些人根據錯誤評估的些微證據，對他人做出有罪或無罪的判斷。這就是為什麼警方以及我們一般老百姓，不應該匆忙地做出結論。

我在此提出一個例子，有助於了解我們有多麼容易落入粗劣的邏輯思考。棒球比賽深受濫用禁藥事件困擾。假設你知道如果某人真的使用了類固醇，他的類固醇檢測結果呈現陽性的機率為90%。這是否表示當有人藥測結果為陽性時，我們就可以很有信心地說這人有使用類用醇？記者似乎就是這麼認為，國會也是，但他們是錯的。要形成一項政策，我們需要回答以下問題：「如果一個人的藥測呈現陽性，此人使用類固醇的機率有多少？」光是知道「如果這人有使用類固醇，他的藥測結果為陽性的機率」是不夠的。不幸的是，我們並不容易知道這個我們真正關心的問題的答案。我們只能知道藥測結果是否為陽性，但那可能是決定此人是否作弊的一項極差的根據。在邏輯上一致地使用機率，亦即計算出真正的風險，才可以幫助我們釐清問題。

假想一下，每100名棒球選手中（只）有10名作弊使用類固醇（雖然是在討論賽局理論，但有多少棒球選手使用禁藥，對此我是樂觀的），而且這項藥物檢測，精確到每10個作弊的人當中有9個會檢測呈陽性。然而，要評估有罪或

無罪的可能性，我們還需要知道有多少誠實球員的檢測結果會呈現陽性——也就是說，這項檢測有多常出現「偽陽性」（false positive）的結果。畢竟藥物檢測一點也不完善。只要想像一下，明明每100個球員中有90個沒有作弊，然而這些誠實的球員當中，卻有10%會被檢測出「偽陽性」。看到這些數字，人們很容易就會這樣想：檢測結果是偽陽性的機率很低（無辜的人當中只有10%是偽陽性），而作弊的人幾乎都會被檢出真正的陽性（作弊的人當中有90%會被抓出來），因此，知道一個人的檢測結果是否為陽性，就能讓我們非常有信心地知道他是否作弊。這是大錯特錯！ ❽

以剛才擺在眼前的數字來看，10個作弊者中有9個會呈現陽性，而90個誠實的球員當中有9個也會呈現陽性。因此，18個檢測呈現陽性的球員包括了9個作弊者，也包括9個完全清白的球員。在這個例子中，一個檢測結果呈陽性的球員，真的有使用類固醇的機率是50：50，和丟銅板的機率一樣。這絕對不夠充分到可以拿來摧毀一個人的職業生涯和名譽。誰會願意把這麼多清白的人判有罪，只為了揪出有罪的少數人？大家最好嚴肅看待「在被證實有罪之前都是無罪」（innocent until proven guilty）這句格言。

我們剛才所做的計算就是「貝氏定理」（Bayes' theorem）❾，這個定理提供一個邏輯上很牢靠的方法，讓我們可以避免下列兩者之間不一致的問題：我們原先認為是

真的（陽性檢測結果表示球員使用類固醇），以及後來出現的新資訊（檢測結果為陽性的球員中有一半沒有使用類固醇）。貝氏定理讓我們不得不深入探討我們觀察到的疑問。我們要問的不是「一個棒球員使用禁藥的機率有多少？」，而是問「我們已經知道一個棒球員藥測為陽性，以及我們知道不同情況下藥測為陽性的機率，在這樣的條件下，這名球員使用禁藥的機率為何？」

貝氏定理提供一個方法，讓我們可以推算人們是如何消化新資訊的。它假設每個人都使用這類資訊來檢查他們所相信的事實，與他們的新知識是否相合、一致。它顯示出我們的信念如何改變——用賽局理論的語言來說，它們是如何被更新的——以對於加強或是牴觸我們原先信念的新資訊做出回應。因而，貝氏定理和仰賴這定理的賽局理論家們，認為信念是可以調適的，而不是潛伏在人腦中不能動搖的成見。

信念會更新，這樣的概念會將我們引導到另一項挑戰。假設有一名棒球員的藥測結果為陽性（有罪），在類固醇醜聞案中被叫到國會去作證，同時假設他知道前面所說的各種機率。這名球員知道這些統計數據，而且知道那些自重的國會議員也知道這些數據，因此這名球員知道，國會如果只舉出藥檢結果陽性當作證據，事實上對他的影響不大，不管他們表現得多麼義憤填膺。換言之，這名球員知道國會是在虛張聲勢。但是，國會當然也知道這一點，所以他們也傳喚

了這名球員的訓練員，排在球員之後作證。這會不會只是國會的另一個虛張聲勢的動作，想用偽證罪的威脅引出球員的認罪自白？無論這名球員是否有罪，如果他就是不為所動的話，國會的風險就會升高了。這一來情況會變成怎樣呢？國會真的能因此得到什麼結果，或是說他會不會因為進行這樣的試探而將一個顯然清白的人拖入爛泥，反而使國會糗大了？這名球員會不會明知自己有罪而堅稱清白（但他也可能真的無罪），而我們應不應該像大多數人會做的，隨便就否定他的清白宣言？國會是否在虛張聲勢？球員是否在虛張聲勢？是不是大家都在虛張聲勢？這些都是棘手的難題，而它們正是屬於賽局理論的範疇！

在真實生活裏，有充分的誘因讓大家說謊。運動員、企業主管、國家領導人、撲克牌玩家，以及全部的人都是這樣。因此，要預測未來，我們必須思考的是什麼時候人們可能會說謊，以及什麼時候他們最有可能會說真話。在規畫未來的時候，我們的任務就在找出正確的誘因，讓人們說出真話，或是當有助於我們達到目的的時候，讓人們相信我們的謊言。

要引導出誠實的回答，其中一個方法就是讓一再說謊的代價很高。舉例而言，在撲克（poker）遊戲中，虛張聲勢可能要付出很大的代價，因為其他玩家有時不相信你下大賭注真的是因為一手好牌。如果他們手上的牌更好，虛張聲勢

的結果就是落得褲袋空空。所以一場像是抽五張牌的牌局，最核心的要訣不是計算拿到同花順或三條的機率（雖然那會很有用），而是讓其他對手相信你握有一手好牌，好過你真正拿到的牌。要累積討價還價的籌碼，關鍵之一在於，不管是在撲克牌局或是在外交上，都要利用不存在的實力來操控未來。創造實力，再加上冒些審慎的風險，是能否改變結果最重要的要訣之一。當然，這只是個禮貌性的說法，其實這告訴我們必須知道何時以及如何說謊。

賭注，無論是賭場上的籌碼、股東的錢、偽證罪的指控、或是國家的士兵，都可能將他人導向錯誤的判斷，因而有利於下注者，但是賭博永遠都會受到兩個限制。第一，賭注超過手中牌的價值時，可能代價會很高。第二，每個人都想要找出誰在虛張聲勢，而誰是誠實的。提高代價有助於刷掉那些虛張聲勢的人。累積的籌碼愈高，一手爛牌卻假裝是大贏家的成本就會愈高。在虛張聲勢時，一個人願意冒多大的痛苦，以及他在虛張聲勢和真有一手好牌時的下注行為有多麼類似，是贏牌或是被拆穿的關鍵。當然，這就是為什麼外交官、律師、撲克牌玩家需要擺一副撲克臉的原因；這也是為什麼，譬如說，如果你的股票經紀人自己有投資在他推薦的股票上，你可以更相信他所說的話。

要得到最好的結果必須要行動與信念相互配合。逐漸地，在正確的情勢下，善用資訊會使得人們所見的、所想

的、及所做的趨於一致，就像在Mastermind遊戲中一樣。思維相互趨近，有助於交易及議價的達成，以及爭端的解決。

到此，我們已經完成了賽局理論的簡介課程。現在我們可以進入到進階的課程。在下一章，我們將更深入地探討如何策略性地改變周遭發生的事情。之後，我們將進一步了解，如何利用策略讓事情變得更有利於我們自己，及我們所關心的人，還有，如果我們夠利他主義的話，甚至可以更有利於幾乎全部的人。

第 3 章

賽局理論第二課

囚犯的兩難、企業併購案的談判、
選舉的遊戲規則

在賽局理論第一課，一開始就讓我們思考人與分子（particles）的差異相當大。簡單地說，我們是策略家，我們互動之前會先計算。了解了第一課之後，讓我們更深入來探索策略的精微。

賽局理論教我們最重要的一件事情是：未來——或至少是對於它的預期——可以引發過去，或許還更甚於過去能夠引發未來。聽起來很瘋狂，是嗎？問問你自己，是耶誕樹的銷售引發耶誕節嗎？這種逆向因果論是賽局理論家思考問題、預測結果的基本功。它和傳統的線性思考非常不同。我這裏要舉個例子，說明不能認知到未來可以如何影響過去，會導致非常糟糕的結果。

許多人認為武器競賽會引發戰爭。❶ 由於此一信念，決策者積極追求武器管制協定以促進和平。想當然，管制武器就代表：萬一爆發戰爭，死傷的人會較少，受損的財物也會較少。這當然是好事，但它不是人們推動武器管制的原因。他們是希望戰爭不會發生。但是，減低武器的數量或殺傷力根本達不到這個目的。

武器競賽如何引起戰爭，典型的說法涉及到賽局理論家所謂的hand wave（提出的論據缺乏證據支撐）——意即分析家有時只是空發議論，而不提供從論述到結論的邏輯關聯。武器競賽的hand wave就像是以下的情況：

甲國擴張軍備時，其對手乙國會擔心本身的安全。乙國

遂提升本身軍備以自保。甲國看到乙國擴張軍備——認為本身的擴張軍備只是純防衛性質——又發展更多、更精良的武器試圖保護自己。最後，武器競賽製造出大量的、過多的高殺傷力武器。你記得美國和蘇聯的核子武器可以摧毀好幾個地球嗎？因此，在武器的水平——譬如，核子彈道飛彈就有上萬枚——成長到超乎威脅所需的時候，事情就失控了（這就是hand wave！——為什麼事情失控呢？），戰爭於是爆發。

等等，讓我們慢下來，再想一想。這個論述歸結下來就是說，當戰爭的成本愈堆愈高——武器數量遠超過威脅所需——戰爭變得更有可能爆發。這很奇怪。常識和基礎經濟學告訴我們，任何東西價格上漲，我們一般就少買，不是多買。為什麼一碰到戰爭，這一點卻不成立？

沒錯，幾乎每場戰爭爆發之前，都會先有增強軍備的情形，但這是不相干的。這就好比看到棒球選手有使用類固醇的陽性反應，就說他作弊一樣。我們要問的是，採購更多武器有多經常導致戰爭，而不是戰爭之前有多經常先採購武器。對這個我們所關切的問題，其答案是：並不太經常。

看到戰爭，就問是否曾有武器競賽，我們混淆了因果。許許多多例子都顯示：由於預期殺傷力太大，武器或許真的可嚇阻戰爭。大規模戰爭少有，正是因為當我們預期代價太高時，我們會想方設法妥協。譬如說，1962年的古巴飛彈

危機就是因此而和平落幕的。冷戰期間美蘇之間每次重大危機，也都是在尚未發動熱戰之下就結束。害怕核子殲滅，使大家冷靜下來。這也是為什麼有很多事原本可以觸發世界大戰的，卻能和平落幕，而今幾乎完全被人遺忘。

因此在戰爭，尤其是在和平中，反向的因果關係在起作用。當決策者投向武器管制交涉時，他們自認為在促進和平，其實他們正在冒著比他們所能理解的更大的風險。不能做逆向因果思考，導致對可能發生什麼事做出差勁的預測，這會導致危險的決定，甚至是災難性的大戰。

我們在本書後續章節會看到更多這一類思考的例子。譬如，我們會檢討為什麼大多數企業弊案可能不是因經營階層貪婪而起，為什麼控制溫室氣體排放的條約或許不是對付全球暖化的最佳辦法。每一個例子都強調一個概念：關聯性未必是因果關係。它們也提醒我們，逆向因果的邏輯——賽局理論稱之為內生的（endogeneity）——意味我們所「觀察」的，例如武器競賽帶來戰爭，經常是有偏誤的選樣。

決策可以因對其結果的預期而改變這個事實，有許多意涵。在賽局理論第一課裏，我們講到虛張聲勢。搞清楚何時應該嚴肅看待保證和威脅，何時只是「說說而已」，在解決企業、政治和日常事件的複雜情勢時，是很重要的。搞清楚什麼時候保證和威脅是真心話，什麼時候只是空話，是判斷承諾是否有可信度的關鍵。

來玩一場賽局

在預測和策畫未來時，有一項攸關成敗的工作就是要搞清楚橫亙在特定結果之前有什麼東西。即使在牌桌上贏了一大票，或是手也握了、合約也簽了，我們還是不能很肯定哪些會真正執行。我們永遠會要求承諾。合約和保證不論多麼真誠，還是會因為許多原因而破裂。經濟學家對於「執行合約出問題」有個很傳神的描述：他們問，這合約「不能再談判」（renegotiation-proof）了嗎？❷ 這個問題一語道破美國好訟的核心。

我曾經參與一件涉及兩家電力公司的訴訟案件。甲公司生產的電力過剩，賣給別州另一家乙電力公司。合約簽訂後，電價暴漲。合約中規定甲公司要以議定的低價供電。這時甲公司停止供應已承諾的電力給買方乙公司，要求漲價。當然，買方斷然拒絕，指出合約並無規定市場狀況改變就可以漲價，這是雙方在簽訂合約時就同意要承擔的風險。可是，賣方還是拒絕供電。於是賣方被告上法院，必須替自己辯護。雙方的訴訟費用立刻上升。一路下來，雙方攻防甚烈，賣方一再表示願意與原告洽簽新的供電合約；賣方希望新的合約註明若市場價格劇烈變動就必須做調整。原告不肯，一再指出合約中已有規定。可是，原告迫切需要電力，又不能從別處拿到比甲公司更好的價錢。賣方甲公司（我的

客戶）對這一點也心知肚明。最後，因為乙公司不能供電給自己用戶的代價實在太高，逼得乙公司投降，接受甲公司的條件。

這就是賽局理論家所謂的人性貪婪發作的一個例子。是的，雙方已經簽了約，條件也很清楚，可是打一仗來執行合約的成本太高了。不論原告怎樣信誓旦旦一定要在法院爭個公道，被告知道他只是虛張聲勢。原告迫切需要電力，而且在法院爭個輸贏的成本遠超過接受新合約的成本。因此我們明白了原先的買賣合約不是「不能再談判」。果然，原先的合約不算，雙方另訂新約。原始的合約，確實不是在特定時期內當市場價格有劇烈變化時，以既定價格出售電力的堅定承諾。正義在原告和被告承受法院審判的痛苦的能力面前退讓了──這種情況在我們的司法制度下司空見慣。

承諾出問題還有別的方式。關於承諾出問題，在賽局理論中最經典的例子即所謂「囚犯的兩難」（prisoner's dilemma），幾乎每個週末夜晚電視的警匪片裏都在上演。故事是兩名囚犯被抓了，我姑且稱之為克里絲和派特。兩人分別被關在不同的囚房，無法互通訊息。警方和檢察官沒有足夠證據讓他們的犯行被判重罪，但有充分證據讓他們被判較輕的罪。如果克里絲和派特互相合作、保持緘默，他們會被檢方以較輕罪名定罪。如果兩人都認罪，兩人都會被判重刑。可是，如果一人招認，一人不招，則招認的一方出賣了

另一方，得以脫罪，而另一方會被判無期徒刑，不得假釋。

　　克里絲和派特這兩個壞蛋可能事先就講好，一旦被抓，絕對要保持緘默。問題是，他們彼此的承諾並沒有可信度，因為背叛同伴和檢警合作，符合他們的利益——假如賽局不是無限次一再重複的話。以下即是可能的狀況：

囚犯的兩難

克里絲的選擇　＼　派特的選擇	不認罪（忠於克里絲）	認罪（背叛克里絲）
不認罪（忠於派特）	克里絲和派特各被判有期徒刑5年	派特脫罪；克里絲被判無期徒刑；
認罪（背叛派特）	克里絲脫罪；派特被判無期徒刑	克里絲和派特各被判有期徒刑15年

　　克里絲和派特被捕後，兩人都不知道對方是會認罪，還是如原先承諾的保持緘默。克里絲只曉得，如果派特守諾、不認罪，而克里絲出賣了派特即可脫罪。如果克里絲也守諾、不認罪，她可以預期會被判刑5年。請記得，賽局理論並不看好人性。每個壞蛋都只顧自己。克里絲關心的是克里絲。派特關心的是派特。如果派特是個忠心的好夥伴——他是個傻瓜——克里絲就可以接受檢方的認罪協商提議；克里絲可以逍遙法外，派特終身監禁。

　　當然，派特也懂得這一套邏輯，因此或許不會緘默，決

定坦承不諱。即使克里絲認罪了，派特的結局也會比保持緘默來得好。如果派特認罪、克里絲保持緘默，派特可以脫身——也就是不管克里絲會如何——結果克里絲倒大楣，一人扛起責任。如果克里絲也招了，她的刑責會輕於派特認罪、她保持緘默的情況。沒錯，克里絲會被判15年，可是克里絲還年輕，有機會獲得假釋，總比無期徒刑不得假釋好得多。事實上，不論克里絲認為派特會怎麼做，克里絲最好是認罪。

這裏產生了兩難的困局。如果兩個壞蛋都保持緘默，兩人都被判輕刑，比起兩人都招認好得多（5年比起15年徒刑）。問題是，冒險相信別人不會有好處，萬一我這邊不招，對方招了，我可是虧大了。因此，縱使克里絲和派特事先已有承諾，一旦警方隔離偵訊他們時，他們實在未必能堅守承諾，保持緘默。

問題全在那隻不叫的狗

囚犯的兩難是奈許（John Nash）對賽局理論的巨大貢獻之應用。他發展出一種方法以解決賽局。後來受到普遍應用的各種解都是從他的發現再發展出來的。依奈許的定義，賽局的均衡是每個玩家有計畫的行動——即策略——之抉擇，而且這些行動計畫必須是沒有一個玩家有誘因去採取未包括

在策略之中的行動。例如，除非合乎其個人利益，人們不會相互合作或協調。在賽局理論的世界，沒有人願意只為了幫助別人而犧牲自己。也就是說，我們都需要思考：如果我們改變了我們的行動計畫，別人會怎麼做？我們必須搞清楚會面對的「假設…結果會…」（what if）的狀況。

歷史學家皓首窮經思索世界發生過什麼事，他們希望藉由在歷史紀錄中所能觀察到的事件鏈，去解釋事件。賽局理論家思考沒有發生的事，把沒發生的事之預料後果看作是發生之事的部分起因。任何賽局的解的核心特性就是，每個玩家都認為如果採取其他做法的話，結果會更糟。他們會思索一些反事實（counterfactual）的情況——如果我做這個，或做那個，我的世界會如何？——然後做他們認為會對他們個人最有利的事。

還記得本書一開始時，我們就思考為什麼利奧波德在比利時是明君，在剛果卻成了惡棍？這是一部分的答案。真實的利奧波德會希望在比利時也能為所欲為，可是他不行。當他不是一個絕對君主卻硬要當個絕對君主，這並不符合他的利益。做了一些反事實的思考之後，他一定看得到，如果他試圖在比利時行為舉止有如絕對君主，人民可能會擁立其他人為國王，或乾脆廢除君王制，因此還不如就甘於做個立憲君主。看清楚前景，他在國內推行良政、保住王位，使他得以放手在其他地方追逐個人最大的利益。在剛果可以不受這

些局限，他就為所欲為了。

　　如果我們把一個問題或賽局看成是一連串的行動，那麼這個反事實的思考就會特別清楚。在前面囚犯的兩難表格中，我說明了兩個玩家在不知道對方會怎麼做之下所選擇的行動會是如何。另一個觀察賽局如何進行的方法是，畫一張推演玩家行動順序的圖表。在許多情況下，誰先行動很重要，但在囚犯的兩難中它並不重要，因為無論另一個壞蛋怎麼做，每個玩家的最佳行動選擇都一樣——認罪。讓我們再看一個我曾參與過的企業併購案的例子（為了保密，細節有所省略）。在這個賽局中，預期其他玩家會怎麼做，對於取得良好結果十分重要。

　　買方是總部設在巴黎的一家銀行，想要併購一家德國的銀行。買方準備出高價收購，但堅持所有的德國高階主管必須搬到巴黎總部上班。我們在分析併購的前景時明顯看到，價格並不是總部在海德堡的這家德國銀行考量的重點。沒錯，人人都希望能賣到最好的價錢，但是這些德國主管喜歡住在海德堡，不願意只為了錢就搬到巴黎去。他們就是不想去巴黎。如果法方堅持他們的條件到底，買賣就談不成了（可參見圖3-1）。由於德國人在上班地點方面十分堅持，條件就從好價錢移到比較中庸的價位——這點法方當然可以接受，但是法方要保證德國主管至少可以在海德堡住五年，這對法方而言並不理想，但是要達成交易就必須如此。

圖3-1　併購的選擇

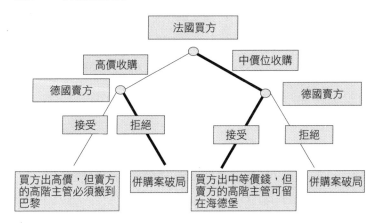

圖3-1的粗黑線代表法國買方與德國賣方的行動計畫。在這個賽局裏，任何一個可能情況都對應有行動計畫。德方有一個行動計畫是，假設法方要求他們一定要從海德堡搬到巴黎的話，即使出價高，他們也要說不。這部分沒發生，正是因為法方問了正確的「假設…結果會…」的問題。他們問了：「假設我們出高價，但要綁他們搬到巴黎，結果會怎麼樣？」以及「假設我們出價稍低，但允許德國主管留在海德堡，結果會怎麼樣？」我們從粗黑線看到，高價綁搬到巴黎，得到「不」；出價稍低，可留在海德堡，得到「是」。法方不願交易破局，選擇了從他們的觀點是次佳的結果——他們同意允許德國主管原地不動五年。法方明智地替德方設身處地思考，據以做出行動。

考量他們和德國主管的策略互動，法方找出了達成他們願望的方法。他們專注於最重要的問題：「假設我們堅持德方搬到巴黎，他們會怎麼做？」結果是沒有人搬到巴黎。歷史學家通常不會對沒發生過的事問問題，因此他們可能忽視了堅持德方主管搬到法國的提案之後果。他們甚至還會納悶德方為什麼索價這麼低。結局是，德方留在海德堡。

既然事實上他們沒有搬到巴黎，我們為什麼應該關心他們有沒有搬家？他們答應併購案、並留在海德堡的原因，正是因為如果法方堅持要他們搬到巴黎就會發生的事——協議將無法達成，不會有併購案供後人研究。

我在圖3-1列出的兩個賽局很簡單。它們只有兩個玩家，每個賽局也只有一對可能的合理策略，導向均衡結果。可是，即使是一個簡單的兩人賽局，也可以牽涉到一套以上合理的行動計畫，而導致賽局有不同的可能結果。我們將在最後一章處理一個類似的賽局。當然，如果玩家更多、行動的抉擇更多，許多複雜的賽局會涉及到許多不同策略和許多不同結果的可能性。我身為顧問的一部分任務，就是設法讓其他玩家選擇更有利於我的客戶之策略。這就是試圖影響資訊、信念、甚至賽局本身之所以那麼重要的原因。以下我將進一步說明。

你想當執行長嗎？

我們全都知道，好差事愈來愈難找，而要出人頭地，競爭愈來愈激烈。工作表現或許是必要，但許多人也會說，光是這樣還不夠。畢竟僧多粥少，夠資格的人遠遠多過高階職位的缺。

即使你已設法掩飾或克服了你的個人限制，也時機得宜，幸運臨門，進入了董事會，有些事仍值得注意；或許一不小心它們就妨礙你拿下寶座——那就是選才過程。

沒錯，如果你能了解並影響執行長或其他領導人的選拔過程，將可使競爭轉為對你有利。有意思的是，很少人以策略的觀點去看待董事會或全國選舉中的計票方式這種小事。這些計票規則能夠把人們想要的化為人們所得到的，也可以讓候選人反敗為勝。❸

我所說的以選票影響結果，不是要你去作弊、灌票。我所說的是根據選民、股東或董事想要的去得出一個結果的許多常見的方法。

很多董事或股東在選任新執行長時，很少停下來想一想計票方法。幾乎沒有人問，候選人要得到過半數同意或只要得到相對多數票即可？我們是只問誰是第一選擇，還是讓大家說出第一選擇、第二選擇（或更多）？如果有多位候選人，我們是對全部候選人一次票選，還是採一對一方式，

逐個分出高下？你可以放心押注，這些方式都可能有翻盤機會。

我們不妨回想一下，2008年美國民主黨的總統候選人提名之爭。民主黨把各州的代表票大約依各候選人在初選中之得票比率分配。歐巴馬在這種方式下贏得過半數的代表支持，最後當選了總統。如果民主黨改用共和黨在初選使用的「贏者全拿法」（winner-take-all），希拉蕊就會贏得足夠的代表票而被提名，她也可能會擊敗共和黨提名的麥肯（John McCain）。其中的影響之大，已經十分明顯。

當然，天底下沒有所謂一定對的計票方法，每種方法都各有利弊。因此，我們往往採用有利於我方候選人的計票方法。一般而言，我們沒有機會改變政府選舉的計票規則，但是民間企業的規則我們就有辦法了。

事實上，我曾經兩度運用董事會票選程序以影響公司選任執行長。有一次非常成功；另一次，我和夥伴所襄助的候選人從默默無聞變成被視為非常強的候選人。他最後是輸了，可是由於表現亮眼、出乎眾人預期，很快就被別家公司挖角去當執行長。他在新公司的表現也十分出色。

執行長的選任過程是怎麼定的？我們先來看看我參與的第一個例子。（這方法好處多多，連被選任為執行長的這位老兄到今天可能還不知道是怎麼贏的。）

這家公司（當然必須匿名）即將退休的執行長，對於誰

來接班，沒有強烈的偏好。可是，他對於不要誰來接班卻有非常強烈的意見，可是偏偏他不中意的人卻是最領先的候選人。即將退休的執行長十分討厭他，兩人交惡多年。因此，執行長悄悄聘請我來協助設計下任執行長的選拔辦法。我的任務是：設法擊敗討人厭的領先者。

　　和任何的分析都一樣，第一步是要確認必須解決的議題是什麼。在這個案例，問題很簡單，我必須搞清楚誰是可能的候選人，他們彼此互相競爭的態勢如何。我們姑且稱這幾位候選人為L、M、C、J和Mutt——Mutt就是即將退休的執行長的眼中釘。

　　這個議題，最好是藉由許多次「選美賽」（beauty contests）來分析。每一組選美賽就是問有權票選執行長的利害關係人，針對兩人一組做比較，如L對M、L對C、L對J、L對Mutt、M對C等等，依此類推。

　　一旦議題——選美賽——確定了，我們需要知道每個利害關係人的立場、在每組對比中他支持哪位候選人、差點有多大。（我在以下各章將進一步細述這些評估背後的方法。）

　　在這個案例裏，我們很幸運有個一流的資訊來源：即將退休的執行長。他認識每一位玩家，也知道他們對每位候選人的評價。你也可以放心，他能當上執行長絕不是省油的燈：他清楚他的同僚誰真正有影響力，誰是順著別人的意見投票。

　　公司現有的選任程序並沒有兩人一組比較、候選人排序、複（決）選，或其他一般常見的規定。他們的正常辦法是把所有的候選人統統攤出來，一次就從中挑選。誰得票最多，誰就贏了。對我的客戶——這位即將退休的執行長而言，這是壞消息。依照這個程序，很明顯，他的眼中釘Mutt會勝出。我們該怎麼辦？

　　第一件事就是先搞清楚在每一組選美賽中，誰會勝出。這些利害關係人是公司的執行長甄選委員會委員，共15人，每人有一票。根據即將退休的執行長對於兩兩比較的資訊，我排出每位甄選委員對各個候選人的好惡支持順位。然後，我讓15位委員依其對候選人的偏好分成五個投票集團，每一集團各有三名委員。他們的好惡順序如下，最前面的候選人最受支持。

　　一、Mutt、J、L、C、M
　　二、Mutt、M、C、L、J
　　三、M、Mutt、C、L、J
　　四、J、M、C、L、Mutt
　　五、L、J、C、M、Mutt

　　如果每個委員只有一次投票機會，討厭的Mutt會得到6票（第一、第二集團把他放在首位，而每個集團有三名委員），M 3票、J 3票、L 3票，可憐的C為0票。Mutt勝出，

而這正是我客戶極力想避免的狀況。

　　然而，如果換成另一種投票方法，每個委員對第一選擇可投4票、第二選擇3票、第三選擇2票、第四選擇1票、最後一名得0票（一般稱為Borda計票法），那麼Mutt和M都得到33票，J得30票、L和C各得27票殿後。假設再就Mutt和M兩人複選，M可從第三、第四、第五集團得分。他們支持M勝過支持Mutt。依照這個程序，M將成為新任執行長。

　　因此，我們已經看到是有辦法擊敗Mutt的。可是，同樣也很清楚的是要讓委員會通過採行此一程序，很難。要求委員們先給各個候選人評分，然後若有平手還要複選，太複雜了。這種選舉程序也會引起甄選委員的懷疑。他們難免會想：快要退休的執行長為什麼要搞得這麼複雜，一次投票表態支持誰不就得了？

　　而且，即使這個複雜的程序可以得到委員會通過，我們也不一定能成功。如果有哪位支持Mutt的委員靈光一點，這個程序就破功了。譬如，即使第二集團裏有一位委員事前看到結果，這位委員又是全力支持Mutt，他可以策略性地（也就是說謊）決定把J擺第二位，M擺最後一位。沒錯，這是亂人耳目之計，可是委員們注意的是最後的結果，不是中間的決定。策略性地抬高J的得分後，這位委員可使M的總分由33降為30，J變為33，則情勢變得混沌，而且更增加Mutt勝出的機會。總之，在Mutt和J對決的複選中，Mutt會

勝出。能夠策略性地行動的話，第二集團的一、兩個委員就可以使他們偏愛的候選人──執行長很討厭的Mutt脫穎而出。這個風險我可冒不得。我決定設法拱C當選。

可憐的C，他實在太落居下風了。沒有人把他當作第一人選，甚至沒有人把他當作第二人選。事實上，幾乎沒有人看好他。我確知這一點是因為在想出如何拱他當選之後，我和一位甄選委員有一段談話。我的角色是個祕密，只有即將退休的執行長知道。我問這位委員，他覺得誰會當選。他提到Mutt，又說M或許也有機會。我故意裝成不經意地問他，J、L和C的勝算如何？他認真地考量了J和L，但不認為他們會贏。然後他告訴我，他自己還有委員會的其他委員都不明白C為什麼要跑進來選。他說，根本沒有人挺他嘛！沒錯，大家都喜歡他，可是沒人認為他是執行長的料。在這個案例裏，C的相對默默無聞，反而成了他的優勢。沒有人看好他，因此也沒有人策略性地運作要幹掉他。

好，接下來好玩的部分要開始了。即將卸任的執行長很受大家愛戴與尊敬，他在任內表現很好。選美賽已經充分透露如何讓C當選（你看出來了嗎？），但我還必須先再分析一個問題。這個問題是，即將退休的執行長是否有足夠的影響力說服甄選委員會通過有助於C勝選的投票程序。分析顯示，只要程序不是太複雜，他的確可以使委員會遵循他所建議的投票規則。幸運的是，我的分析所建議的程序相當合

理。它沒有特別複雜，它善加利用委員會多數委員並沒有非支持Mutt不可——請記得，把他擺在第一順位人選的只有六人，其他九人分別支持別的候選人為第一人選。

掌控議程（agenda）——決定決策的順序——是勝負的關鍵。在這個案例，它就是如此。藉由訂下正確的議程，我們可以創造一系列贏的同盟，每個同盟成員都與前一個同盟不盡相同，但終究最後有個支持C的勝利同盟，使其他候選人無法出線。

甄選委員了解真正的競爭是在Mutt和M兩人身上——他們是這樣認為。為了增強他們的看法，即將卸任的執行長說服委員會採取兩兩對比、依序淘汰的選舉方法。委員會先就Mutt對M這一組表決，輸者就淘汰出局，贏者再和J比。輸者一樣淘汰出局，贏者（此時贏者不外乎Mutt、M或J三人之一）再和L比；而這次勝出者和C比。經過這樣四次表決，還屹立不搖者就是最後的贏家。

甄選委員會聽後，覺得這個方法不錯。他們認為Mutt和M兩人實力相當，他們可以很快就從兩人之中選出一人為新任執行長。他們可錯得離譜了。事實上，任何人若仔細留意五個集團的偏好順序，就可以算出即將退休的執行長建議的方式會如何發展，但是委員們不太可能完全知道同僚的偏好順序，畢竟他們不太可能進行模型所要求的專家訪談。由於他們沒被要求宣布他們對各個候選人的排序，因此執行長

所提議的規則沒有強迫他們向大家透露完整的排序。或許他們自己也彼此試探口風，但大約也只到第二人選而已。或許他們就是因為這樣而不怎麼注意C。結果如下：

　　M立刻以9票對6票擊敗Mutt（第一集團和第二集團支持Mutt，其餘三個集團支持M）。依據看來似乎合理的假定：較多人支持M而非Mutt（9比6），Mutt輸了，就此淘汰出局。很公平嘛。再下來就不重要了，因為我的客戶的重點是打敗Mutt。不過，我的客戶也喜歡讓C出頭這個點子。他認為這樣可使自己留下一些回憶，何況，他也喜歡C，認為拉C一把也挺不錯的。

　　甄選委員會接下來按照講好的議程，考量M和J。就好像M輕易擊敗Mutt一樣，J輕易擊敗了M。第一集團最支持Mutt，可是現在必須在M和J當中二選一，他們投給J。J是他們的第二人選，而M在第一集團的排序是最後。第四集團和第五集團也認為J比M更適合當執行長。只有第二和第三集團是擁M不擁J。這一來，J以9票勝M的6票。Mutt已經被淘汰出局，委員們沒人開口要求就Mutt和J兩人表決。你可以從各集團的偏好順序看到，是有另一個得勝同盟（第一、二、三集團）是支持Mutt勝於J的。可是，Mutt已經在和M對抗下被淘汰了。

　　Mutt和M這兩位原先被看好的人選現在已經出局。M擊敗Mutt，而J又擊敗M。J、L和C三人仍然屹立。J和L都

有人支持他們為第一人選，因此接下來由兩人先比。第二、第三和第五集團擁L，J又告出局，使得最後能爭大位的，非L即C。當然你可以看到C會擊敗L。第二、三、四集團支持C。C是最後勝出者，在眾人滿地找眼鏡的情況下成為下一任執行長。而大家都覺得過程公平公正。

似乎沒有人注意到議程決定了結果。其實L是C唯一有力量擊敗的對手。如果議程不一樣，C就輸了。就像C只能擊敗L一樣，L也只能擊敗J。即使在議程中將L的排序往前移，也只會讓他出局，而C也會出局。事實上，這裏的偏好呈現一個循環（用專業術語來說，是非遞移性〔intransitive〕的偏好），因此操縱議程可以使任何候選人「公平公正地」當選。

投票過後，我曾和他談過話的那位委員邀我一起吃午餐。席間，他問了一個問題：你有沒有涉及到我們公司選任新執行長？我笑一笑，把話題轉到別處。他明白我一定有份，我也曉得他知道。但是我有答應要保密。那頓午餐非常可口喔！

抱歉，愛因斯坦：上帝也玩骰子

我們從囚犯的兩難到銀行併購案例，再到投票策略，可以看到即使涉及相對少數玩家的相對簡單的賽局，也可以出

現多種結果。這個事實替真實世界的決策（尤其是在賽局的情況）增加了策略的面向，經常在同一批玩家之間一再出現。

任何時候賽局有一種以上可能的結果時，就會有一種特殊型態的策略（稱之為混合策略），可以影響事態的發展。在混合策略裏，每個玩家以機率選擇行動——例如丟骰子——去影響別的玩家希望從賽局獲得的結果。愛因斯坦的上帝或許不跟宇宙玩骰子，但我們凡人一定彼此玩骰子。

每次你看美式足球賽，抱怨教練的調兵遣將戰術運用；其實你可能正在看著混合策略的應用。譬如，球已經進抵一碼線，讓球跨過目標線最可能的玩法就是讓全衛（fullback）撲過擋在他面前的一大堆球員。可是，教練往往讓四分衛（quarterback）傳球或丟給一個跑衛（running back）。原因在於，如果教練老是叫全衛猛撲過去，守方就會在那一點部署重兵防守，攻擊可能就會失敗。由於混合運用策略，攻方迫使守方拉開防線，因此增加成功機率。有趣的是，策略的混合運用對於企業、政治及生活中許多面向都有重要啟發。丟骰子也是改變別人如何看待局勢的一種方法。

運用涉及到混合行動的策略以製造對預期的改變，是十分常見的事。雖然應用賽局理論家往往不用這些複雜的「混合策略」去解決問題，但是自己遇到麻煩時卻又把它端出來。丟骰子也的確可以影響事情的發展。

　　這種賭博的例子常在你我周遭發生，有些電影也懂得漂亮地擲骰子來製造高潮。誰能忘得了《公主新娘》（*The Princess Bride*）裏下了毒的酒以及聰明的化解（其實兩只酒杯都下了毒）。《梟巢喋血戰》（*The Maltese Falcon*，原名「馬爾他之鷹」）裏也有一幕，悉尼·格林斯特里特（Sydney Greenstreet）飾演的古特曼（Kasper Gutman）拚了命要搶那隻鑲了珠寶的鳥。只有山姆·史佩德（亨佛萊·鮑嘉飾演）知道它的下落，可是史佩德不是傻瓜。古特曼威脅說，凱羅（彼得·洛瑞飾演）會對史佩德用刑逼他說出它的下落。史佩德反問：「如果你殺了我，你怎麼找到那隻鳥？如果我知道你在到手之前不敢殺我，你哪能逼我交出它？」史佩德在這裏就像一位優秀的賽局理論家，質疑古特曼要逼他吐實的決心之可信度。我們知道，史佩德也知道，若不是真正決定要殺他，否則古特曼沒法逼他吐實。但是，古特曼也不是傻瓜，他曉得如何讓骰子滾動，製造契機讓史佩德會招供以求保命。經過一段機鋒對話後，古特曼反唇相譏說：「你也曉得，人在行動過火之下，往往會忘了自己的最佳利益，讓感情沖昏了頭。」

　　就是這一句經典對白「人在行動過火之下，往往忘了自己的最佳利益，讓感情沖昏了頭」讓人擊節叫好！他說明了凱羅下手會小心，盡量不殺了史佩德，可是凱羅一旦衝動起來，史佩德堅不吐實可能就會喪命。在這一小段對話裏，我

們看到有三個賽局理論原則在運作：承諾是否有可信度的問題；運用機率去改變別人對局勢的看法；以及偽裝不理性以爭取策略優勢。還有什麼比生命安危更真切？置身於史佩德的賭局裏——保住珠寶鳥，可能喪命，還是放棄它，或可保住性命？——我們有多少人膽敢誓死不說？

幸運的話，賽局理論將不再只是客廳裏的遊戲、電影的劇本。它是重新打造世界的重要工具。以下的章節裏，我們將運用這些基礎去探討，理性選擇理論（rational choice theory）能處理什麼樣的問題，以及數學、科技現在如何能幫助我們預測和策畫出特定的結果——從前我們或許認為是因為幸運或不幸所導致的事情。

第4章

北韓核武危機

如何和北韓談出好結果？模型怎麼
做？

　　我們現在已經明白賽局理論的基本原則。這都很好，但是我們要如何運用這些原則去解決當今的重大問題呢？我們也不用浪費唇舌，直接就來探討北韓解除核武的問題吧！

　　出生在北韓幾乎就注定要過一輩子的悲慘生活。北韓一般人民必須工作一整年才能賺到美國、愛爾蘭或挪威一般工人約四天的工資。金錢不是一切，但是要過有品質的生活卻萬萬少不了它。

　　當然，出生在北韓，也不盡然是人人都倒楣。北韓「親愛的領導人」金正日似乎就相當成功。據估計，他的身價大約在四十億美元，等於是北韓全年國內生產毛額（GDP）的三分之一左右。（比爾·蓋茲跟他一比立刻大為遜色，其財產僅佔美國全年國內生產毛額的千分之四。）

　　金正日財富傲人、三妻六妾、酗酒無度、酷愛美食，使得許多人認為他是個輕率魯莽，甚至無足輕重的輕量級獨裁者。他經常被描述為不理性、反覆無常、危險。我們可以肯定，他的確十分危險，但是要說他不理性、無足輕重，我就不敢苟同了。沒錯，他是以老式的方法取得大位──在他父親「偉大的領袖」金日成逝世後繼承他。可是，那已經是很久以前的事了。有那麼多將領、兒子、妻妾虎視眈眈等著伺機奪權，沒有一個呆子可以久居大位的。

　　金正日是個見多識廣、手腕靈活、邪惡萬分的煽動家。如果說他反覆無常，那是因為這符合他的利益。雖然我們或

許會嘲笑這個新時代的怪咖獨裁者,他卻在他手上一副爛牌的限制之下巧妙地操縱,使他成為全世界舞台上的重大威脅。他一直在國內、國外煽動恐怖,他持續統治著被他們父子搞得赤貧不堪的國家。

金正日1994年坐上大位時,北韓實際上根本沒有東西可以出口。它的國際地位低到不能再低。他把北韓整得一窮二白,使得倒楣透頂的老百姓得靠啃樹皮過日子。這些可憐的人民被教導要尊奉金正日如神明,可是高達百分之十的人卻在過去十年中活活餓死。但是,今天全世界人人都得提防北韓。為什麼?因為北韓雖然經濟不振,金正日搞的飛彈和武器開發卻相當成功。老百姓或許餓肚子,他卻把從老百姓搜刮來的錢好好利用,把北韓變成了核武威脅。即使他沒把食物放到北韓老百姓的餐桌上,他發動核子飛彈的能力卻使得全世界不能不看重他。沒錯,金正日政府幾乎在全世界各地都遭人詬罵,但是沒有人敢對他掉以輕心。和一、二十年前,完全不同了。

今天,美國、中國、俄羅斯、日本和南韓政府,無不拚命思索如何把金正日的流氓國家納入國際事務的主流。多年來,他被威脅、被利誘、被敦促要乖;但是在美國前總統卡特的指使下,他也被柯林頓賞了甜頭,希望北韓的行為能有所改善。金正日政府嘗到了甜頭——外援、技術轉移和糧食救濟,可是除了空口應允,美方並沒有從金正日得到堅實的

承諾。最近，六方會談似乎有些進展。雖然斷斷續續的，但是降低其威脅的任務似乎漸有斬獲。藉由精確預測和策畫如何使金正日放棄核武，今後我們應可找出一條路，以解決他的核武威脅。

2004年初，美國國防部聘我為顧問調查各種可能的劇本，試圖讓北韓在核武議題上不要輕舉妄動。我在此只能概略描述一些解決方案，但即使如此，我們可以看到如何思考這類的議題。我將聚焦在最有可能解決問題的劇本上。這個劇本關注美國在政治、經濟上讓步，以交換北韓在核武議題上讓步；這是一種取捨（trade-off）。然而，在我們進入細節之前，請容我非常清楚地聲明：若有任何進展，我毫無居功之意。政策顧問幾乎從來不知道他們的建言是否被採納。他們幾乎從來不知道是否其他建言獲得採納，或是其他建言的內容是什麼。我所能做的是向讀者報告我的分析是什麼，敘述它和實際發生的事之間的關聯。

要做出可靠的預測，並提出戰術甚至戰略上的建議，需要什麼樣的資訊？首先，最關鍵的是定義清楚我們想找到答案的問題是什麼。類似「我們要如何使金正日行為不乖張？」這樣的問題太含糊。我們必須更精確地定義目標，我們也需要知道金正日及其政府可以採行的選擇之範圍。以這個案例而言，各種選擇包括：金正日及其政府根本拒絕就核武進行談判的可能性；願意談判，但是只要對他有利，他

對任何協議都可以不認帳（金正日喜歡用這招）；願意慢慢降低北韓核武計畫的程度，換取美國不同程度的經濟及安全讓步；願意有條件地取消核武計畫（有各種不同等級的條件）；或是願意無條件取消核武計畫（從美國總統及其外交政策團隊的觀點看，這是最盼望的結果）。

其次，我們要知道應該對問題訂出什麼樣的背景條件。譬如，我們可能要問：如果美國公開瞄準北韓的核子飛彈、或是美國保證北韓在其國境之內安全無虞、或是其他種種可能性，金正日會被引導去採取上述的哪一種政策。每一種狀況都訂出一套劇本，我們可以比較如果美國（或其他國家）採取這個或那個行動，究竟可能發生什麼狀況。我們因而開始回答「假設…結果會…」（what-if）的問題。一旦議題、選擇方案和劇本界定出來，只需要非常少的事實，以及一點點邏輯，就可以找出解決方案。

首先，我們來看事實。依據我的經驗，要做出可靠的預測只需要：

一、確認有哪些人或團體擁有有意義的利益，因此可能試圖影響結果。別只顧著注意最後的決策者。

二、以能掌握的資訊，盡可能準確地估計在第一點中確認出來的個人或團體，他們在私下交談時，各自所擁護的政策是什麼──也就是，他們說他們想要什麼？

三、估計議題在每個「玩家」心目中的份量有多重。議

題重要到可以使他們放下手邊正在做的事,立刻處理嗎?或者他們可能先處理比較緊要的事,稍後再來討論它?

四、與所有其他玩家的相對關係如何?每個玩家在說服其他人改變對議題的立場時,有多大影響力?

你只需要知道這麼多。你或許會問:就這麼多?要不要知道歷史?要不要知道文化?要不要知道每個人的個性?大部分人認為重要的事情,需要不要知道?了解所有這些的確很好,我稍後會再說明,但是這些資訊並非在做出正確預測或是制定政策變革時缺之不可的資訊。沒錯,它們會有幫助。通常知道得多總比知道得少要好。可是,如果缺乏我上面所說的四項資訊,就不太可能正確評估情勢。

我認為至關重要的這四項資訊,有趣的是,它們不太容易從書本中找到,但卻有可能從《經濟學人》、《美國新聞暨世界報導》、《時代週刊》、《新聞週刊》、《金融時報》、《紐約時報》、《華爾街日報》的文章,以及網路消息、其他新聞媒體中爬梳出來。知道從哪裏蒐集這些資訊,有信心運用它們,是預測和策畫結果的重要關鍵。沒錯,要爬梳整理這麼多新聞來源的確很花心力,對於不能等的問題,這個方法未免緩不濟急。幸運的是,還有一項很有效的方法可得到資訊——請教專家。沒錯,就是這麼簡單。

專家們已經投注多年精力研究某地的文化、語言和歷史。他們長期追蹤某地區詳盡的政治細節。如果說有誰知

道，什麼人會試圖影響決策、這些人影響力有多大、他們的
立場如何、他們對議題的關切程度如何，那就非專家莫屬。
你不妨想一想，知道這些資訊不就是專家嗎？

現在你或許會想，如果專家知道做預測所需的資訊，那
麼我們幹嘛還需要一個預測工程師？這就是技能專業性真正
重要的地方了。有一點很重要，要記住：單憑專家來預測未
來發展，絕對比不上許多專家結合人類如何思考的良好模型
所做的出色。中央情報局（CIA）有一份解密的研究指出，
我的預測模型準確率是提供給我資料的政府專家的大約兩
倍。❶對於他們研究的國家或問題，我所了解的當然遠不及
他們。事實上，我所知道的往往不超過他們告訴我的資訊。
但是他們不是研究人們如何做選擇的專家，因為畢竟那不是
他們知識的重點。

有了蒐集來的所有資訊，要做預測和形成結果，必須借
助電腦模型去組織資料，以及跑談判或交易的模擬。設想這
些模擬是多面向的棋賽，電腦會考量到其他每個人可預期的
反應，計算每個人預期的行動。在玩如此複雜的賽局時，電
腦比起專家、分析師或最聰明的決策者具有極大的優勢。電
腦不會疲倦；電腦不會覺得無聊；電腦不需要休息一下喝喝
咖啡，也不需要睡覺；而且電腦具有極佳的記憶。電腦可以
塞進我們灌給它的一切資訊。

我們先談談電腦的優勢。假設我們在2004年要檢驗北

韓的核武問題（像我當時那樣），並且假設我們簡化到只考慮五個玩家（那時我並沒有簡化）：美國總統小布希、金正日、俄羅斯總統普汀、中國國家主席胡錦濤和南韓總統盧武鉉（暫時不談日本）。會談各造之間的談話內容有多少是這五個決策者每個人都希望知道的？

小布希當然希望記住他對其他四個人每個人說了什麼，以及每個人對他說了什麼。他們也都希望記下自己提了什麼方案，以及聽到別人說了些什麼。這裏已經是20個意見交換了。當然任何一人所想要知道的絕不只這些。小布希會有興趣知道，或至少拼湊出來，金正日可能對普汀、胡錦濤或盧武鉉說了些什麼，而其他每個人也會希望知道他們未直接參加的談話之內容。這又是60個可能的對話。而且小布希或許也想知道，譬如普汀認為金正日對胡錦濤、對盧武鉉又說了些什麼，更不用提他認為盧武鉉對胡錦濤、對金正日還說了些什麼，等等等等。

總而言之，光是以這五個決策者彼此之間往返交換的各層資訊來說，就有可能出現120種可能的意見交換（5×4×3×2=120）需要知道。掌握這120種可能出現在談判桌上的提案和反提案，對於要決定談判過程中任一時點的最佳行動，至關重要。這120種可能的意見交換是只有五個利害關係人在一輪談判中會出現的。如果有哪個聰明絕頂的人能在腦袋裏記清楚這麼多資訊，機會是少之又少。要記清

楚資訊內容，在利害關係人人數增多後將是個大難題。

只要再加上日本首相——畢竟會談是六方會談，不是五方會談——就使得重要的資訊成為六倍，由120個暴增為720個。只要增加到十個當事人，重要的資訊將驚人地增加為360萬個！換了牛頓、愛因斯坦、馮紐曼再世，也無法在腦袋裏記清楚這麼多資訊；但是，不知疲勞為何物的電腦就行！

唉呀，電腦超優的記憶和工作習慣，代價可不低。專家或報章如何表述事實，和電腦如何接收和消化資訊，兩者之間有巨大差距。專家和我們一樣，用文句來溝通；電腦模型卻用數字表述。因此我有一部分工作是把文句化為數字，讓電腦可以咀嚼。數字相對於文字，佔有極大優勢。最重要的是，數字很清晰，文字卻很含糊。把資訊化為數字十分重要，事實上也並不難。

但是，專家是怎麼知道要做一個可靠的預測所需的資訊是什麼？還有這些資訊真的很容易化為數字嗎？我們不妨試做一個實驗。訪談某個「專家」，他必須對你的朋友十分熟悉，或許也很熟悉你。挑一個對你的朋友很重要的議題，它不必是國際大事，也可以是在哪裏用餐、看什麼電影，或任何會有意見不同情形的事。最簡單的一種議題是我稱之為「選美」性質的問題。假設你和一群朋友要從兩部電影當中二選一。很想看《真善美》（或是任何一部首輪電影）的人

得到100分；而很想看《發條橘子》（*A Clockwork Orange*，另一部經典老片）的人得到0分。接下來你應該可以評估每個朋友有多強烈傾向於哪部電影。完全沒意見的人得50分；稍稍傾向《發條橘子》的人得分略低於50，就說40或45好了，以此類推。你或者你訪談的「專家」需要盡可能準確地校準他們偏好的強度。用這種方法，每個選擇者偏好哪部電影可以化為數值——也就是，每位朋友都參與了決策過程。雖然選擇的對象可能更複雜，但不論是挑選要看哪部電影，或是處理北韓核武計畫之抉擇，程序是一樣的。沒錯，涉及的利害大不相同，但一旦得到基本事實，把既定目標化為預期的結果的過程卻是一樣的。

現在計算每位朋友——亦即每個玩家——有多麼熱切要影響抉擇的結果。如果你認為某個朋友會放下手上正在做的事，討論起要看什麼電影，你就把他的「關切程度」（salience，即我在前文所提的四種資訊中的第三種）放在接近100的地方（沒有人會真的是100）。如果你認為某人真的很不關心選哪一部電影，他的關切程度分數就愈低。如果某個朋友說：「你愛看哪一部都好，我都陪你去，但是我實在沒時間和你一起挑選。」他大概得分在10左右。另一方面，如果某個朋友說：「我現在很忙，十分鐘以後再打來。」他的關切程度算是相當高。「一個小時後再打來吧」，得分較低；「下星期再說吧」，那就更低了。只要稍微努力，不難

得知每個人認為選擇電影和他們手上的事情相比，何者比較重要。（但請留意，不是拿來做人與人的比較，而是這議題和他們必須做的其他事做比較。）

最後，如果你假設人人都把這個抉擇看得一樣重要，那麼就找出你認為誰在裏面最有影響力。給最有說服力的那個人100分，其他人則依次給分。因此如果哈利的潛在影響力是100，珍妮和約翰分別是60和40，而珍妮和約翰想看《真善美》、哈利想看《發條橘子》，因此如果珍妮和約翰都同樣強烈關心選擇哪部電影，他倆合起來就可以抵銷哈利的說服力。如果珍妮為60、約翰為70，其他因素都相同，他倆就可以說服哈利修正他的觀點，多考量珍妮和約翰喜歡的電影。當然，如果有別人支持哈利的選擇，或許又可形成一個夠強大的同盟去擊敗珍妮和約翰。動態關係變得愈來愈複雜，但基本概念是一樣的。

記住一點：我們大多數人在幾乎任何狀況下都會做這些評估。我們很自然地以相對判斷人們在某一議題的立場，就做出這些估計。我在上面描述的就是這個自然過程的形式化——當問題變得愈複雜時，它就變得愈有需要。

現在你可能會覺得，是啊，人們可以針對問題填個數字，但那只是隨便亂填罷了。拿同一個問題去請教兩位專家，你會得到兩個不同的答案。你猜怎麼著？——你錯了！如果真是如此，我的模型就根本沒有機會得出任何有一致

性的準確度。那會需要天大的好運。事實上，中央情報局研究過不同專家提供相當不同的答案，導致非常不同的預測之風險。他們發現依據我的模型推算，預測的結果差異不大，即使被問到的人接觸的資訊大大不同。譬如，學術界專家一般而言不太知道情報分析員接觸了什麼保密文件，可是，這兩組人往往提供相當類似的資料，不管這些資料從何而來，結果也沒什麼出入。更令人稱奇的是，即使輸入電腦模型的資料是由毫無專才的大學生蒐集而來，答案通常也八九不離十。

我在羅徹斯特大學大學部開課時，曾經受聘調查有什麼妙計可使菲律賓總統馬可仕（Ferdinand Marcos）辭職下台，讓菲律賓有進行自由選舉的機會。當時在雷根政府擔任中央情報局局長的威廉·凱西（William Casey）請我研究這個問題，我被關在中央情報局總部一間密室裏進行研究。我可以接觸機密檔案，可是報告完成後連我都不被允許讀自己寫的報告。我的報告僅供總統、副總統、國務卿、國防部長、國家安全顧問及其他少數人過目。同一時間，我的學生也在研究相同的問題，可以接觸我為研究而開發出來的電腦程式。他們從《經濟學人》等雜誌以及《紐約時報》等報紙蒐集資料，把它們餵進電腦。90%的學生得出我在中情局密室達成的相同結論，這些有關策略的結論經證明效果不錯。這件事告訴我們，做出良好預測所需的資訊，不用非常獨

特；不需要花好多年工夫去研究其他國家的語言、歷史和文化，雖然它們都可以有極大的幫助。它也告訴我們，只要有心人，許多機密資訊很容易從開放的公開來源挖掘出來，予以複製。

現在我們已經知道從哪裏、如何蒐集資訊，接著搞清楚每個玩家想要的是什麼，就是做出預測的關鍵。由於涉及到某特定問題的每個人都關切能否得到他們想要的，他們的行為和抉擇是可以預測的。每一個人都會依據他們所認為的現狀是什麼，並朝向最接近他們想要的結果而行動。

一般來說，人們的目標會是什麼？不論碰上什麼特定議題，我一向假設每個人做決定時想要兩樣東西（雖然不同的人對這兩樣東西看重的程度不一）。第一個是，所做的決定要盡可能接近他們主張的抉擇。另一個是光榮——因為別人承認他們在促成某事上扮演重要角色而得到的自我滿足感。

有些人十分注重因促成某一協議而有功勞，他們願意大幅改變立場——如果這麼做可以有助事情成功的話。有些人願意焚身於光榮烈焰中，支持一個會輸的立場而不肯做出可獲致協議的讓步。每個人都有這兩個目標：得到他們喜愛的結果，以及不論結果如何都可居功。不同的人對它們的重視程度會有不同，因此他們有時願意放棄在甲領域之所獲，以換取在乙領域之所獲。

我們把話題轉回到北韓。訪談專家、編纂研究之後，我

們對每個玩家都知道三樣資訊：他們說他們要的是什麼、他們的關切程度、以及他們的影響力有多大。以北韓案例而言，政策選擇的範圍在圖4-1中以實質意義和數值表達出來。（要從政策立場得到數值有個簡單的方法，就是畫一條線，要求專家在這條線上標出各個政策選項的位置，並強調應留出空間以示各個選項彼此之遠近。接下來再用直尺量度各個選項之距離。）

我在2004年研究北韓問題時，確認出在這場錯綜複雜的國際賽局裏有五十多個玩家。金正日和小布希兩人握有否決權，意即沒有他們倆支持，任何協議統統談不成。金正日喜愛的立場是，同意某一協議但要把它的架構搞成日後他可

圖4-1　北韓核武議題

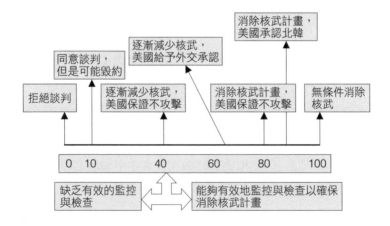

以耍賴、毀棄他的承諾（在量尺上位於10的位置）。專家告訴我，布希要的是北韓無條件取消核武計畫（在量尺上位於100的位置）。若沒有一些計謀運籌，雙方不可能達成協定，因為這兩個最重要的決策者立場南轅北轍，而且兩人都是公認的死硬派。可是，初步推估可能的結果卻顯示北韓降低核武能力、伴隨著美國做重大讓步（包含保障北韓安全，及相當的經濟援助）這個主意得到強大支持。

針對北韓賽局所蒐集來的每個玩家的資訊——他們對議題的立場、他們對議題的關切程度、他們可以發揮的影響力——使我們看清在每個可能的結果背後有多少力量。潛在的影響力（三項資訊中的一項）告訴我們每個玩家可能有多大的說服力，但並非確實具有的說服力。這要看他們是否願意對問題施加影響力，而這又取決於他們關切這議題的程度有多大。因此我們可以定義說，某個玩家的力量（power，他們真正發揮以打造結果的壓力），等於他的影響力乘上關切程度。

因此，三項資訊可縮減為兩項資訊，就可以畫出圖了（暫時不談否決權）。圖4-2顯示，在議題量尺上支持每個主要的政策立場之力量分布情況。這張圖就好像高低起伏的山陵地形，獲得最多力量支持的立場即是高峰，支持力量小的立場只不過有如鼴鼠丘。這個力量地形圖依據的是專家們就立場、關切程度和潛在影響力等問題提供的答案。

圖4-2　北韓核武議題的力量表

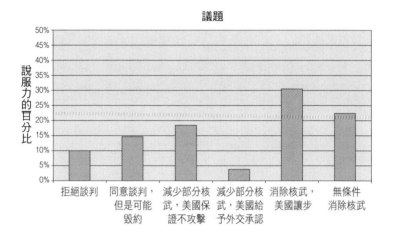

如果我們要的是純粹的國際政治決定（可惜我們並不
是），我們可以從圖4-2得到兩點認識，以協助我們做預
測。第一，支持北韓核武計畫的力量其實並不大。贊同北韓
維持核武計畫的立場沒有一個真正得到大股力量的支持。第
二，不論從左邊或右邊開始，我們逐一將力量山峰累加，會
發現一直要到「消除核武，美國讓步」這一項才獲得所有力
量中過半數的支持。

由於我們還是如「賽局理論第一課」那樣，假設利害關
係人比較偏好接近他們本身的立場、勝於遠離他們本身的立
場，我們第一個切入的（first-cut）預測是「消除核武，美
國讓步」。為什麼呢？因為如果需要過半數力量去執行某個

結果，勝出的立場應該是其左方立場的所有支持力量小於50%，而且它右方的所有支持力量也小於50%。那麼，能夠成立的唯一立場就是「消除核武，美國讓步」。❷

這個預測有一些重要的限制。第一，它忽略了否決。由於它根本不接近金正日盼望的結果（也不接近美國的立場），我們可以相信除非金正日受到足夠的政治壓力、逼他改變立場，否則北韓必會拒絕它。因此我們明白，我們必須透徹了解的不只是此一議題的國際面，還得觀察北韓國內的動態。當然，我們必須搞清楚外國的利害關係人（如美國總統或南韓總統）是否可能改變金正日的想法。但是我們也必須分析，金正日如果抗拒，或向外人所建議的方案讓步，他在國內會面臨什麼樣的政治壓力。這些東西是我的電腦模型可以運算，而我們的腦袋卻很難做到的。

我們可以回頭再看看從專家那裏得來的資訊，組成第二個初步預測。請大家注意，我們還是要暫時擱置否決的可能性，以及玩家在相當的威脅和承諾之下可能改變其立場的情況。

除了以上的方法之外，我們還可運用其他的方法得出合理的初步預測。讓我們把每個玩家的影響力（I）乘以他的關切程度（S），再把得出的結果乘以每個玩家支持的立場之數值（P），然後把每個玩家的數字加總起來，去除以每個玩家的影響力乘以關切程度之總和——也就是I×S×P之和，

除以 I×S 之和。得出的數值稱為「加權平均數」（weighted mean）。粗略地說，它就是把玩家們對議題的影響力和關切程度納入計算後所得出他們所要的平均值。這個計算得出的結果是 59.8。我們再回到圖 4-1，從圖上所見可能的解決方案之數值，發現 59.8 相當於「逐漸減少核武，美國給予外交承認」的立場。如何算出此一預測的細節可參考本書的附錄一。❸

現在我們有了兩個切入點（first-cut ways）去預測究竟會有何種結果。把兩者併在一起看，我們相當有信心（還是暫時不談否決），對於北韓核武問題的解決方案應該位於初期的力量估算（圖 4-1 議題量尺上的 80 附近）和加權平均數位置（量尺上的 60）兩者之間。我們已經替這個議題打造了相當可靠的初步預測——如果沒有人動用否決的話，解決方案就很可能落在這個狹窄範圍內。這個初步預測充分表示，有一個可能的解決方案是：北韓慢慢降低其核武力量，接著美國對朝鮮民主主義人民共和國給予外交承認。我稍後會再來探討這點。

相當單純的力量強度觀點，加上略微複雜的加權平均數觀點，為可能的協議範圍提供了良好的答案，但是它們沒有產生最佳的可能預測——那就需要電腦程式來計算賽局結果，而在這個賽局中各個玩家要提出決策方案，試圖掌控別人的自我以扭轉立場，跨越或者重新建構橫阻於前的力量

山峰，以爭取他們所要的結果。可是，現在已有足夠的資訊去做出相當可靠的預測。這個基準線（baseline）預測約有70%至75%的準確性。❹

我們再來看看圖4-2的山峰起伏，請記住我們觀察的是2004年的情況。這可以幫助我們了解，即使實力強大並不保證一定成功。最高的山（即最大塊的力量）支持的是：北韓應該完全剷除其核武計畫，換取美國讓步。這一大塊力量支持在議題量尺上約位於80左右（圖4-1）。它不是金正日的觀點，也不是布希的觀點，它也不是加權平均數的觀點。而加權平均數的觀點，落在「減少部分核武，美國給予外交承認」附近，實際上只得到最少力量的支持。雖然它沒得到許多人的支持，它卻是最容易開啟談判的立場。這也就是說，在2004年初步預測之一是，北韓或許有可能被誘導去大幅降低、但不是消除其核武力量，以交換美國的重大讓步，包括或許給予外交承認，和必然包括後續予以外援（未列在圖中）。

當然，這個預測方法沒有告訴我們，如何讓金正日及小布希總統對這個立場有共識，或對其他可能交涉成功的方案有共識。賽局理論在這裏就要出場了。可是，很有意思的是，除了弄清楚如何讓金正日和小布希同意此一結果之外，由於有了初步預測（以及之後得自電腦模擬賽局的預測），我們得出的2004年的預測，它很接近於美國和北韓2007年

達成的實際協議。

現在我們來從賽局理論看看產生成功結果的邏輯，並且探討結果的一些微妙之處。首先，我們應該注意，雖然北韓經常被媒體描繪成封閉的社會、一個我們所知不多的神祕國度，其實在大學及其他許多地方仍有許多專家，對北韓的政府及領導人有相當的認識與研究。我訪問了三位專家（兩位一起受訪，第三位則個別受訪），雖然他們對於所謂的六方會談會出現什麼結果，意見並不一致，但是他們提供了相當可靠的資訊。我在前面說過，取得資料並不難。比較困難的是如何架構問題，我們才能針對正確的問題來回答。

要解決類似北韓核武計畫所呈現的問題，有一個好方法是先問為什麼它的領導人想要發展核武？我們可以問：「他們在國際社會真正要的是什麼？」表面的答案或許是：他們希望對南韓或美國在朝鮮半島的利益構成威脅。這或許有道理，但不可能提供完整的答案，甚至是主要的答案。我認為要檢討任何挑釁政策，最好的一個問題就是：這個政策對從事挑釁的現任領導階層之政治生存前景有何影響？記住，這是人性。

金正日曉得要如何維持其軍事領袖對他的效忠，以及如何使他們的敵人不敢輕舉妄動。他曉得與誰為敵，與誰為友。他當然了解他擊敗不了美國或南韓政府聯手要推翻北韓、並推翻其政府的努力。但是他也了解，他可以大幅提高

入侵者的代價，使得入侵行動成本太高，不宜進行。因此，藉由建立核武力量，他降低、或甚至消除了外國對其政治生存最大的威脅，讓他得以集中力量處理和其軍事領袖、黨內菁英、家庭成員，以及高級文官之關係。這些人當然會組成各種的同盟，可能威脅到他掌權。保持他們高興，「必定」是金正日的首要重點。

如果個人的政治生存是金正日的主要考量——我認為這是每個領導人的首要考量——那麼就有可能，在他維持本身權位的利益，以及美國要消除北韓核武威脅的利益之間，並沒有難以駕馭的矛盾。也就是說，我們要做的是，找出一個自我執行（self-enforcing）的方法，為雙方提供實質承諾，並同時推進消除北韓的核武威脅和外界對金正日政治生存的威脅。這就是我在2004年所看到的策略問題。我的調查分析把金正日描繪成一個狡詐的政客，他發展核武的主要目的是拿它當作保住權位的生命線。針對他和北韓其他有力人士的互動做一些電腦模擬演算後，我更明白看到，他根本不是美國所看到的死硬派的領導人，而是比起一般推論更能接受妥協的傢伙。我在2004年是怎麼看待妥協方案的可能內容呢？

我認定他的要求其實是「確保我的安全，不受外國入侵」。因此，反要求必須牽涉到，他要向我們保證他的核武威脅是空的，以交換我們擔保他的政治生存。這表示應該把

注意力從只是威脅金正日，轉移到找出方法使他的利益和國際社會的利益能夠相容。仔細評估了他的利益和其他國家的利益後就很清楚，任何一個妥協方案要成功，國際社會必須得到保證，只要它們不去破壞金正日的政治生存，他也不會破壞朝鮮半島內外的和平。

用枌貴的說法，也就是說，美國需要直接或透過第三者保證──真心保證──不會入侵北韓。美國也需要保證充分的金錢流動──我們稱之為外援（foreign aid）──因此金正日在國內的關鍵支持者可以放心，一定可以從他那裏得到大量的私人報酬。這些報酬包括金錢，它們可以流向他們的銀行祕密帳戶，換取他們對他政治效忠。為了換取他的安全得到擔保，以及金錢來源穩定，北韓政府需要提供一種可驗證的方法保證它的核武計畫已停止。擔保他的安全最有可能是以下兩種形式：中國正式、明白保證會防衛北韓，以及美國公開承諾不會攻擊北韓。公開保證才是重點，因為祕密保證根本等於空話，很容易就被違背，而毀約的保證人不必付出政治代價。至於保證金錢的穩定流入，我們或許談的是，只要金正日政權存在，每年可能高達十億美元。乍看之下這個數字真大，但是想想看伊拉克戰事綿亙多年每天要花多少錢，加上美國、盟國和伊拉克人民要喪失多少生命，你就會覺得一年十億美元算不上什麼。

這樣的交易其中有太多齷齪不堪的地方。拿錢資助那樣

一個惡人不是一件快樂的工作。如果我們能夠說服他做正當的事豈不更棒？可是，如果這可行的話，金正日也就不是金正日了。正因為他是如此奸邪可惡，更需要找出方法使他不會在一時動怒、或害怕、或自認為已經走投無路時發動核子戰爭。請記住，我的任務是找出可以奏效的解決方案。怎麼樣使它奏效，則是我們選出的領導人要去做的。

我在這裏要再強調，我說的是：「一種可驗證的方法以保證它的核武計畫已停止。」我沒有說，北韓的核武計畫和煉鈾設施要去除（在圖4-1的議題量尺上位於80及以上）或拆卸。達成一個對雙方都有可信度的協議，這具有最根本的戰略重要性──因此請容我再解釋清楚我的想法。

假設美國或參與和北韓談判的其他國家堅持要拆除北韓的核武設施，我相信協議就不可能達成，即使達成也不會持久，會導致不可避免的作弊。拆卸北韓的核武設施這個做法，忽視了金正日利益的本質。這麼做，我們沒有替他設身處地想，沒有從他的角度看世界──而任何一個優秀的戰略思想家都應該從對方的角度思考。

如果他拆除了核武設施，一旦國際社會──尤其是美國──背棄承諾，他就不再握有可重新啟動其核武計畫的威脅力量。在那樣的環境下，我們可以相信，國際社會會背棄承諾，因此預料他絕不會允許其核武計畫被拆除。畢竟，一旦他的核武威脅完全拆除後，幾乎任何國家都不再有理由遵守

承諾、付錢給他，而他靠的就是這些錢來控制其國內外敵人。國際社會甚至更沒有理由讓他繼續在位。一旦他威脅不惜使用核子武器以防衛其政權不再具有意義，國際社會就會傾向換個更能和大家講道理的人來當家。請記住，賽局理論並不怎麼看好人性本善，對他的人性、對我方的人性都一視同仁。不論我們自認有多麼高尚，一旦金正日搞破壞的能力消失，我們繼續支付金正日以求他規規矩矩的誘因就小了許多。

因此，只要他的核武計畫停止、收藏起來，檢查人員常駐督察、而又不拆卸，萬一美國或其他國家背棄對援助或安全保證的承諾，他都有能力重新啟動。相反的，只要美國或其他國家沒有背棄對援助或安全保證的承諾，他就沒有誘因趕走檢查人員，重新啟動其核武計畫。這個策略將可達成賦予他維生器的功能。他在未來藉由趕走檢查人員以榨取更高代價的可能性，必須拿來和他若不值得信任，美國對他也另有對策——這些對策是他極力要避免的——的可能性做一比較。當然，所謂另有對策，必須要在他重新啟動核武能力之前就可以發動。（美國發動行動的利益和南韓要避免此類行動之後果的利益，非常不同。）

因此我們看到以金錢和安全保證換取金正日停止核武計畫、而非拆除核武設施，能夠創造出一個自我執行的機制。沒有一方會有誘因背棄他這一方的承諾。這個交易會強化各

自的利益。這個交易談成後，只要稍微拉一下，持續微調立場，很可能會成功。

所以說，要談判核武協定，並不難啊！只要找到專家、蒐集必須的資訊、利用電腦找出對所要目標有何阻礙，再找出符合敵對雙方利益，可以中立化這些阻礙的衝擊之行動。借助電腦，我們可以看到小布希和金正日都不是會退讓的人。由於他們兩人是有權對任何交易說不的決策者，我們必須找到方法去克服他們的頑固。我們因而運用電腦模型去測試美國各種不同程度讓步的可能效應，來評估它們對金正日談判策略的可能影響。我們發現，安全保證，尤其是結合美國擔保（不攻打北韓）及中國擔保（必要時防衛北韓）的保證，加上對北韓提供重大經濟援助（每年高達十億美元左右），會誘使金正日封存其核武能力，允許持續常駐檢查，監管其核武設施。因此，我們看到我們可以把他在議題量尺上移到60至65之間，而且小布希也可以接受這個折衷案，利用我們在第二、三章所探討的賽局理論之「我先」（me-first）原則，我們看到通往和解的路，的確可以事先預測和設計打造。

我們現在看到，有可能運用這門科學去敦促北韓轉而接受另一種策略。但是，這個工具要如何在人類互動與衝突的無限世界中運作？我們必須要如何改變自己的基本思維，以得出各種不同的預測，尤其是改變未來？

　　我的確主張（一部分也以此維生）任何有許許多多玩家
參與的大問題，都可以有系統地予以預測和策畫。但是，你
或許也已經注意到，它完全以問出正確的問題為開端。下一
章將檢視企業界和外交事務種種不同議題中，這些問題究竟
是什麼。

第 5 章

在餐巾紙上擘劃和平

把問題定義清楚！

　　每天下午三點半，胡佛研究所（Hoover Institution）的研究員都會跑到交誼廳喝咖啡或茶，享用西岸最棒的糕餅點心。1987年夏天的某天，我和往常一樣也從研究工作中抽空，來到交誼廳享用咖啡及巧克力餅乾，和同事聊聊天。七月的這一天，傑出的以色列社會學家休穆爾‧艾森斯達德（Shmuel Eisenstadt）正好來訪。他問起我正在研究什麼——這是交誼廳裏標準的寒暄話。我答說，我正在試圖改善已經有數年之久的預測模型。

　　艾森斯達德問：「喔，那你能夠預測中東如何締造和平嗎？」大哉問。我小心地答說，我或許可以預測未來幾年可以採取哪些步驟以增進和平的前景。我強調這需要資料，不是水晶球。他問我需要什麼資料？我旋即掏出筆來，在我們兩人已經沾了咖啡的餐巾紙上塗塗寫寫，以一個多國和平會議脈絡就各種可能的讓步之量尺，記下各個利害關係人、他們潛在的影響力、關切程度，以及立場。（蘇聯在1987年就召開了像這樣的會議。）

　　艾森斯達德向我問起的問題，形式上很接近我被要求去檢視的問題——不論是公司要進行企業併購、國防部要評估恐怖份子威脅、律師事務所要釐清訴訟案的案情、或中央情報局要了解伊朗的核武野心——而且幾乎一向如此，所問的問題都不是答案所真正想要或需要的問題。

真正的問題是什麼？

　　這個大問題──如何在中東締造和平──要回答這個問題最好的方法，就是弄清楚許許多多的小問題是什麼，然後再找出解決方案。建構問題通常是預測工程過程中最艱難的一部分。我一直都很驚訝，即使牽涉到數十億美元或數以千計的人命，決策者仍然很少去弄清楚他們真正需要知道些什麼。他們通常很驚訝──好在都是在愉悅的情況下──發現他們沒有有系統地思考自己的問題，好去了解他們需要知道什麼或做些什麼。

　　對我來說，要回答「我們要如何在中東締造和平？」這樣的問題，涉及到要把這個問題分解為明確的議題，以及必須做的明確抉擇。這裏頭有個關鍵。問題必須是關於決策者面對的實際抉擇，不是得勝或領先的抽象概念而已。如果你要得勝，你必須知道什麼東西代表你勝或敗，或是做得相當不錯，以及贏了多少。只有在我們確切描繪出什麼主題或問題需要明確決定之後，我們才能開始把對所有議題的分析擺在一起，因而才或許可以成功地辨認底下的大頑石，找出方法處理它們。

　　對某些問題而言，架構問題相當容易。譬如，大多數涉訟案件關心的是和解的價碼。被告真正想知道的是：「我必須付多少錢才能解決這個案子？」要回答這個問題，只需要

曉得玩家目前說他要求多少？每個利害關係人對此一價碼的堅持程度如何？以及每個利害關係人有多大的影響力？

　　當然，即使法律訴訟有時候也很複雜，不只是達成和解的價碼。和當事人討論問題時，我可能明白他們也需要知道，是否可以藉一筆全球和解金一舉解決所有的指控，或者針對部分訴訟支付的價碼是否會影響到其他部分訴訟必須付的和解金。有時候，情況比這更加複雜。被告可能不只一人，因此不僅需要折衝妥當該付原告多少錢去和解，還得搞定各個被告、他們的保險公司，以及其他相關當事人之間如何分攤。有時候，這會導致另一個問題：該不該把其他人也拉進來當共同被告。增加共同被告，會涉及到取捨（trade-off）的問題。一方面，被告增加，就是付錢的人增加。當然，這不見得是壞事。另一方面，被告增加代表必須與更多生意人、他們的律師及保險公司協調策略。這有可能使事態混淆，所費不貲。因此，你可以看到，「要花多少錢解決這個訴訟案子？」這樣一個簡單的問題，很快可以發展成一系列複雜、狀況交織的議題，解決其中一個問題，會改變其他問題的解決方式。也就是說，我們不光是要定義清楚必須要有所決定的實際問題是什麼，還得思考能產生最適結果（optimal outcome）的協議順序為何。

　　大部分狀況下，企業併購是最複雜的談判賽局。企業併購不像法律訴訟，它往往不只是取決於價碼。併購要成功，

還涉及其他許多議題。可是，企業併購也可以比法律訴訟簡單，只要與併購相關的議題之範圍界定清楚，其實所有的併購案件大多是大同小異。當然，該付多少錢（或者是該得多少錢）永遠是個問題，但是假如對財產的價值有重大歧見，併購案的討論也就無從展開。換句話說，價格很少是併購案談判破局的原因。記得前面提到的一家法國銀行和另一家德國銀行合併的例子吧。整個案子的關鍵在於德方高階主管是否必須易地上班；如果他們可以留在海德堡不動的話，他們願意以較低的價格出售他們的銀行。

幾年前，我和一支國際專家團隊負責研究分析，要結合歐洲各國業者組成一個可與美國國防工業競爭的泛歐國防工業。我們研究了英、法、德的國防工業業者種種可能的組合，甚至還有幾種組合把義大利、西班牙或瑞典的業者也納進來考量。我們被要求處理的問題是：「我們可以達成合併嗎？」要回答這個問題，我的團隊必須就每個可能的組合檢視大約七個不同的議題，總共有七十多個個別的議題，每個議題都是這項數十億美元談判成敗之所繫。這些非得達成協議不可的關鍵議題是：(1)價格；(2)各個合併的單位之間如何分配經營權；(3)合併後的實體要納入或排除何種業務範圍；(4)跨越各國對各旗下單位員工之就業保障；(5)政府對於這個新組成企業的所有權及管理權分配，具有何種監理角色；(6)合併成共享技術的部門或團隊之時機；(7)高階經理

人的辦公、居住地點。

併購案失敗往往是出在「小問題」沒談妥，而不是價格談不攏。可是，企業經營主管在發動併購談判時，似乎少有人注意到這一點。於是，他們花費好幾百萬美元取得一流的財務建議，擬定出適當的出價，卻因為太少注意其他議題而功敗垂成。有時候，這些「其他議題」小得可笑而被忽視，等到事後再檢討，卻是談判不成功的因素。

幾年前我曾經接辦一件製藥業合併案，但是案子沒有成功。這件合併案成功的話，可望大大改善經營效率，可以大大造福製藥業市場和處方藥用戶。兩家公司幾乎所有的經營主管都熱切盼望合併成功，「幾乎所有」乃是關鍵字。壞了全局的議題是兩家公司執行長的經營管理權如何分配。當然這絕不是小問題。荒唐的是，談判是如何告吹的。

兩家公司執行長彼此看不順眼，就和歐洲許多大型企業的狀況一樣，這裏頭還有兩大家族長久交惡的因素在內。由於兩人宿怨頗深，人人都認為在推動合併之前，必須找出方法讓他們倆能夠共事。大家安排好兩人一起用餐；多少嗅到內情的一些高階主管也出席作陪。費了好大的勁，才把兩個冤家弄到同一張桌子上。

負責作東的執行長家族終於同意在他家設宴，可是我和他的副手都不知道，他安排的菜餚一道道全是另一位執行長最討厭的菜。說起來挺荒謬，這樣一樁數十億美元的交易竟

因為一餐飯的菜單而告吹了，或者更精確地說，因為個人恩怨深重，使得所有的努力付諸流水。

要找出真正的議題，需要有耐心、一流的聆聽技巧，還得有能力把談話導向真能帶出結果，而不只是決策者不成熟的想法。幸運的是，晚宴菜單很少在商業談判中扮演那麼重要的角色。對我而言，「議題」就是不同的個人、有組織的團體或非正式的利害關係人，對於結果會有不同偏好的任何明確的問題；而且，除非至少有一群關鍵玩家對問題達成協議，否則不會出現通盤的協議。知道是否有個現狀存在，也有幫助；如果真有現狀存在，記得千萬不能把問題建構成偏向不利於既有狀況。

最近我主持一個研討會，要求學生們挑一個他們感興趣的世界危機，建構一個解決此一問題的模型。有一組學生決定探討二氧化碳排放問題（我在最後一章再來分析它）。他們定義了一個議題，量尺的一端反映目前的二氧化碳排放狀況，另一端是任何環保團體都支持的最嚴格的減碳措施。兩端之間代表玩家們所有可能達成的協議。你看出來有什麼問題了嗎？我問他們，難道不會有能源公司或其他人覺得現有的二氧化碳排放管制太嚴，應該管制更少？當然有些利益團體會希望有更大的自由排放二氧化碳！因此，學生們所設計的議題有了偏差。從他們的模型得出來的答案只有增加管制，或維持現狀（機率不大）。他們的量尺不允許任何人想

多排放二氧化碳。他們無心之間創造了一個偏差的議題，這雖然使他們感覺良好，但幾乎必定會導向錯誤的答案。設計問題時出現如此根本的瑕疵，答案肯定無效。

你不可能無往不利，但你可以……

當議題架構好之後，我們必須思考如何掌握人們達成決定所經歷的思想過程。不這麼做，不進入對手的腦袋，你不可能得到你想要的。你甚至不可能知道如何去試圖得到你想要的。

我所用的賽局結構，把抉擇看成有時涉及合作、有時涉及競爭，而有時需要恫嚇。最複雜的一部分是試圖學會別人在情境的變化中如何思考，以及他們會說什麼、做什麼。玩家一向喜歡讓環境變得對自己有利。他們希望在想要的結果四周安置難以征服的力量大山；他們也希望卸除抗拒的大山，剷平他們希望擊敗的立場周圍的力量。一路上每一步，人人都必須搞清楚誰是助力，誰會擋路。他們必須計算積極改變其他人的抉擇，或是別強出頭、躲開火線的風險與報酬、成本與效益。計算可能十分複雜，❶ 但是我們不妨檢視一些過程，應該有助於我們進一步了解。

以下的表即是1987年我和艾森斯達德閒聊時寫下，並於1989年與曾經主管近東暨北非事務的前副助理國務卿哈洛

德‧桑德斯（Harold Saunders）討論後再加強的一些資料。
中東和平方案的可能結果從量尺上看，一端是建立完全獨立
的、世俗的巴勒斯坦國家，另一端是以色列兼併約旦河西岸
及加薩走廊（Gaza）。量尺上30的位置是，以色列在領土議
題上對巴勒斯坦人讓步，但巴勒斯坦人不建立自主國家，只
建立一個巴勒斯坦政治實體，並與約旦結為聯邦。1987年
的現狀則位於量尺上大約85的位置（見「談判和解的選項」
欄）。當時還沒有出現半自治的巴勒斯坦領地或政府。

玩家	影響力	談判和解的選項	關切程度
以色列屯墾者	100	100：以色列兼併約旦河西岸及加薩走廊	99
SHA	85	85：1987年現狀	85
強硬派聯合黨	85	85：1987年現狀	90
聯合黨	60	70：承認具有最弱自治權的巴勒斯坦領地	50
以色列國防軍	100	60：半自治的巴勒斯坦領地	80
勞工黨	60	30：與約旦緊密的聯邦	75
OCC	100	25：與約旦緊密的聯邦	95
PEA	70	20：與約旦鬆散的聯邦	85
巴勒斯坦解放組織	100	20：與約旦鬆散的聯邦	95
巴勒斯坦解放人民陣線	20	0：建立獨立、世俗的巴勒斯坦國家	95
FND	10	0：建立獨立、世俗的巴勒斯坦國家	80

　　我們不難看出為什麼領土問題的讓步會以這樣的連續關係排列。雖然上述量尺不是以土地或土地價值的百分比為基礎，各項選擇還是存在自然的增進，從以色列兼併係爭的領土，到以色列人不作讓步，而到另一極端的建立完全獨立的巴勒斯坦國家。從1987年這些資料為開端，我準備了一項預測，其結果相當接近以巴雙方1993年在奧斯陸（Oslo）談判時就領土讓步議題所實際達成的協議。（我們在本章稍後將再詳細討論這個預測。）請容我再次強調這個量尺背後的核心假設，這個假設我在前章討論北韓時已略微提及。這個量尺告訴我們，主張接受具有薄弱自治權的巴勒斯坦領地的人（量尺上70的位置），比較偏好維持現狀（量尺上85的位置），勝於讓這塊領地與約旦緊密結為聯邦（量尺上25的位置）。也就是這些人他們偏好85的立場強過25的立場，因為70距離85比較近，距離25比較遠。這就是每個量尺的作用。愈接近代表玩家所持立場的數值，比起愈遠離其支持立場的數值，更受到玩家的喜愛。知道這一點後，我們再來看一個商業議題，它有助於我們更了解如何把問題化為定義清楚的數值量尺。

■　■　■

　　當問題涉及的東西不像以土地換取和平那麼明顯可以用數值代換時，議題量尺會是什麼樣子？我們不妨從我以前處

理過的一件法律訴訟案之選擇範圍，試圖找出答案。我當然隱藏了一些細節以保護我的當事人，但是概念應該夠清楚。

聯邦檢察官會以什麼罪名起訴被告？

量尺位置	量尺數值代表的意義
100	多項重罪罪名，包括幾項明確、嚴重的重罪
90	幾項明確、嚴重的重罪，但不就較小的重罪起訴
80	一項嚴重的重罪，加上幾項輕微重罪
75	一項嚴重的重罪，但不起訴輕微重罪
60	多項重罪，但不包括明確、嚴重的重罪
40	多項輕罪，加上一項輕微重罪
25	多項輕罪，但不起訴重罪
0	一項輕罪

這個量尺明白列出我的當事人對可能結果的輕重之評估。量尺上的0代表當事人不認為任何利害關係人會主張完全不起訴，因此它不列在可行的結果範圍之內。愈往上走，愈表示當事人相信至少聯邦檢察署的人或涉及訴訟過程的其他人，會主張以嚴重的刑事罪名起訴。實際的行動則在其間折衝。我們在後面的章節會再深入探討這個個案。

先快速瀏覽一下這個議題量尺。它可以提供我們很多線索去思考問題。我們可以看到當事人寫下的種種可能性當中，有兩個重大的「距離」差異，一是從25至40（沒有重

罪 vs. 一項輕微重罪），一是從 40 到 75（沒有嚴重重罪 vs. 一項嚴重重罪）。再往上走，就更慘了，但都沒有從 40 進到 75 那麼糟。這裏告訴我們一個訊息：完全避免被依嚴重重罪起訴，比起嚴重重罪的罪名到底有幾項，對當事人更重要。

像這樣仔細地架構問題後，決策者開始了解他們對自己本身問題還未注意到的重點。不再是模糊的問題，他們現在有了已經聚焦的問題有待處理。他們已經面對問題，定義了他們面臨的抉擇背後的意義。一旦他們走完訪談過程，確認了其他資料——玩家是誰、他們現在對議題的立場是什麼、他們的關切程度有多高，以及他們各自有多大的影響力——他們才第一次完整了解要攀登的山有多高。我們在本書稍後章節會再來探討這個個案，看看他們認為它會有什麼結果，以及它真正的結果是什麼。現在，我們先回到寫滿了如何推動中東和平的餐巾紙上。

中東和平？

在幾張餐巾紙上塗鴉的資訊，卻對於了解 1987 年之後的幾年中東局勢的發展，提供了非常棒的基礎。艾森斯達德很清楚中東局勢，桑德斯也是一等一的專家。當這些資訊進入模型的動態演算，讓所有的玩家有機會彼此協商、以領土讓步換取政治信譽時，我們會有什麼發現？我在 1990 年就

根據在那些餐巾紙上寫下的資訊，寫出一篇論文，把預測的
結果發表在期刊上。❷ 這篇論文的發表比奧斯陸協議（Oslo
Accords）設立巴勒斯坦當局（the Palestinian Authority）早
了三年。它在議題量尺從0到100的可行範圍內，預測解決
方案會落在60的位置。當時量尺上的60指的是相當於巴勒
斯坦人以半自治的實體，獲得薄弱的區域性領土之控制權。
請記住，當時的現狀是85，數值愈低代表對巴勒斯坦人的
讓步愈大。現在我們曉得，以色列政府和阿拉法特（Yasser
Arafat）之間實際達成的領土讓步就是相當於量尺上60的位
置，而我早了三年已發表論文做出預測。

　　當然，這個預測是許久之前做的，而且也只有以色列政
府更迭才可能成立。我當時在論文裏寫說：「鑒於（當時的
以色列總理）夏米爾（Yitzhak Shamir）對局勢的觀點，我
們必須下結論：只要他擔任以色列總理一天，就沒有理由
期待會有重大進展。」夏米爾於1986年10月出任以色列總
理，直到1992年7月換上裴瑞斯（Shimon Peres），才為以、
巴實質進展鋪了路。

　　可是，我的分析不光只是預測領土讓步。我在1990年
的論文還認為當時頗有影響力的「巴勒斯坦解放人民陣線」
（Popular Front for the Liberation of Palestine, PFLP）將會「在
政治上變得孤立，對談判起不了作用。我們可以預料，他們
會愈來愈傾向於增加恐怖活動，不只針對以色列人，或許也

會針對巴勒斯坦解放組織（PLO）領導人。如果這個分析正確，如果巴勒斯坦解放組織採取逐步緩和的策略，巴勒斯坦解放人民陣線的前途將會淡出大局。」請記住，這個結論在1990年就提出，可供任何人閱讀。這也就是我早先說過，如果我們想要別人對我們的預測有信心，我們必須願意冒著預測不準、丟臉的風險。當然，在1990年，很少有人會主張巴勒斯坦解放人民陣線可能會「淡出大局」。

今天，已經時隔二十年，我們可以再回頭看看這個預測有多準確。譬如說，1993年成立巴勒斯坦當局之後，獨立的消息來源現在是怎麼說巴勒斯坦解放人民陣線的？英國廣播公司（BBC）「新聞線上」2002年1月16日的報導，引述設在倫敦的阿拉伯報紙《Al-Quds》總編輯阿特旺（Abdel Bari Atwan）的話：「這個運動（即巴勒斯坦解放人民陣線）變得邊緣化……它從第二重要的巴勒斯坦人組織跌到第四位或第五位。」❸寇德斯曼（Anthony Cordesman）是很受尊敬的中東問題學者，也是美國廣播公司（ABC）新聞網專家評論員，他也附和英國廣播公司的觀點。他在回顧巴勒斯坦解放人民陣線時寫說：「巴勒斯坦解放人民陣線反對奧斯陸和平進程。巴勒斯坦當局和阿拉法特領導的法塔（Fatah）勢力逐漸上升，巴勒斯坦解放人民陣線卻日益邊緣化。」❹同樣的，公認是可靠消息來源的「全球安全組織」（GlobalSecurity.org）也說：「巴勒斯坦解放人民陣線原

本是巴勒斯坦政治的關鍵角色，1990年代失去影響力，在阿拉法特組建巴勒斯坦當局之際淪為邊陲。」還有許許多多消息來源也如此評論巴勒斯坦解放人民陣線的沒落。這些消息來源大多是把巴勒斯坦解放人民陣線的沒落歸因於我在1990年論文發表後所發生的事件，更是艾森斯達德在幾張餐巾紙上提供資訊多年之後。也就是說，在1991年波斯灣戰爭之前、在第一次反抗運動（intifada）之前、在奧斯陸協議之前，所進行的電腦模型演算，已經預測到以色列和巴勒斯坦人之間的領土變更，以色列勞工黨（Labor Party）必須出來掌握政權，以及巴勒斯坦解放人民陣線的沒落。它老早就預測到一些基本的發展，即使今天人們仍無法體會1993年協議的種子早已種下、也已經成長，而大部分的觀察家也看不到。

電腦模型根據1987年和1989年蒐集來的資料，在以巴雙方往返折衝之中發現了什麼，才導致預測準確？這才是事情的重點。畢竟，要能預測到將會導致穩定的協議，不僅只是思考艾森斯達德原先模糊的發問：「喔，你可以預測中東如何締結和平嗎？」由於阿拉法特和以色列總理對任何協議都具有否決權，因此搞清楚他們是否可能支持同一協議，以及如果是的話又是為什麼，就是根本要務。我的模型告訴我們：

我在進行研究時，以色列勞工黨領袖裴瑞斯還未當權，

而且依模型的結果也很清楚,直到勞工黨當家之前不可能達成任何協議。這表示,分析和平協議可能性時——即艾森斯達德向我提出的問題——注意的焦點必須擺在裴瑞斯和勞工黨上面。模型的邏輯出現一個產出,顯示裴瑞斯相信他將因他對巴勒斯坦人的立場,在國內面臨極大的政治壓力。要獲得權力並保住權力——每個政客的目標——他認為(依據模型的邏輯)他必須讓人覺得在以巴談判上,他現在的立場比起1980年代末期他的溫和立場強硬得多。模型顯示,他只能比夏米爾溫和一點點,讓他在量尺上守住60多到70之間的位置,至於夏米爾則是在70和85之間。因此,裴瑞斯被預測會回應國內的政治利害考量。

根據模型的模擬演算,阿拉法特方面認為他必須讓自己的立場緩和,以免勞工黨在以色列國內採取太過強硬的政策。模型顯示,他會根據個人政治利益、而非巴勒斯坦人民的福祉去選擇他的行動路線。我在1990年的論文裏寫說:「模型演練得出的結果顯示,阿拉法特將使他的政治立場穩定化,使他本人在巴勒斯坦人、乃至以色列當中沒有嚴重的政治反對……如果阿拉法特真的選擇緩和他的立場,這表示他願意在他個人政治福祉的祭壇上犧牲巴勒斯坦大業及其反對者。」情形似乎果真如此。因此,分析就從一個含糊的問題變成結構明確的有待證實的理論,而仔細分析談判的動態變化也是呈現夏米爾和阿拉法特不可能達成協議,若是裴瑞

斯成為總理,阿拉法特和裴瑞斯就可能取得協議。

問對問題並抽離出問題中的關鍵利益,是一開始時的重點,但常常被放過。我們反而接受似乎符合謎團的行動背後的理由之傳統智慧。如此偷懶,代價可能會相當高,特別是當問題是社會想要尋求補救以防它再度發生時。初步診斷錯誤,幾乎必然會肇致錯誤治療。如果決策者早點注意到阿拉法特可能面臨的壓力,以及以色列在奧斯陸協議之後要面臨的壓力,或許他們就可以把情勢管控得更好,或許可避免掉1993年以來以巴之間的許多挫敗。

別只在路燈照得到的地方找東西

不能聚焦在議題是什麼、玩家有誰、什麼東西可激勵他們、如何處理這些激勵誘因,其實並不限於外交事務上的問題。企業界至少也有同樣的困難。我們不妨從近年發生的事件找個例子,看看我和同僚為了確認企業弊案的起因及解決方式所開發出來的模型。

自從安隆(Enron)事件以來,美國國會很努力地要強化企業誠實製作財報的誘因,藉由2002年通過「沙班斯—歐克斯雷法案」(Sarbanes-Oxley Bill,以下簡稱「沙氏法案」)訂定大量新規定。然而,我怕的是「沙氏法案」碰觸到但沒有抓住企業舞弊的根本原因,至少沒有抓住我們開發

出來的模型所見到的原因。我們從圖5-1可以看到，儘管已
經通過「沙氏法案」，但自從2007年經濟衰退以來，企業舞
弊案又從原本2006年減緩的情況下反轉上升。這只是我從
模型所得到的看法之少許證據——底下還有更多證據——我
認為，引導國會通過「沙氏法案」的假設前提搞錯了方向。
歐巴馬總統保證要制定新一波的管理辦法，以遏止企業舞弊
與倒閉的風險。我們希望他的政府和國會能更注意激勵的誘
因，以便有確切的監理。

圖5-1　聯邦的證券投資人集體訴訟案，2002-2008

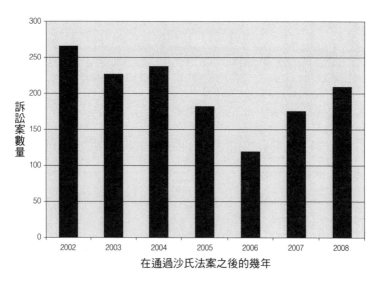

資料來源：Stanford Law School Class Action Clearing House, http://
securities.stanford.edu/

　　要監理弊案的風險，最根本的是要先了解舞弊的動機。究竟，我和同僚所開發的模型是如何判定哪些公司有誘因去舞弊，而哪些公司沒有誘因？

　　我們的賽局理論方法，和我們研究國家如何治理（還記得比利時國王利奧波德的故事吧？）的情況有些不同。但是，請注意，企業經營的脈絡卻提供了最有趣的扭曲（twist）。我們在研究利奧波德和其他國家元首時發現，民主國家對領導人的效忠程度較低，因為比的是政策理念，而不是供養少數支持者就夠了。或許有人認為，這也適用於企業及其執行長的情況。因此，我們或許會認為企業界的結果會與政治界相同：「專制的」領導人導致貪瀆（舞弊），而「民主的」領導人則不會。但實際情形卻不是這樣！我們將看到，相對專制的企業作風產生的強烈效忠，反而有助於降低舞弊的風險。要了解為何如此，我們必須離開路燈照得到的範圍，真正去看企業行為背後的邏輯。

　　大企業有上百萬個股東，可是參加年度股東大會的人卻極少，絕大多數股東根本不清楚公司的營運情況，或是如果經營方式改變又會有什麼結果。他們老實地寄回出席委託書，依照董事會的建議投票，也有人則把委託書丟進垃圾桶，根本就不投票。一小群機構投資人、高階主管和董事們，控制了大批投票權。決定公司如何營運的是他們，而非股東。公司的機構投資人及大股東愈多，高階主管需要負責

的對象也愈多。這讓你想到了什麼？這是任何領導人都會面臨的挑戰：制度愈「民主」（如果不把民主當作一個絕對的概念，而是一個連續體〔continuum〕），要討好的人就愈多。

情勢一片大好時，高階主管經營一家公司的誘因，和股東的利益並無衝突。公司獲利成長對高階主管有利，對股東也有利。但有時候營運成績並不理想，這時候高階主管的利益和股東的利益可能就悖離了。我們來看看為什麼。

在成熟的證券市場裏，弊案模型顯示，財報作假基本上是因為高階主管企圖維持股東價值而起。別誤會我的意思。弊案模型並不認為高階主管是利他主義者，每天夜不成眠、苦思使股東賺錢之道。他們之所以舞弊，是由於業績不佳、力圖保住職位的用心大於想要詐騙投資人的心理。也就是說，我們可以運用公開資訊，把上市公司的財報、所有權監督、要求經理人誠實管理公司的誘因等等，和它舞弊的可能性連結起來看。

仔細檢視得自證管會檔案的公開資訊後，我和同僚發現，股東分配到的紅利數額和高階主管的薪酬數額，在誠實申報時期與發生舞弊之前的那幾年，有顯著的不同。在舞弊的那幾年，高階主管得到的薪酬，與其公司治理結構及申報的公司財報相比，竟然相對較低——你沒看錯，是比較低！——而通常股東紅利也不如預期。而且從頭到尾，所申報的財報、公司在市值上的成長，都很健康，和誠實申報時期一

樣。有一點很重要：在舞弊期間，高階主管得到的薪酬也可能會增加，從金額上來看也十分龐大，但是關鍵是，如果公司表現真的這麼好，那麼薪酬應該還要更高才對。

我們設計的模型其邏輯指出這是需要注意的趨勢。我們不曉得從證管會檔案裏是否真的可以找到這個模式，但是我們的確知道，如果我們的模型正確的話，它們是預測弊端的關鍵。

為什麼會是這樣的模式？企業執行長一向有誘因要採取行動以保護其職位。如果他們看到公司的表現不符市場預期，他們就會有危險，就可能採取行動挽救情勢。現在，他們可以辯說，因為某些不可預見的震撼，所以公司才會如此，責任不在他（通用汽車和克萊斯勒的執行長爭取政府紓困時用的就是這套說詞——他們說是經濟衰退，而非經營團隊的決定造成汽車業落入困境），但是這樣的說詞很難說得過去，可能不足以保住執行長的高官厚祿。

如果怪罪經濟景氣或一些外在力量，還不足以挽救高階主管，那麼高階主管或許就會隱瞞公司的真正表現。如果他們可以讓人相信公司的業績不錯，他們就不致會被炒魷魚。公司外頭的人很難真正了解它的營業額、收入、成本、利潤的真實數字。市值會反映這些因素，後來也的確是因為在這些因素上面作假，後來被查出來而遭到起訴。

如果營收數字誇大、成本低報，則高階主管可以暫時使

市場誤判公司的真實價值，使公司「看起來」已達到或超越預期成績。模型指出，這是企業作假的最根本動機。

因此，低於預期的股票紅利、經理人薪酬，和市值似乎正常或成長良好之間的特殊關係（wedge），即是舞弊風險增加的一個早期警訊。可是，證管會和許多公司似乎都沒有查覺這個資訊在偵測早期警訊上的重要性。「沙氏法案」肯定也沒有去分析此一特殊關係之大小。

此一賽局邏輯，以及從十年來數百家公司向監管當局申報的財報所獲得的證據，也質疑新聞媒體的報導和一般人的認知。新聞媒體一般談到弊案就認為，這是貪婪的企業經營者不顧股東和員工利益，自肥自飽；他們有如搶劫掠奪，而問題歸結下來是人品非常有問題。這種思維對我們沒有幫助。

我們往往看的是最近發生的案子，認定早先的行為是受到這些目的的推動。我們很容易認為，貪婪的企業經營者在帳冊財報上動手腳以中飽私囊，其自私自利只是為了短期獲利。（當然我不會說自私自利不是關鍵的動機，但是我們必須確切檢視自利的本質是什麼。）但是，我們卻忘了，安隆作假始於1997年左右，可是其高階主管直到2000、2001年時才出脫手上的持股。他們為什麼等這麼久才肯出手，多年來冒著案件曝光的危險？沒錯，股價是上升了，可是，同樣沒錯的是，月復一月，事情曝光的風險也愈大。他們圖的只

是從1997年等到2001年這段期間的利益，還是他們希望五年、十年、十五年後有更大的好處？

我們如果從結果去找弊案的起因，就不能恰當地分析問題。請記得，相關（correlation）跟因果（causation）不同——開端（不是結尾）才是解釋所在之處。

以安隆這個例子而言，似乎是到了2000、2001年時，它的最高階主管才了解到他們已經解決不了問題。既已走到企業賽局的末尾，他們拋股求現了。他們隱瞞真相，出脫持股，使許多靠退休年金度餘生的投資人血本無歸，的確有夠卑鄙。但是，似乎同樣明顯的是，安隆的高階主管挺了四年才出脫持股，並不盡然是為了自利。根據賽局的邏輯，他們一直試圖挽救公司，因為他們若能力挽狂瀾，可以獲得長期的利益。如果他們在改正公司方針的同時，必須在數字上動手腳，也只好去做了。在他們看來，為了目的可以不擇手段。如果股東們、尤其是關鍵的董事們發覺安隆已陷入困境，這一切就不會發生。

給予經營主管錯誤的誘因，他們必會做出對社會不利的行為。給予他們正確的誘因，他們會正直行事，不是因為這樣做符合公民道德，而是因為這符合他們本身的利益。還記得利奧波德國王吧？他在比利時有很好的激勵誘因，因此他在比利時推行良政。他在剛果有可怕的激勵誘因，因而在剛果恣意肆虐，殘民以逞。

　　那麼，什麼是正確的激勵誘因和錯誤的激勵誘因呢？為什麼有些公司舞弊，而有些公司——絕大多數——即使陷入困境也不舞弊？要回答這些問題，我們要深入了解如何適切地改變激勵誘因，以及如何預知誰有錯誤的激勵誘因，有很高的舞弊可能性。

　　我和同僚開發出來的弊案模型有一個清晰的暗示，即是執行長保住位子所需依賴的一群人，人數愈多的話，原本把他推到位子上的股東就愈有可能推翻他。這就是民主國家領導人遇到的狀況，也是在比較民主的公司裏比較可能推翻表現不佳的執行長的狀況。為了自保，執行長有誘因誤報公司的真實表現，不需要立刻解釋為何公司表現不佳。

　　這不是說比較「專制」的公司（在權力結構中必須討好的人較少的公司）就不會舞弊。而是這些公司必須是情況十分糟糕，高階主管看到風險已大到足以威脅其地位了，才會舞弊。我們的量尺橫跨公、民營企業，也考量合夥制（等於寡頭制）和家族企業（君主制）。

　　政府監理機關和董事會在保護股東和員工不受弊案之害時，還有許多可以改進的空間。它的焦點需要更放在當公司業績下滑時，高階主管有何激勵誘因監督自己和同僚。知道如何調整治理結構以導出正確的激勵誘因才是監理成功之道。能夠平衡好時機和壞年冬的激勵誘因是個大挑戰，是經營者要能吸引並留住一流的高階主管、又滿足股東期望的關

鍵。最合適的公司治理設計，需視個案打造，必須考量該公司市場的性質。一概而論的監理規定無法幫助制定正確的激勵誘因。要對企業有信心，我們必須朝這些方向前進，而不是耗費力氣去揪出貪婪的罪魁禍首，或是企圖以一套放諸四海而皆準的辦法來統攝所有的公司治理之問題。專注抓貪婪的人就有如醉漢在路燈下找鑰匙一樣。通常，失物並不會掉在燈火通明之處。

推而廣之，如果我們真的想讓企業經營者更易於在發現問題時立刻劍及履及糾正它，不諱疾忌醫、粉飾太平，我們應該修訂法令，讓他們不致因為打翻了豆子而受到懲罰。

許多公司早在外界知情之前就發現其產品有瑕疵或是業績不佳。的確，我敢打賭有些嚴重的問題根本從來沒曝過光。例如，前幾年 3M 公司把產品 Scotchgard 下架，退出市場。Scotchgard 是 3M 公司最賺錢的產品之一，可是突然之間就在市場上消失了。隔了幾年，3M 推出它號稱經過改良的全新 Scotchgard。聯邦環境保護署和其他化學工業業者懷疑 3M 是否在 Scotchgard 的主要化學成分中發現有不利人體健康的物質，而這種化學物質在「經過改良的新產品」中已不存在了。

我不知道 3M 是否發現產品瑕疵，還是心血來潮決定改變一項成功的產品。假設他們發現了問題，他們要如何負責任地處理？公司負責人面對這種情勢可能都急欲公布他們已

發現的狀況，但是他們也明白這麼做會有違保守業務機密之責任。他們說也不是，不說也不是。公開宣布之後，使他們有遭受提告之虞，任何人在不知產品有瑕疵情況下使用過的，都有可能提出訴訟。這些訴訟會重創股東權益，而股東權益又是公司董事依法有責任應予保護的標的。

如果政府可以豁免公司免於因不知悉產品有瑕疵而售予消費者而被提告，可能許多公司在發現瑕疵時會立刻揭露。可是政府不會這麼做。相對於獎勵負責任的、具有公眾精神的企業經營者，興訟是大家偏愛的解決方法。結果就是企業領導人得到錯誤的激勵誘因。大家還記得圍繞著DDT問題所引發的一大票訴訟案件嗎？你還記得皇家卡洛琳研究中心（Royal Caroline Institute）在1948年因開發DDT而贏得諾貝爾生理學或醫學獎嗎？興訟成風，我們未能對企業及其領導人非因其過失所做的合理預期與決定提供保障，恐怕是大錯特錯。

我們在本章探討了如何架構問題。重點是抽離出問題的個別成分。接下來就是如何把這些抽離出來的個別成分化為議題；視情形而定，它們可能可以個別決定，也可能彼此有關聯。一旦議題定義清楚了，專家就容易討論誰會真正試圖就每一項目影響其決定。然後我們就可以讓電腦去跑預測，並設計製作賽局去一輪又一輪地模擬每個玩家針對其他每個玩家會有什麼提議，我們就可以得出玩家會接受或排斥什麼

樣的提議。

電腦程式就緒，我們就可以爬梳問題，不僅預測結果（如我在餐巾紙上的推演），也可開始設計結果去改變結果（如我宣稱的如何偵測企業舞弊）。設計結果是以下兩章要討論的主題。

第6章

設計未來

大型法律訴訟案的分析、預測、談判

外交官們相信國名是個重要的變數（variable），有助於解釋行為。因此，美國國務院依國家別設置各科辦事，就像情報機關以地理區域劃分職司一樣。跨國企業領導人的想法也大致雷同。他們若在哈薩克發生問題，就找來駐哈薩克的人員商量對策。這麼做看來十分合理且正確。可是，它只有一部分正確，這樣要解決大部分的問題是遠遠不夠的，或是依我之見，不足以設計製作未來。

現在，別誤會我的意思。知道各個地方以及它們彼此的差異，這很重要。但可能令人驚訝的是，知道人們（無論是哪一國的人），以及他們有多麼類似，這更重要。我可不是隨隨便便下這個結論，也希望不是無知而下了這樣的結論。事實上，我受過的學院訓練、獲得博士學位，使我成為南亞事務專家。我甚至在大學部及研究所時期花了五年工夫學習烏爾都語（Urdu，巴基斯坦的國語），也曾到印度做田野調查——因此我當然尊重和珍視地域專業知識。但是我不認為政府或企業若要解決問題，應以這種方式建構其組織。

我在這裏又跟其他許多場合一樣，跟許多人意見相左。我的觀點在許多圈子引起爭議，這些圈子許多人客氣點的視我的觀點為愚蠢，甚至更有些人斥之為危險的論點。可是，我還是無畏地發表我對尚未發生的事之預測——然而大體來說，不苟同我的人卻不敢這麼做。

雖然區域研究很有價值，但是如果把對區域的專業知識

和應用賽局理論家對人類如何做決策的專業知識結合起來，威力就強得多了。可是，我們似乎認為光是知道事實就夠了。有些人甚至認為要靠數學這種抽象的東西來預測人們會怎麼做，太荒唐了。談到荒唐的事，如果化學家相信氫、氧在中國混合的結果會有異於在美國所做的混合，我們一定認為那真是荒唐。但不知為什麼，我們卻認為完全有道理相信，Timbuktu（位於北非的馬利）和Tipperary（位於愛爾蘭）的人會根據不同的原則做抉擇（我們每個人的組成分子〔particles〕或許不同，但彼此的差異其實沒那麼大）。對某一國家的專業知識不能取代對於掌理人類決策原則之了解，而且它必須依屬在後者之下，相互合作讓我們在積極設計製作美好的未來時增色。

　　要知道這個觀點如何有助於做預測，我們本章將討論靠人類衝突過日子的一群人：律師。律師和外交官、學者、企業領袖一樣有個信念，認為國家的名字很重要，但是——我們先給他們「一點」認同——他們有更好的理由。因為不同的國家採納不同的法律精神。有些國家假設：尚未證明有罪之前，嫌犯仍屬無辜；有些國家的精神卻完全相反。有些國家規定敗訴一方承擔訴訟費用，有些國家則否。但是除了這些差異之外，律師卻和外交官、政治家一樣，花了許多時間談判、交涉解決爭端——而他們幾乎沒人學會賽局理論或研究談判策略。律師研究法律，外交官研究各國。這兩組人或

許都會讀一些大眾讀物，從中汲取一些有用的見識，但是集合了一些奇聞軼事和絕版的成功祕訣，無法取代對賽局理論的認真研究，也無法取代對於決策行為有專業知識的人士之協助。

當外交成功時，戰爭只是文字、語言的戰爭。戰鬥員圍著桌子坐下，喝著沛綠雅礦泉水，直到達成解決方案，再開瓶美酒慶賀。法律訴訟也是戰爭。大多數國際爭端在雙方還沒走上戰場之前，就已經解決掉；和它一樣，法律訴訟攻防戰也在會議室、董事會、律師樓等地進行，真正對簿公堂庭上相見的卻不多。律師準備論據、調查先例、蒐集文件、研究對方的文書資料。企業的大型訴訟案件，正反雙方花好幾百萬，甚至幾千萬美元，聘請律師兵團。我曾經參與過一宗訴訟案，涉及到的律師、律師樓多如繁星，根本記不住他們全部的名字。我的顧問公司經常就訴訟案件提供意見——顧客大部分是被告——這些被告進行了不可計數的會議，每一場會議要和十幾、二十個律師開會，幾乎全是大律師樓的資深合夥人律師，每人每小時收費四百至七百美元不等。一場典型的會議以一天計，十來個律師出席，費用大約為五萬七千六百美元——這還不包括為了準備這一整天會議，已支付了更高的費用。你只要算算有好幾十次這樣的會議之費用，再加上兩、三倍的數字以反映準備工作的費用，你就明白訴訟案件為什麼成本高得令人咋舌。我參與過的案子，曾經有

被告支付給律師的費用比和解金高出數千萬美元的情形。

　　當然，所有的律師費用也不是沒有理由就亂花。通常這些錢花起來有兩個目的。第一是，花在準備工作上，增加勝訴機會。當然這是律師要做的。第二是，花在向對方發出訊號：你惹上大咖了，我鈔票多多可以撒下大把銀子和你長期抗戰。「我們會用進攻、後退和拖延和你纏鬥到底。我們比你花得起大錢。」很自然，對方也不甘示弱，同樣撒下大把銀子，同樣有上述兩種用意。雙方玩的遊戲叫做長期消耗戰。❶對律師來說，太棒了，求之不得；對其他人來講，則太可怕了。

　　軍隊之於外交官，就好比巨額的訴訟費用。擁有更多、更強的火炮，就可嚇阻別人不來和武力強大的我們開戰。嚇阻在大部分的時候有效，但是偶爾就像耗費不貲的訴訟之嚇阻威脅一樣，武器也未能保障和平——戰爭就爆發了。戰爭和訴訟都不是解決問題的有效辦法：它們幾乎都不能以一次決定性的勝利結束，反而往往以談判和解做為結局。雙方找到一個原則上可以接受的協議，不再需要付出所有代價，走上談判桌。❷

　　外交官和律師無法避免和解前的巨額費用，有一個原因即是：他們根本不懂談判理論。他們只會忙著解決每個情勢中的複雜狀況。設身處地思考的智慧（seat of the pants）和經驗有幫助，有些律師和外交官精於此道，但是大部分、很

大一部分卻忽略它，拖延了和解，使得解決爭端必須花更多的錢。

在談判之前的舞步中，律師和外交官往往把論證集中在案子的是非曲直上。他們很少真正細想對手的動機和誘因、他們所代表的人、還有他們自己。他們對案子的是非曲直形成意見——律師接受的訓練就是做好這個部分——之後，他們試圖對當事人的想法進行事實查核（reality check），不論當事人是認為受到嚴重傷害的原告，或是自認委屈的被告，都要做。被告（或原告）自己內部以金錢或訴訟的其他因素來討論其立場，反映出他們對案子本身是非曲直的判斷。他們曉得對方也會這樣做。國際談判也一樣，不論是土地換和平、放棄核武器、或是國家治理和人權的基本原則，統統都一樣。

我的公司就某一訴訟案件提供顧問意見時，我們經常被問到想要閱讀多少文件。律師們或許也想對我們進行事實查核吧（他們對客戶、對本身同樣也做）。通常他們給我們的文件多得不得了。幸運的是，我們的答覆是：其實我們不需要閱讀文件。一旦談判開始，案情的是非曲直其實已不太重要——是非曲直存在於僵局裏。

怎麼會呢？記得我們進行專家訪談時想找的資訊吧？它們和任何人的立場的是非對錯完全無關。它們只問：當事人對結果的關切程度，然後找出他們有多麼希望從中居功。企

業經理人通常非常關心結果；律師通常關心有多少功勞，可藉本案建立聲譽，日後多接新案。

上一章我提到某大公司捲入與美國聯邦司法部訴訟的案例。我用下表衡酌結果量尺：

量尺位置	量尺數值代表的意義
100	多項重罪罪名，包括幾項明確、嚴重的重罪
90	幾項明確、嚴重的重罪，但不就較小的重罪起訴
80	一項嚴重的重罪，加上幾項輕微重罪
75	一項嚴重的重罪，但不起訴輕微重罪
60	多項重罪，但不包括明確、嚴重的重罪
40	多項輕罪，加上一項輕微重罪
25	多項輕罪，但不起訴重罪
0	一項輕罪

現在我將繼續推演這個例子，讓各位了解，結果是如何可以設計製作出來。

書末的附錄二是來自被告方面的專家（含內部律師、外聘律師和公司經營層）有關認罪協商的資訊。當然，我做了一些修飾，以保障相關當事人的隱私。我們略微瀏覽附錄二就明白，單就這個議題而言——本案還涉及到好幾個議題——光是相關當事人的名單就很長了。不單是被告有一大堆律師和公司經營層，試圖影響針對他們的起訴；受到該公司

行為影響的社區，以及好幾個聯邦政府機關也出動了大批人馬。這種情況一點也不罕見，大型的、可能耗費不貲的、甚至災難性的訴訟案件，典型就是如此。

涉及的當事人名單落落長，意即賽局非常複雜，超過常人腦子可記憶。到目前為止你或許看了好幾個案例，覺得：「沒問題，我可以在腦袋裏搞清楚、弄明白。」但是，不借助電腦的話，沒有人能搞懂這麼複雜的案子。這就是有一套可信賴的演算程序的好處。

我們聽說過有些公司胡作非為地欺騙客戶、輕忽安全、誘騙人對其產品上癮、逃漏稅、污染環境、經營血汗工廠，天曉得還幹了什麼勾當。這就是一開始這家公司給我的印象。涉案的這家公司（我的客戶）被控告做了十分糟糕的事，不僅惹來民事訴訟，也遭到刑事起訴。他們被控告因私利而摧毀了一個當地社區，可是他們真像是和和氣氣、輕聲細語、真正善良的人。他們皮包裏擺著兒女、孫兒女的照片。他們開著普通汽車、在小餐館吃飯、每天看電視連續劇和實境秀。情況真的是那麼可怕嗎？雇用我們顧問公司的這些人真的是媒體所形容的沒心沒肺的惡棍嗎？

幾乎和所有的案例一樣，事實真相比起起訴罪名更複雜得多，涉案的人並不是當地媒體所描述的巨奸大惡。的確發生了很糟的事情，但是公司是否應該負責、受譴責，或者說它有所疏忽，或是基於利得或其他任何原因意圖要加害於

人，則還有待釐清。事實上，有關本案的新聞報導的確十分聳動，事實真相卻大不同。聯邦檢察官似乎也了解這一點。

我絕不是要合理化已經發生的那些很糟的事。我和我的合夥人強力建議客戶，基於關心，要採取法律訴訟之外的行動協助受害社區。他們歡迎此一建議，付諸實行。他們希望能幫助受害社區，也已經思考要做一些事，儘管律師勸阻，擔心這樣做會被解讀為承認有罪。我們的建議適時地影響到這個均勢，使他們決定要做正確的事，而不是計算過有利的事。這個決定是人道行為，不是司法考量。

正義要求我們把壞結果和壞意圖、或故作無知區分開來。我不認為事情出了差錯就怪罪人是公平的，除非有證據證明一個理性的人可預見到其決定會帶來壞結果，而又有意地採取作為或不作為。要審判一個人，最好是依據他在行動前合理可知、可預期的事，而不是依據事後我們所知的事。但是我不是律師，因此我對正義的概念可能和美國司法制度看事情的角度差距十萬八千里。律師的職責不是找出真相，而是替客戶做最好的辯護。我猜想，當我卸下教授身分擔任顧問時，這也是我的職責。

總而言之，下面這齣大戲需要有個大舞台。它至少涉及到好幾千個角色。可是，最後的決策過程只環繞在少數明星主角身上，其中有許多人並不願姓名公諸於世。希望隱姓埋名的主角們，包括我這家客戶公司的董事會成員，其中幾位

董事積極參與討論如何處理此事；公司的總裁和相關部門的最高主管；以及公司內部法務主管。資深的外聘律師也是重要角色。

另一方面，聯邦檢察官、他們的幕僚、司法部及機關甲（此一政府機關必須匿名，才能確保我的客戶身分不曝光）的一些第一線律師、相關地方政府首長，以及代表原告的律師，這些人不介意他們的名字曝光；事實上，其中有少數人還一直想見報。他們也都是明星主角。

要讓主角們同意和解是當前任務，否則，案子就得進入審判庭。或許公司及其代表人最終在法庭審判能夠全身而退，但也得忍受審判過程中日復一日被拖出來檢驗，被搞得灰頭土臉。客戶預期的劇本就是如此。那一點也不好玩。他們已經殫精竭慮好幾年都似乎沒有進展，深怕災禍隨時臨頭。

我和我的合夥人很清楚這股低氣壓，趕緊著手界定議題，設法對情勢有初步了解。我們很好奇，情況是否果真如客戶所想像的那麼絕望。模型對結果的初步估計——從中位數（median）或加權平均數（weighted mean）的觀點結果一樣——位於量尺60的位置。60等於是對多項重罪（但不包括任何嚴重重罪）之罪名認罪。此一初步預測對被告是好消息，彷彿漫天烏雲出現一絲陽光。

公司的最高階主管——絕不是小角色——原本覺得或許需要對至少一項嚴重重罪及若干較輕微重罪認罪，因此，初

步評估顯示結果可能會比預期來得好。這是好消息，但是，天下豈有完美之事，這件案子也不例外。從初步評估再做模擬演算，卻冒出了被告所擔心的預期結果。模型演算玩家之間預測的互動之結果，其結論卻沒有初步評估樂觀。還記得嗎？從賽局所預測的初步立場變動，也會導致對預期的最後決定有更準確的預測。換句話說，原告的動機和力量顯示，當談判繼續進行，我的客戶會輸。低氣壓立刻又回來了。

圖 6-1 顯示，我的模型預測談判會循一條複雜的路徑，首先彷彿樂觀，隨後就不妙了。這張圖顯示我剛才提過的，這個賽局像是個多層面的棋局。如果玩家所關心的只是得到他們想要的結果，那就像一場循環賽那麼簡單了。但是，玩

圖6-1　未經過設計的判決結果路徑

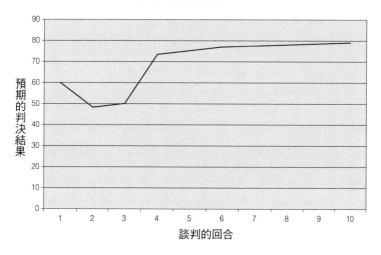

家的自我（ego）會進入談判，也會進入談判的賽局。有些玩家會干冒大風險，企圖大贏。有些人則想要不輸，勝過要贏。也就是說要搞清楚，哪個玩家選擇的動作是想要得到他要的判決結果，哪個玩家的動作是要因取得和解（或阻止和解）而有功勞，哪個玩家又是兩極之間的騎牆派。這比棋賽複雜多了！你不妨想像，在棋賽中面對不同的對手就有不同的比賽規則，你要如何去贏得棋賽！

根據模型，被告的代表和聯邦檢察官之間要經過八次談判，進行和解方案的攻防交涉。經過八次交換意見和辯論之後，模型顯示已經不值得再繼續談判，不如爭取在協議上做小小改變。這個協議在量尺上約當80的位置──也就是一項嚴重重罪，加上幾件輕微重罪。

我客戶的大部分律師所預期的結果、董事會所預期的結果，和賽局終結時預期的罪狀，是一樣的。如果我的模型不能改善這個結果，則我和我的顧問合夥人就對聘雇我們的公司沒有貢獻，我們只會平添他們一筆開銷。

可是，模型發現了大部分律師沒預期到的一些事情（有位資深的外聘律師從一開頭就說對了最後的真正結果，不過他不太清楚它怎麼來的、要如何去達成它）。模型的模擬結果指出，早先和聯邦檢察署的討論，顯示環繞在較輕罪名周圍可望形成一個有力的利益同盟──幾乎就像棋局裏的犧牲打，意在吸引客戶和檢察官入甕，然後再反過來對付他們。

圖 6-1 顯示談判中每一階段預測的討論結果；它預期被告在第二、第三階段提出的論據，可能使檢方立場軟化，使他們思考接受 50 ── 即以幾項輕罪、加上輕微重罪來起訴被告。事實上，根據我們對客戶代表人及律師的訪談，這也是他們認為的檢方在談判之初的立場。可是，初步分析也顯示多做幾回合討論後，檢方可能被說服而立場轉為強硬，而非軟化。

為什麼檢察官表現出可接受較溫和的解決方案之後，又轉向強硬的立場？模型指出，機關甲和聯邦檢察署的強硬派律師預備祭出誘餌。機關甲的律師和司法部的律師顯然決定扮演打擊邪惡公司的硬漢角色。分析顯示，他們認為本案是最完美的個案可以樹立打虎形象。他們的誘餌旨在設計聯邦檢察署，讓他們在討論解決方案的初期表現軟化之形象。稍後他們就可以抨擊檢方軟弱，讓檢察署在政治上出洋相，迫使它在緊要關頭採取強硬立場，以免被貼上對企業犯罪立場軟弱的不名譽標籤。在受影響的社區、以及司法部裏，檢察署若被貼上此一標籤就完了。因此，這些律師是在賭，冒著誘餌失敗的風險。但是他們有信心認為它會成功──若是我的客戶沒有使用類似談判賽局的工具的話，他們說不定真會成功。

根據模型，即使聯邦檢察署願意接受以輕微重罪加輕罪起訴的方案，邏輯告訴我們強硬派的誘餌會奏效。檢方會放

棄溫和的立場，改採以嚴重重罪起訴。聯邦檢察署若要在追求自己認為正確的結果，以及遵循強硬派的立場之間做抉擇的話，它通常會這麼做，以免仕途受到影響，又可保住司法部其他人及受害社區的支持。看到聯邦檢察署有極大的政治風險考量，還有本身仕途的顧慮，很顯然我們必須找到方法滿足檢方的自我（ego），破壞強硬派的計謀。

模型演算找出若干有趣的模式，或許有機會設計製作出我們希望的結果。首先，我們注意到，依據演算，聯邦檢察署採取強硬立場是因為有來自機關甲律師和司法部內的壓力，也要回應受害社區若干利害關係人的論據的緣故。這些利害關係人非常堅持他們的觀點，而聯邦檢察署希望能被他們看作是有心協助他們得到他們所要的正義。這一點非常有意思，因為檢方自己認為能在司法過程中獲得支持的罪刑其實比較輕。檢方的觀點是，嚴重重罪不成立，也接受至少有幾項輕罪。檢方面臨強硬派壓力下，願意捨棄法律正確，換取政治正確及伴隨而來的個人聲望。

為了設計製作出更好的結果，我模擬演算：如果被告改變他們原本預備接受的多項輕罪加上或許一項輕微重罪的談判立場，結果會如何？——原本也預測後來他們會退讓為接受一項或多項嚴重重罪的。我檢視被告一開頭就再多做讓步，或是變得更強硬，這兩種狀況下會有何演變。我也檢視他們要如何操作，讓某些重要的強硬派人士講出讓檢方覺得

太極端的愚蠢論點。在檢討替代策略時，我利用來自基本分析的一項心得：檢察官一般都傾向於協商，而不是堅持特定立場。而且，很明顯的是，被告的策略必須創造出力道，可以對付來自強硬派要求加重求刑的壓力。

我們發現被告的最佳策略在於從他們所提供的關於自身的資料所計畫的對策，做兩個更動即可。首先，主張對一項輕微重罪和若干輕罪認罪的這位外聘律師，必須把被告團隊其他人團結起來，一起支持「只」對輕罪認罪。即使這位律師心中已有正確的和解方案，他在和聯邦檢察署初步會商時，絕不能透露被告有此彈性。而他果真做到了。

這位律師的演技太棒了，連電影《軍官與魔鬼》（*A Few Good Men*）中的傑克・尼克遜都比不上他。他必須假裝接受他根本不認可的立場。由於他負責領導有關這個議題的談判，他要讓別人信以為真的能力就非常重要。他真的也做到了。

當然，要讓一個律師或任何人做出與他信念相背的行動，絕非易事。得要有極大的信心才會允許模型的邏輯取代個人的直覺。我的一位老客戶每次向別人介紹我時常愛說：「進門前先檢查你的直覺。」這個模型最大的價值就在於，當它提供了違反決策者期望的見解時——它正確地敦促他們進門前先檢查一下直覺。一個人得要有勇氣才會不顧自己的信念，遵循電腦模型建議的路線，因為直到事實已經鑄成之

前，我們根本不知道何者對，何者不對。我們只知道模型過去的推演的準確率（可是每個人都認為他的問題十分不同），以及它所建議的行動之邏輯是否有說服力。幸運的是，在這個案子中被要求改變做法的這位外聘律師，過去曾經與我的顧問公司在別的案子合作過。事實上，也是這位律師說服客戶聘請我們提供服務的。他見識過模型「表現魔術」（他是這麼說的），因此他同意依據模型所寫的劇本演出。

第二個更動要「推銷」給被告就困難多了。公司的董事們當然很關心這件事，急著要找出解決方案。模型的模擬演算——請記住，這一切分析都發生在與聯邦檢察署開始談判之前——顯示，董事們深怕案件發展會非常不利，而可能向強硬派的壓力屈服，同意接受多項輕微重罪包括一項嚴重重罪的起訴。換言之，強硬派的伎倆奏效。要想避開嚴重重罪，換得多項輕罪及一項輕微重罪，就必須在檢方逼迫董事會時，要控制住董事會的反應。要求他們採行的策略，說來容易做起來很難：他們必須表現出絕不談判，也拒絕對重罪進行任何協商，甘冒觸怒聯邦檢察署以及交涉破裂的風險。

他們必須透過代表公司的律師和檢方連續數個月的談判場合，堅定的一再重複這個訊息。他們的律師必須在和檢方會談時一再反覆強調：沒有辦法說服董事會展現一些彈性，然後再請求檢方必須給他們一些子彈好去說服董事會，事情一定可以解決。所謂子彈就是當大家一起開會時，檢察官必

須當著被告律師的面，指摘政府強硬派律師的論據。在這一點上面，董事會原本偏好與檢察官單獨會商，律師們還必須說服董事會，會議必須有強硬派出席。

你不妨猜想董事會會有什麼樣的反應。第一個念頭是，「這個傢伙是什麼東西，我們整個公司成敗存亡全繫於此了，他還來指指點點、說三道四？」的確，當我提議以某個金額讓本案和解——金額遠低於他們覺得應該放上台面的數字——他們覺得我是神經病。當我建議公司的律師應該和強硬派及檢察官一同會面時，他們認為我比神經病還更不正常。

模型發現，最適度的和解金只有董事會願意出價的三分之一左右，而且能同時當著檢察官和強硬派的面提出的話最好。董事會深信如果依模型的建議去做，檢察官一定當場跳起來，拂袖而去。幸運的是，參與本案的人士有些曾經和我、我的合夥人以及模型配合過。他們認為董事會應該聽我的，如果董事會有機會直接了解論據，也會聽我的話。公司內部的法務長安排我和一位非常高階的主管碰面。這位高階主管要向我說明董事會的看法，看看我是否能依據模型的結果提出有說服力的論據——也就是說，我能否說服這位高階主管，透過賽局模型發展出來的策略絕非神經病！

信不信由你，這種場面我經歷多了。我公司的每個顧問都被指示，除了根據可以直接指向模型產出之結果，絕不

（我再重複一次，絕不）主張或反對某一解決問題的方法。我們絕不容許個人意見存在。我們不是我們所分析的問題的專家，通常我們甚至對此一產業所知也不多，因此任何人都沒有理由認真看待我們的個人意見。我們向客戶建議的立場、戰術和策略，是來自模型的邏輯和客戶提供的資料，不是出自我們的腦袋。憑著這一點，才好向客戶推銷我們表達的觀點是獨立的、有可信度的。他們可以和模型的邏輯辯論——我們歡迎這樣的對話——他們有時也真這麼做。但是他們知道，他們不是和我們辯論，他們辯論的對象是邏輯，或我們進行專家訪談所得到的資料（專家通常也是他們提供的專家）。邏輯和證據——而非任何人的個人意見——是我們做報告、進行討論的焦點，人們應該根據它們來決定是否嘗試不合其初步直覺的做法。

任何人都不應該盲目的追隨模型，畢竟它也只是一大堆方程式。但是，人們也不應因為模型的意涵和他們的個人意見不同，就貶抑模型的結果。我要重申一次，模型最大的價值在於它提供客戶不同的方法去思考他們的問題。這就是賽局理論、策略思考的貢獻。幸運的是，客戶通常發現邏輯滿有道理，而資料畢竟是由他們提供的，可以調整、重跑，看看是不是有道理。因此到頭來，如果客戶聽我們的，那是因為過程完整、紮實的緣故。

當然，不是所有的客戶都會「進門前先檢查直覺」。當

他們不遵循模型的建議時，模型所預測的結果又往往也很準確。當然最後的結果也就不那麼理想。以我們手上這個案子來說，董事會派來的高階主管拷問我八個小時之後，接受了以模型為根據的建議。董事會也同意採行我們建議的做法。

為了有可信度地傳遞訊息，公司法務長求見聯邦檢察官，並且要求、甚至堅持強硬派也要到場。很自然，此一堅持令檢方感到意外。強硬派則更感到意外和不高興。根據模型，他們喜歡躲在暗處，背後捅人一刀。他們希望在檢方和公司法務長單獨會面後再向檢察官甜言蜜語或威脅恫嚇，設法影響他。他們以時間衝突為由，設法迴避和法務長碰面。法務長說，只要你方便，任何時間都可以。這下子他們也沒轍了。

法務長傳達了董事會（真心）堅信他們所做的只是觸犯輕罪，罪行還不至於刑事犯罪。法務長又力陳公司同意聯邦檢察官的要求，放棄牽涉到的事業部門，等於放棄公司很重要的一部分業務。訊息就是：董事會絕不考慮任何涉及到承認重罪的協商。

當然，如果壓力增大，公司也會屈服，即使這麼做會摧毀一部分重要業務也只好接受一或多項的嚴重重罪。他們只好壯士斷腕，切割掉出事的業務，以便全力衝刺其他的業務。他們認為，即使公司勝訴──但即使一切都很順利，不到最後誰也沒把握──光是在法院耗時間打官司，政治、社

會和經濟成本都會令人承受不住。最好是以認罪協商解決，承受其後果。記得安達信（Arthur Andersen）的例子嗎（它與本案無涉），安達信因替安隆公司不實財報簽證，遭到起訴，在法院作戰失利，被判有罪；等到最高法院推翻原審有罪裁定時，它已經關門歇業了。有時候在法庭勝訴，其後果還比無辜但接受認罪協商來得更慘。司法程序或許終究會得到正確的答案，但正確的答案往往是在被告付出無法承擔的代價後才到來。

模型的模擬演算就是要避免壓力增大。本案透過模型的邏輯所建議的做法，就是我們在賽局理論第一課和第二課那兩章探討賽局理論原理時所說的虛張聲勢（bluffing）。我們知道董事會在不得已時會接受超過輕罪的罪名，但是檢方並不知道。

經過幾個月的協商，果然檢方回應來自董事會的壓力，做出了抉擇。檢方沒向政府其他機關的強硬派屈服，而在我方堅持強硬派一定要出席的會議中斥責他們。聯邦檢察官抓住機會強化他們原先認為的公允裁判之觀點。強硬派相形之下變成用心不良、不實際、甚至愚蠢。後來本案以被告對幾項輕罪及一項輕微重罪認罪而結案，這是被告所要、也認為公平的結果。他們原先認為達不到，而且如果他們主動向檢方提議的話，也得不到此一協商結果。帶著這個他們渴望的最後結果坐上談判桌，也只會被迫再多做讓步。果然在本

案，他們得到遠勝過被告的經營階層或律師（有一人例外）所認為可能的更好結果。

這個案例就是設計製作過程的典型案例。董事會成員、聯邦檢察官和司法部的強硬派，很明顯全是不同的人，有不同的成長過程、不同的個人經驗和對世界的信念。但是他們都在人類行為中同一個層面做抉擇——畢竟也只有那麼多選項可供選擇。他們可以尋求妥協；他們可以試圖恫嚇別人使他們屈服；他們可以向對手投降；他們可以堅決和對手開戰；他們也可以虛張聲勢說要做以上這些事。任何問題可選擇的行動大概全部也就是這些。本案的關鍵是把聯邦檢察官孤立起來；他是結果的主要推手。他認為什麼是「對」——無論在絕對意義上它是或不是——以及他在自我滿足方面要的是什麼，這就是設計製作結局的兩大元素。本案真正的問題是，如何把這兩個元素結合出對我客戶最有利的情況。

如果我把區域專家的思考方式帶到這個任務上，或許我就會埋首苦讀律師團交給我的好幾千頁背景文件，或許我會翻遍判例法（case law）的檔案，或許最後我也提出漂亮的論證，主張為什麼我的客戶只應為輕罪及一項輕微重罪受懲罰。（當然，客戶不是聘我來做這些事，事實上這是律師要做的事。）但是，不論我多麼努力，不論我的論證多棒，它恐怕一點用處也沒有。因為，政府方面高明的律師當然也可以找出論據主張應課以嚴重重罪之刑責。不，要得到有利的

結果，就得正確了解相關情勢，找出方法，透過連續互動，順勢走而不是逆勢走。

整個預測工程的過程不能仰賴對冤曲的重述（它往往只會使立場更僵硬）。如果人們圍繞在僵局四周，可能很不幸地會形成衝突，不過圍繞在僵局四周也代表當事人在追尋某種變化以便能產生結果──不論這結果是什麼──來打破靜態局面。預測工程提供了一個複雜的決策管道網絡，採取行動或不行動，閥門就開或關。如果我提議方案A、B、C，就可打開D、E、F的門，如此呈指數關係（再說一遍，非借助電腦不可）。突然間，循著網絡關係的決定，卻因為基礎變了，立場為之一變。在本案例，聯邦檢察官被帶到一個地方，覺得本身的觀點有道理，也完成對我的客戶有比他原先願接受的條件稍嚴重一些的懲罰。

這個過程涉及到利用或改變人們對情勢的認知；它透過審視模型每一回合產出的結果，去弄清楚誰造成立場變動，以及若對客戶有不利結果的話，如何對付此一變化。不論問題是解決伊朗核武計畫、找出凱達組織可能的動作、或是促進企業合併，過程都沒有不同。所有這些情勢都涉及到人，而無論來自哪個地方，人的差異其實沒有那麼大。

因此下一章我將檢視一些當前問題，以便理解我們可以怎樣製造出有利的結果。這些例子有助於闡明，未能預見或處理近在身邊的問題，其潛在成本會有多高。

第 7 章

快轉到現在

以色列和巴勒斯坦問題的解決方案、
如何預測企業舞弊

掛名在史丹福大學胡佛研究所，有個好處就是有機會參與一些全世界最有意思的學者、決策者的小型研討會。這些研討會通常不作紀錄，也就是說與會者有機會就當前重要的議題坦誠交換意見。其中一次研討會討論到以色列、巴勒斯坦的爭端，這引發我思考賽局理論的思維要如何對似乎無解的和平有所貢獻。我所想到的做法並不是以巴爭端的解決方案，但它或許有助於往永久和平的前景推進。

我想到的點子固然有許多局限性，卻是賽局理論思維的一次示範——它如何巧妙地把我們推向一個新的方向，即使是在看似最棘手的環境裏。如果賽局理論的邏輯可以在以巴爭端上促成進展，它將可對當今最重要的一項外交政策難題做出貢獻。有了這個念頭之後，讓我們重新審視以巴關係。誰曉得呢？說不定某位讀者讀了本書，可以落實這個點子，或是指出其中的致命缺失。

我們來談個交易吧！

以土地換和平，或是以和平換土地，都是註定要失敗的，不論是在中東或是其他地方都一樣。但這個點子聽起來滿有道理的，因此才吸引了各方注意。例如以色列總理巴拉克（Ehud Barak）2000年7月和巴勒斯坦當局（Palestinian Authority）主席阿拉法特、美國總統柯林頓三方在大衛營開

會時，提議以土地換和平。1993年的奧斯陸協議，也是一個
以土地換和平的方案。然而巴拉克在大衛營提議的計畫，和
它後來的各種修訂版都失敗了。另一項以土地換和平的協議
「和平路徑圖」（Roadmap for Peace）也失敗。所有的土地換
和平或和平換土地的交易，統統一樣。它們無法結束暴力，
因為它們不能讓任何一方相信對方做的是持久的、可信的承
諾。

　　每個承諾——土地換和平或和平換土地——都有賽局理
論稱之為「時間不一致」（time inconsistency）的問題。它
的意思是指，今天一方給予對方無法收回的好處，希望對方
日後會投桃報李。但是，幾乎必然的是，得到不可收回的好
處的一方，會得隴望蜀，希望多爭取一些好處再兌現他的承
諾。因為對方承諾和平，所以土地給對方，無可避免會導致
對方要求更多的土地才肯兌現和平。如果是承諾日後交出土
地以換取和平，同樣會發生問題。同意和平的一方放下武器
以示誠心，可是承諾日後交出土地的一方卻可以背棄承諾，
因為沒有力量可以強迫他守信。❶

　　時間不一致的問題在許多狀況下會出現，倒也不限於土
地換和平或和平換土地的狀況。事實上，我們先前討論北韓
時已看到這樣的例子。只要北韓解除武裝，其他國家就有背
棄承諾之虞，這正是為什麼要求金正日解除核武不會成功，
但交涉讓他同意停止其核武計畫卻會奏效的原因。這個問題

在中東也是一樣的。

我們且看以色列的強硬派總理夏隆（Ariel Sharon）2005年8月（片面）自加薩撤出，把此一地區讓給巴勒斯坦人的決定。夏隆的動機極重要的一部分，似乎是他認為要防衛加薩，成本太高。因此他選擇要以色列屯墾民眾放棄家園（他們住加薩屯墾，是以巴衝突的主要引爆點），希望讓出加薩可以有助於推動善意與和平。認為善意行為（不論其動機為何）會引發善意反應，可說是反映了對人性的樂觀，它們有時的確會實現，可是大部分卻往往遇上貪婪和野心。你也曉得，賽局理論很少對人性抱持樂觀。夏隆的樂觀可以預料得到是錯的。結果，透過民主程序選出、由「哈瑪斯」（Hamas）主導的巴勒斯坦當局，動用武力把巴勒斯坦主席阿巴斯（Mahmoud Abbas）領導的「法塔」（Fatah）趕出加薩之後不久，哈瑪斯就對靠近加薩邊境的以色列城鎮增加飛彈攻擊。土地無條件讓渡，結果沒有換來和平，反而帶來要求讓與更多土地、暴力事件增加。

信不信由你，追求和平失敗也不見得全都是巴勒斯坦人的錯。以色列人過去也有同樣的不良紀錄。以色列在1967年、1973年兩次戰爭中都擊敗阿拉伯對手，不僅佔領原先由埃及、敘利亞、約旦和巴勒斯坦控制的土地，還以聖經所謂亞伯拉罕和上帝有約為由，允許以色列人到處屯墾。事實上，以色列人屯墾區幾乎一向佔據著四周都是巴勒斯坦人

村落的高地,使得巴勒斯坦人在自己家裏都沒有安全感。更糟的是,以色列數十年來限制巴勒斯坦人進出以色列,即使具有巴勒斯坦血統的以色列公民在以色列國內也不能自由遷徙。以色列政府還限制巴勒斯坦人的集會自由,防止他們以和平方式走向獨立。1967年戰爭之後,當以色列有機會與巴勒斯坦人推動和平時,就失敗了,而巴勒斯坦人想與以色列人推動和平,也一樣不成功。

就我所知,每一次土地換和平、和平換土地的交涉,都以失敗收場。每一次的這類交涉,不論是單邊發起、雙邊發起、或是多邊發起,都使情況更糟,因為它們引起虛幻的希望,然後又美夢破碎。它們每次都失敗,是因為推動和平者在策略上根本不注意時間的不一致。他們在既無善意、也無信賴可言下,卻依賴善意,打造信賴。其實,他們應該利用係爭各方狹隘的自我利益來追求和平進展。他們應該考量他們所提議的是否為自我執行(self-enforcing)的策略,沒有一方有悖離它的誘因,而不是力圖找出互相合作的方法。記得第三章所談的囚犯的兩難嗎?在那個賽局裏的兩個玩家如果能彼此協調、共同合作,而不是相互競爭,結果會更好。問題在於,如果某甲選擇合作時某乙拒不合作,某乙卻會更好。而且,雙方都不合作的話,雙方的情況一起更糟。這就是兩難。就和以巴問題一樣,除非賽局結構先有改變,否則共同合作也不會持久。

改變賽局的一個方法是，讓成本和效益直接、自動呼應每個玩家所選擇的行動而改變。一個自我執行的策略可以解決這個問題，也有助於促進任何一方的和平與繁榮。我在這裏將借用賽局理論思維的力量，提議以、巴雙方採取重要的一步向和平邁進。它不是一個鉅細靡遺的和平計畫，但它是使和平更有可能達成的一個方法。我以下所說的，邏輯上遵循賽局理論的思維，但它又不僅是對可能會發生什麼事做評估。它是一個邏輯的陳述，支持結束暴力行為。它是進展的一劑藥。

我的提議，關鍵在於「自我執行」這個詞語。這個安排幾乎不需要以巴雙方之間的合作和信賴。我這個點子提供每一方誘因，純粹從本身利益出發，去推動和平、抗拒恐怖主義，根本不必顧慮它是否有助於對方。因此，它吻合賽局理論不看好人性本善的觀點。

我的構想是，以巴雙方政府把各自從觀光事業（只限觀光事業）賺來的稅收，一起分配給雙方。在進入細節之前——魔鬼就躲在細節裏——讓我們先看看為什麼是觀光事業的稅收，而不是其他方法。譬如說，為什麼不建立以巴合資事業，或是允許區域間自由進出，或是其他方法來推動和平呢？我們將會看到，分享觀光事業的稅收提供一個近乎獨特的機會。

巴勒斯坦當局的領導人一再說觀光事業是未來巴勒斯坦

經濟的一大支柱。鑒於在現有的、以及預期未來的巴勒斯坦土地上有那麼多歷史的、宗教的重要古蹟，這是相當合理的期望。2007年巴勒斯坦當局的國內生產毛額（GDP）為48億美元。和平時期，觀光業約佔國民所得的10%以上，而且以後還可能更高。對比之下，以色列2007年的國內生產毛額為1,600億美元。它的觀光業營收在2005年為29億美元、2006年為28億美元，預計2008年可達42億美元。因此，以色列的觀光業收入雖然不錯，但是在國民所得裏只佔了不大的比重。

觀光業有個特性，可被運用來增進和平的前景。觀光業和從它產生的稅收對於暴力非常敏感。譬如，我們看一下圖7-1。橫軸代表1988年至2002年每季因以、巴衝突的暴力事件喪生人數的情形❷，刻度顯示是從0至300。縱軸代表同一時期每季到以色列觀光的人數（單位：千人）。❸不幸的是，我找不到可比較的巴勒斯坦當局轄區的觀光客人數資料，但我能找到的已足以顯示模式雷同。暴力事件增加，觀光業下滑；暴力事件減少，觀光客回籠。

圖中的點代表暴力死亡事件實際發生的三個月之後，每季到訪以色列的觀光客人數。圖中的直線則代表報導暴力死亡人數三個月之後，估計的每季觀光客人數。觀光業以發生暴力死亡事件三個月後的數字去觀察，因為觀光客可能改變計畫。

圖7-1　以色列的觀光業對於暴力的反應

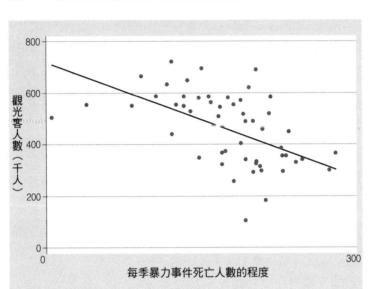

很顯然，暴力上升，遊客就會怯步。事實上，平均而言，暴力事件每喪生一人即代表觀光客減少1,300人，以及旅館業少賣了2,550個夜間住宿房間。圖中典型的一季會有53人死於暴力事件；換算下來，每季發生暴力事件致死的平均人數，和每季無人因以巴衝突喪生，兩者相比，每季觀光客人數劇減將近7萬人。以色列平均每季有約45萬名觀光客，因此減少了7萬人，可不是一個小數目。近年來，以色列平均每年從觀光業獲得收入30億美元，與和平年份相比保守估計減少28萬名觀光客，也就是每年減少約5億美元的

觀光業收入。這還未算入旅館、餐廳、計程車、租車公司、導遊等等，以及巴勒斯坦那一方減少的收入。

巴勒斯坦方面的經驗又是如何呢？我前面提到，很難取得巴勒斯坦當局的相對資料，但仍有足夠的證據指出情況也不好。譬如，2000年底反抗運動爆發之前，巴勒斯坦當局轄區內有約90家旅館。到了2001年底，數量已大幅下降到75家左右。很自然的，旅館開業、歇業，要看有多少生意可做。圖7-2顯示巴勒斯坦當局報告，在它轄區內從1999年至2005年每年的旅館住客人數。反抗運動產生一個快速、密集、也可輕易預料到的反應：旅館住客率——推而廣之就是觀光業——下跌。來自巴勒斯坦當局的估計，從2000年9月第二次反抗運動肇始到2002年7月止，它的觀光業收入減少了6億美元。上述同一時期，巴勒斯坦當局的每年觀光業收入僅有3億美元，因此其減少金額相當於觀光業的總收入。請記住這些數字，我們稍後再回來談它們。

掌握了這些事實之後，我們可以來運用賽局理論的邏輯說明以觀光事業稅收款做為通往和平之路的吸引力。假設歐巴馬政府或聯合國力促以色列和巴勒斯坦當局彼此分享專門從觀光事業產生的稅收款，並負責執行款項的分配。每一方分到的稅收款，是直接以目前在巴勒斯坦當局轄區及以色列境內的雙方人口數之比例為基礎進行分配。

分享觀光事業稅收款不一定要永遠做下去，但是它必須

圖7-2　自從2000年反抗運動爆發後巴勒斯坦的觀光業

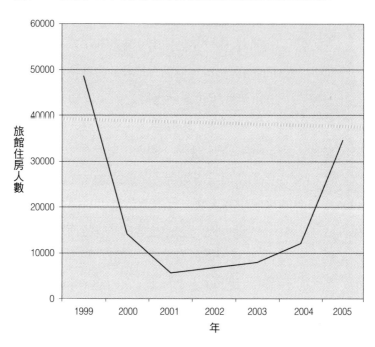

納入不可悔改的承諾，一定要持續相當長一段期間（假設是二十年），而且很重要的是，這個稅收款分享方案要連結到固定的公式，是以現有的人口比例分配，不是以未來人口變動後的比例分配。允許重啟分配公式之談判，會製造出不利的誘因。另外，非常關鍵的是從觀光客花費所產生的稅收款，其定義必須根據事先就約定好的估算規則。或許可以委託獨立的會計師事務所提供標準方法，以定義清楚觀光業營

收及從它抽繳的稅款。接下來這些稅收款就按計畫，依已經講好的人口比例，在講好的一段期間內分配給雙方，不得再有質疑。

有些稅收很容易判斷。旅館會檢查登錄外國旅客的護照，因此可以很清楚有多少觀光客入住，在旅館裏花了多少錢，其中稅收款又是多少。住進旅館的每一個外國人——不論是純粹觀光客還是聲稱來做生意的——我們可以規定住宿期間所產生的稅款，進入觀光業稅收款專戶。我們必須設計完善的監管制度以防低報、漏報，但這個問題恐怕政府早已有過處理經驗了。

餐廳沒有明顯的方法可以分辨哪些是外國客人，但或許會計師可以找到聰明的方法，大約估出餐廳稅款有多少比例是觀光客貢獻的。這可能要看餐廳所在位置、該地區旅館外籍住客人數、可用信用卡支付的銀行之地點，以及其他許許多多標準而定。商店的情況也一樣，例如，賣紀念品的商店一定比雜貨店有較多的觀光客光顧。在海關的護照檢查站，旅客要申報他到訪的目的是商務洽公、還是觀光旅遊。當然一定有可能建立某種收入公式來概算那些申報觀光旅遊者花了多少錢。總而言之，我不是要搶會計師的工作，就算要我做，我也不夠資格。會計師一定有辦法建立合理的規則去辨認稅收的相關來源，尤其是如果他們的收費數字視稅收款大小而定的話。

在人口方面，如果巴勒斯坦人目前佔該地區總人口的40%，則觀光客貢獻的稅收款的四成就自動交付給巴勒斯坦當局政府，六成歸以色列政府所有。至於政府承認的問題，看是由誰負責選派代表團，代表以色列或巴勒斯坦參加聯合國會議而定。這可以避免掉誰構成相關政府的爭議，因為普遍的外交承認本身就是以色列人和巴勒斯坦人爭吵不休的議題。誰是巴勒斯坦人？誰又是以色列人？應該界定清楚是定居在該地區的人，僑居外地者不應計算在內。若是把僑居外地者計算在內，會引起「巴勒斯坦人」和「以色列人」的定義被人因政治、經濟利益而加以操弄炒作。

錢的分配因此取決於有多少觀光客入境、花了多少錢，不問他們在以色列、巴勒斯坦或爭議不決區域之內花多花少。甚至，對於以巴雙方依這個方案分配到的款項要如何運用，也悉聽尊便，不予限制。如果領導人把錢投資在改善人民生活，那就太棒了。如果他們要把錢藏到海外銀行祕密帳戶，那也是他們的人民和領導人之間的問題。成敗關鍵在於這些錢不是因獎勵推動和平而發給，也不會因阻礙和平而扣住不發。

回到目前的狀況來。以色列預期2008年可從觀光業帶進約40億美元，也預期因為和平，往後幾年觀光業收入還會大幅成長。根據圖7-1的證據，如果和平持續的話，我們可以估計觀光業收入相對於2001年以來的情況，會成長

50%。巴勒斯坦當局轄區內的巴勒斯坦人可能在觀光業收入上會有更大幅的成長，因為觀光客對發生在他們區域內的暴力事件之反應，似乎比發生在以色列境內的暴力事件之反應，來得更強烈。這一點並不意外，因為巴勒斯坦區域內喪生的人數較多。因此，一旦建立持久的和平，以色列的觀光業收入將可從 2008 年的 42 億美元，至少成長到 63 億美元。巴勒斯坦的觀光業收入也可能從 3 億美元至少成長到 6 億美元，回到第二次反抗運動開打之前一年，即 1999 年他們原先的水平。

在目前暴力事件頻傳下，以色列和巴勒斯坦當局的觀光業收入合理估計共約 45 億美元。若是和平的話，估計可增加為 69 億美元。假設觀光業收入平均稅率為 20%，也就是和平時期稅收款合計近 14 億美元，暴力事件頻傳下只有 9 億美元。

若是沒有稅收分享方案、也沒有和平，假設稅率仍是20%，以色列的觀光業稅收估計在 2008 年或 2009 年為 8.4 億美元，而巴勒斯坦當局的觀光業稅收估計為 0.6 億美元。稅收款六四拆帳，如果在和平時期，以色列分配到的稅收款估計至少有 8.3 億美元——基本上在和、戰狀況下，它的稅收款大致差別不大。可是，依建議的方案分配，巴勒斯坦分到的有 5.5 億美元，增加為九倍多，更不用說巴勒斯坦當局的總收入增加將近 10 億美元，相當於它的國內生產毛額增加

20%。那可真是不得了的經濟成長！

好了，我們已經看到數字了，現在我們順著邏輯推理。我們看到只要恐怖份子攻擊或其他形態的暴力事件持續頻繁發生，到以色列或巴勒斯坦當局轄區一遊的觀光客人數就大為銳減。暴力事件嚴重時，就很少有觀光業稅收款可供分配。因此，若是巴勒斯坦領導人不採行有效的反恐措施，它分配到的稅收就少得多。而且，分配款不會因為以色列人或國際社會不喜歡它的政策，就被剝奪掉。錢不會被扣住，也不會有別人要求巴勒斯坦人一定要做什麼事以做為撥款的條件。錢會流進來或枯竭，純粹因為觀光客厭惡他們要去的地方頻頻發生暴力事件。如果巴勒斯坦人取締恐怖主義或其他形態攻擊的源頭，則暴力事件減少幾乎必然出現觀光客大增的情況。如果觀光業比我的保守估計再稍微多成長一點，暴力事件的下降就代表以、巴政府的稅收會更為增加。

即使我只是保守估計，巴勒斯坦當局的稅收會急劇攀升，以色列方面則幾乎沒有損失。如果以色列能夠控制住屯墾者及其他團體可能製造麻煩，做出巴勒斯坦人必然反擊的行動，也可以有同樣的成果。雙方的執政者都會有正確的誘因去防止衝突升高。

未能執行有效的反恐措施和適度的維護治安，會使得現狀持續下去。成功的反恐政策和有效的維護治安，可以在任何一方都不需與對方直接合作之下，雙方皆在經濟上有所收

穜。當然，雙方的情報單位可以合作來增加大家的收入。這個方案並沒有機制說，一方可增加這些稅收，卻又不增加稅收流向對方。這正是為什麼它是自我執行的方案，而且顯然對雙方都有利。

很明顯的是，以、巴衝突不僅只是經濟上有衝突。同樣明顯的是，過去也出現許多經濟激勵方案，至少早在邱吉爾（Winston Churchill）時期就有了。然而，早先的經濟方案採取的投資策略需要雙方相互協調與合作，使得投資的一方（以色列）如果無法得到想要的，就可以拔掉插頭（pull the plug）。這種方式不能讓以巴雙方對於執行和平或是懲處破壞和平者有相等的責任。這種方式也會促成一種恐懼，深怕受雇於以色列資本的企業之巴勒斯坦人，經濟上將依賴以色列人。分享觀光業稅收款則完全沒有這些限制。激勵誘因是對稱的，而執行的責任也是對稱的。任何一方破壞和平，等於雙方稅收都受損。

觀光業不僅對巴勒斯坦當局的經濟前途很重要，巴勒斯坦當局領導人也已表示他們能夠、也將會控制直接會影響到某種收入的對和平之威脅。譬如，以巴勒斯坦人控制的Jericho地方的賭場來說，我們知道他們已經成功地維持住進出賭場的公路之安全。進出賭場的公路，即使在反抗運動鬧得如火如荼時也僅有極少的安全威脅。藉由確保此一道路安全，巴勒斯坦當局也保住了由它得到的稅收。此外，我們曉

得，耶路撒冷最未被開發的觀光區就是巴勒斯坦人居住的城區，同樣有欠開發的觀光景點也遍布巴勒斯坦當局轄區，以及以色列所控制、但由巴勒斯坦人居住的地方。有了和平，我們可以期望國際連鎖旅館業者、餐廳、精品店和其他專做觀光客生意的商店，將在這些低度開發地區蓬勃發展，因此使得觀光業帶動的繁榮與和平之間的連結，在中長期變成能夠自行運作且壯大。

最後，分享觀光業稅收款（記得，若無和平也就沒什麼錢可以分配）將會促進「信心建立」，而且它不需要任何一方的信賴。它也應該會促進巴勒斯坦方面有更多的反恐努力，以及以色列方面減少新的屯墾。如果此一分享稅收方案有助於中東地區和平，也有助於推動有效的反恐行動，那麼更廣泛涉及根本議題的談判大門也就打開了。恐怖活動一旦被摧毀，很少再復活。這個分享稅收的概念是把「和平進程」往正面方向推，而又暫時不需依靠彼此信賴、或彼此接觸的好方法。

如果真的如許多人所認為的，宗教是主導以色列人和巴勒斯坦人分裂的主要原因，那麼觀光業稅收分享計畫就不能奏效以促進和平，但是它可以揭露誰是真正阻礙和平的大石頭，辨認出誰願意因宗教或其他原因犧牲自己人的經濟、社會福祉，可使我們更容易知道要和誰談判，不必和誰浪費時間。接下來就可以開始粉碎抗拒和平的勢力，讓往後的反恐

努力更有焦點、更有效。如此自我執行的追求和平之道,不可能使情況更糟糕,甚至還有機會使情況好轉。

有些人不接受我這種分享觀光業稅收款方案的點子,因為他們深信它不會奏效。他們認為以色列人和巴勒斯坦人,或是猶太人和穆斯林之間的文化鴻溝極深,使得他們對一般的經濟誘因無動於衷。他們認為這種暴力文化無法克服。他們即使看到北愛爾蘭已經不再每日飽受爆炸案的驚嚇,伊拉克數以萬計的舊叛軍正在堅守他們的「關心當地公民」(Concerned Local Citizen)的新角色,仍然堅持這樣的看法。或許他們在以巴這個案例上看法正確,可是歷史卻不支持他們的假設。

直到大約第二次世界大戰開始之前,穆斯林主宰中東的長久歷史中,住在穆斯林當中的猶太人活得幾乎比世界上其他地區的同胞更幸福、更自由。當所謂的摩爾人(Moors)控制西班牙時,猶太人享有穆斯林領袖對他們的寬容。當斐迪南和伊莎貝拉(Ferdinand and Isabella)把西班牙統一在天主教治下時,這份寬容被粉碎了。以色列人和巴勒斯坦人的衝突根源,至少對很多人來說,是因為經濟而不是宗教。宗教是政治上很有用、也很容易操作的原則,寡廉鮮恥的人利用它來號召支持,但是打仗主要不是為了它。打仗主要是為了爭土地,因為絕大多數的經濟活動傳統上要靠擁有土地,所有的傳統社會莫不如此。以色列人及巴勒斯坦人所控制及居

住地區的經濟，依然相當倚重土地，但已經不像幾十年前那樣了。以色列已有現代化經濟，農業的角色已有重大改變。巴勒斯坦人也對觀光業等以服務為基礎的現代經濟有相當大的期待。這些正是自我執行的激勵方案時機成熟的條件。

反對論者犯的毛病是，太快把他們見到人們怎麼做，就當作是他們認定的這些人的核心價值。由於恐怖份子的所作所為看來十分極端、狂熱、難以理解，我們有許多人很快就認定恐怖份子是異類。他們被認為是不能也不肯回應理性討論的人。可是我們已經知道即使是伊拉克的凱達組織（al-Qaeda）叛軍，也會因每天十美元的工資被吸引而改變其作為。把猶太人、穆斯林交往的歷史，和伊拉克前叛軍對數字不大的經濟報酬的反應擺在一起，我們很難看到試試新的經濟做法有什麼不好，尤其是實質上對一方經濟並無損害，另一方卻大有收穫的方案。誠如一首反戰的老歌說的「給和平一個機會」吧！

即使是絕對不相信以色列人和巴勒斯坦人會看重經濟誘因大過宗教原則的人，也應該希望這個分享觀光業稅收款的計畫有機會一試。為什麼？因為它擁有稍早我們就提到的「看不見的手」之好處，這可以直接回答反對論者的關切。我想，我們都可以同意，巴勒斯坦人方面有些強硬派，根本不關心什麼建立堅強的巴勒斯坦經濟這回事，以色列這方面也有人認定上帝除了猶太人之外，根本不要其他人居住在此

地。這些強硬派會無所不用其極來破壞和平。他們將煽動暴力事件以使得觀光客裹足不前。但是我們也應該可以同意，至少每一方都有一些務實派。這個分享稅收款策略可以確保務實派有強大的誘因去確認誰是強硬派，與他們展開搏鬥。務實派將有目前他們沒有的誘因，提供反恐情報給他們的政府，以便揪出誰是強硬派，並阻止他們妨礙這個計畫所應許的大規模經濟改善。因此，應該就更容易找出強硬派、予以懲罰，進而強化每一方務實派的力量。這正是可以向害怕強硬派力量的人士訴求的重點。

我在這本書最盼望展現、也希望我迄今已略有成績的是，藉由努力思考在某一特定問題中所涉及的利益，我們有機會採取「手邊能有的最佳辦法」（best available steps）去確保得到最適的結果。以下的例子將告訴我們，我們不曉得涉及的利益是什麼時，或是刻意去忽視它們時，我們將會自取滅亡。

鼓勵無知

安達信（Arthur Andersen）會計師事務所是因為安隆（Enron）破產後，急欲有所作為的美國聯邦司法部想找一條大魚來炸，而被迫關門大吉的。後來，經過上訴，最高法院無異議一致駁回安達信的定罪，但已經太遲，無法挽救這家

公司。數千個無辜的人丟了工作、失去退休金，以及在一家成功、樂善好施、求新求變的公司上班的榮耀。安達信的高階經營團隊很明顯是無辜的，沒有任何實質罪行。但不幸的是，他們沒有建立有效的監管制度以保護其業務不受查帳客戶不當行為之害，而搞垮了自己。事實上，每一家大型會計師事務所從過去到現在都有這個問題。在安達信這個案例上，我從痛苦的個人經驗曉得他們其實大可避免這樣悽慘的結局。

大約在2000年左右時，安達信的風險管理部門負責人問我是否可以開發一套賽局理論模型，幫助他們評估某些查帳客戶可能舞弊的風險（這是我在前面章節提到我的工作涉及「沙氏法案」〔Sarbanes-Oxley〕的討論之開端）。我前面說過，我和三位同僚建構了一個模型，可預測出一家公司會向其股東及證管會偽造財報的機率。我們的賽局理論模型，加上可以公開取得的資料，使我們有可能提前兩年預測到舞弊的可能性。我們試著找出一套細膩的會計方法——它是任何公開上市公司治理結構的函數（function）——可用以評估舞弊的可能原因。

我們根據模型估計它們舞弊的風險程度，把各公司分類比較。我們所檢視的所有公司當中，98%被預測有近乎零的舞弊風險，這些公司當中僅有1%後來涉嫌財報舞弊。在我們量尺的另一端，大約有1.5%的公司，根據模型所評估的

公司組織及薪酬因素,被列入高度風險榜。這些公司當中竟有高達85%的公司在依此模型調查期間遭到證管會提出舞弊之告訴。這是一個非常有效的系統,產生很少的偽陽性反應(false positives)——某公司沒舞弊,卻指稱它會舞弊;也產生很少的偽陰性反應(false negatives)——指稱某公司不會舞弊,可是它之後卻真的舞弊。

安隆是我們歸類於高度風險榜那1.5%公司中的一家。你可以在後面的表中看到,我們對一些後來遭到重大舞弊罪名起訴的公司之預測。這張表顯示我們對每家公司每年可能舞弊的風險之評估。有意思的評估出現在1997至1999年。這些評估是根據統計學上所謂的樣本外檢定(out-of-sample test)去做的。我在這裏要說明它的意義,以及它是如何建構的。

假設你想知道一家公司有多少機率「誠實」或「舞弊」。利用賽局理論思維,你可以找出幾個因素會促使經營者在公司陷入困難時走上舞弊之路。前面章節我們曾提到幾個這類因素,例如:經營者若要維持權位所需的支持者人數規模;我們也提到有舞弊跡象的早期警訊,例如:與公司提供的財報及其治理結構相比,股利和經營團隊的薪酬低於預期。

我們可以看一些條件,包括所付出的股利數額,可顯示舞弊的可能性;但是,股利支付的幅度對於舞弊風險的影響力,與公司股權有多少百分比由大型機構投資人持有相比,

其重要性如何？後者也是促使公司隱匿或揭露不佳財報的一個重要指標。有些統計程序可以去評估一些變數（例如我和同僚設計的舞弊賽局所提出的因素），以釐清這些因素在預測公司誠實或舞弊的機率時之可靠度（或者也可用來預測其他的研究標的）。

統計學有一種方法叫做「最大可能性估計」（maximum likelihood estimation）能夠派上用場。我們在這裏先不用管這些方法如何運用（詳細來說，我們是使用logit分析），重要的是這些方法對於每個因素、每個變數如何影響結果，能產生不偏的（unbiased）相對權重或重要性的估計。把每個因素的數值（如董事人數、或機構投資人擁有公司股權百分比）乘以其權重，我們可以對公司在未來兩年會是誠實、或是舞弊的可能性得到綜合性的估計。如果這個理論其實是錯的，那麼統計方法將證明方程式中的這些因素或變數，對於估計一家公司是否誠實或舞弊並無顯著（significantly）影響。

我們估計的權重得自1989至1996年數百家公司的資料。由於我們要預測的事情——公司誠實或舞弊——在1995年還不知1997年會否發生，或1996年還不知1998年會否發生、1997年還不知1999年會否發生，以此類推，所以統計估計的權重只能來自在那幾年間我們已知其結果，以及兩年前的輸入資料。因此，我們用此統計方法把資料和已知的結

果配對起來,其最後年份是 1996 年。接著我們用樣本內檢定(in-sample test)所得出的權重,針對不在我們統計年份的其他年份資料估計其舞弊的可能性。這些年份所做的就是樣本外檢定(out-of-sample test)。因此,樣本外的預測是在表中 1997 年以後的年份。當然,由於我們的分析是在 2000 年和 2001 年做的,所以,我們是在「預測」過去。

現在,你可能覺得這很奇怪。它一點兒也不像我已經討論過的一切。你可能會狐疑,預測過去究竟是怎麼一回事?你已經知道事情發生了,還有什麼好預測的?太簡單了吧!但是請記住:在樣本外檢定中,1996 年之後發生的事無一用來創造變數權重,或是挑選重要的變數。由於對 1996 年後發生的事之預測,並沒有利用那一年之後的任何資訊,所以即使那是在 2000 年和 2001 年所做的分析,仍是真正的預測。這種樣本外檢定很有用,可評估我們的模型是否能有效地分辨公司舞弊風險的高或低。雖然從實用的角度來看,並不能說它很有用,但是從驗證模型以及對它未來的表現提供信心的角度來看,它是滿有用的。讓我解釋一下:

預測過去要用在讓被查帳公司避免已發生的舞弊,並不實際,但就促進科學而言或許有助益。如果它能正確預測出過去舞弊的模式(pattern),它在未來就有可能做出正確的預測。

再用另一種方式來看:舞弊模型使用的是公開可取得的

資料。如果安達信請我和同僚在1996年,而非2000年開發舞弊理論,我們也可以建構出一模一樣的模型。我們可以運用從1989到1996年同樣的資料去預測1997年以後不同公司舞弊的風險。這些預測會和我們在2000年以樣本外檢定所得到的結果一模一樣。唯一的差別在於它們會有用,因為它們當時是在預測未來。

大型弊案預測的樣本									
公司	'91	'92	'93	'94	'95	'96	'97	'98	'99
美國銀行	ND	ND	1	5	2	5	5	1F	1
Boston Scientific	ND	ND	4	4	4	4	5F	NDF	ND
Cendant	ND	1	5	4	ND	4F	1F	1	1
思科	ND	ND	ND	4	ND	4	ND	4	NDF
安隆	2	1	4	2	3	4	5	5F	5F
Informix	1	4	4	4F	5F	5F	3F	ND	5
Medaphis	2	2	3	4F	5F	5F	4F	2	ND
Rite Aid	2	2	1	3	4	5	4	5F	3F
廢棄物管理	5	5F	5F	4F	3F	5F	5F	2	1
全錄	1	1	1	2	3	3	5	5F	5F

註:預測:1=風險很低,2=風險低,3=風險中等,4=風險高,5=風險很高。ND代表我們沒有足夠資料做估計;F代表該年被控告舞弊,但這個資料在我們預測時並不知道。

很顯然,我們有很好的監控系統。我們的賽局理論邏輯允許我們預測公司何時可能循規蹈矩,何時不然。它甚至正確預測出個別公司在哪一年的風險高低。

　　譬如，我們的方法（用的是樣本外檢定）「提前」顯示Rite Aid連鎖藥局何時可能在其年報中誠實揭露，何時則不。全錄、安隆、廢棄物管理（Waste Management），以及許多本表未出現的公司，也是如此。我們可以指出安達信負責查帳的公司有哪些有舞弊的高度風險，我們也找出安達信沒替他們查帳的一些公司，舞弊風險極低，安達信應該設法爭取他們為客戶。事實上，這也是安達信委託我們進行這項開路先鋒研究的原始用意。他們可以利用我們發掘的資訊對各公司動態保持了解，然後可以運用模型預測未來風險，安達信就可以據以調整其查帳業務。

　　安達信有沒有好好利用這些資訊呢？很不幸，他們沒有善加利用。和律師及負責開發客戶、主持查帳作業的合夥會計師商量過之後，他們決定最好還是審慎點，「不要知道」各家公司的舞弊風險程度，因此他們並沒有採用這套模型。他們仍然替有問題的公司查帳、簽證，後來也就出事、關門大吉了。他們似乎並不怎麼熱中監看，也未能和已被預測近期內將會有狀況的客戶切斷關係，這是否不尋常呢？依我的經驗來說，並沒有不尋常。不熱中有效監管是賽局理論設計組織結構時十分關切的問題。這話一點也不假，我們將會看到，因為公司往往只有極弱的誘因去知道問題的存在。欠缺監管是理性的嗎？唉，是的，那是理性的，即使最後的結局是安達信會計師事務所熄燈歇業。賽局理論思維使我很清

楚，安達信不會好好監管，但是我必須說，安達信的最高階主持合夥人真的不了解他們擔負的風險有多大。

安達信的內規規定合夥人年齡屆滿六十二歲必須退休，許多人則在五十七歲就辦理退休。這兩個數字就足以說明為什麼該公司只有薄弱的誘因去注意查帳風險。最大咖的查帳客戶往往都是由很資淺的合夥會計師開發進來的。我對安達信一位高階主持合夥人提過，資深的合夥會計師有誘因不去密切關注和大客戶有關的風險。因為退休的合夥人其退休金的多寡要看他歷年來替事務所帶進來多少生意而定。審查一家像安隆這樣大公司的帳，一年的簽證費動輒以百萬美元為單位。我很清楚看到，為何一位資深合夥人選擇不去仔細檢查一家公司是否有很高的被訴風險。

假設一位合夥人在查帳時已是五十出頭或五十幾歲。如果舞弊模型預測兩年後會有舞弊之虞，合夥人知道它指的是該公司舞弊風險極高，因此安達信（或是任何負責查帳、簽證的會計師事務所）有很高風險將會面臨代價不菲的訴訟。訴訟費用來自每年從保留盈餘提撥出來的基金。當然，直到有人提出告訴，聘了律師展開辯護程序，這些費用才會產生。客戶若在財報上動手腳，一般要在舞弊之後三年才會東窗事發，被人控告。這已是模型預測（提前兩年）有舞弊之虞的五年之後。被指控有弊端之後，所費不貲的法律訴訟開始，一般要拖個五至八年才會解決，也就是離原始預測有舞

弊之虞將近十年了。到了這時候,在五十歲出頭時引進這家
客戶的合夥會計師已經退休、享受其退休金了。藉由不知道
十或十五年前預測的風險,這個合夥會計師可以確保自己是
在不知情之下替一家不良的公司簽證。因此,當法律訴訟進
行時,他不太會被原告或檢方控告必須負責。安達信(或任
何負責簽證的會計師事務所)由於口袋多金,又是法律訴訟
的自然目標,就會被要求負起責任。可是,辯護費用要從未
來合夥人的保留盈餘去支付,不是十年前替假帳簽證的合夥
人掏腰包。因此從財務上考量,努力揪弊的誘因十分薄弱。

當我向安達信一位高階主持合夥人指出這種不利的誘因
時,他認為我瘋了──而且還當我的面說。他認為客戶後來
被控舞弊,一定是由經驗不足的資淺合夥人會計師簽證,不
會是即將退休的資深合夥人。我請他再看清楚資料。沒錯,
他大吃一驚!他發現大型法律訴訟經常涉及到資深合夥人督
導的查帳作業。我敢打賭每一家大型會計師事務所的情況都
一樣,我也敢打賭迄今這個狀況都沒有變。因此,我們現在
就明白為什麼合夥人可能並不想知道他要查帳的公司帳冊可
能有假。

為什麼高階主持合夥人不知道這些事實?資料明明擺在
那兒。如果他們仔細考量過激勵誘因,或許就能挽救事務所
不因安隆、日光(Sunbeam)和其他許多弊案而被牽連進代
價高昂的法律訴訟。當然,他們不是賽局理論專家,因此對

於事務所提供的誘因方案沒有深刻推敲。

　　就正面而言，經營階層的誘因要比主辦合夥人來得大。資深經營階層似乎比較關心事務所的長期表現。或許這就是我們稱之為選擇效應（selection effect）的結果，關心事務所前途的人比較可能出任高階經理人。可是，他們也有誘因要幫助同僚開發業務，也就是說他們也希望同僚能夠多簽下財務簽證的委託合約。他們或許也想避免招攬到不良客戶的麻煩，但是高階經理人如果能讓同僚快快樂樂的，也有助於帶進業務，則也可能樂於「不知道」未來是否會出事。因此，高階經理人的誘因也不恰當。有效的監管對他們有好處，可是對於事務所的收入與人際關係卻代價太高。因此許多資深的主持合夥人允許鬆散的監管，以做為這個問題的對策，於是風險評估草草了事，認為涉訟——不是倒閉——是客戶舞弊對事務所所能帶來的最壞結果。承認吧，我們大多數人都會這麼做。

　　我們也必須記住，如果不是聯邦司法部過於積極要提出公訴，資深主持合夥人所做的風險計算，說不定就對了。請記住安達信因刑事罪名成立遭到定罪後於2002年放棄從事會計查核的執照，可是經上訴後罪責被最高法院推翻。遺憾的是，大約八萬五千人已經失業，最高法院的判決來得太遲，保不住安達信的事業。

　　任何人都很難去執行每天盯緊同僚的政策，尤其是當這

些同僚握有推選人選成為高階經理人的一票。在安達信或任何大型的會計師事務所（或法律事務所）這種合夥制裏，主持人是由同僚選舉產生。他們的簽證會計師（而非高階經理人），才是替事務所賺進大把鈔票的中堅部隊。

不鼓勵公司確實揪弊的反向激勵制度，並不是會計師界獨有的現象。我們在保險和銀行業也可以發現同樣的問題。譬如，假設你在1995年要求承保人不再出售董事或高階經營人責任險給像安隆這樣的大公司，而證管會在2001年指控安隆大約在1997或1998年開始在財報上作假。在此之前，安隆是一家口碑不錯的公司。從1995至2001年期間，你的同僚──這些保險承保人一定會很不滿你讓他們少賺了好多錢，根本沒有證據說安隆有不當行為，事實上它是一家賺錢的、前途看好的公司。在他們眼裏，你簡直就是把他們的生意平白送給競爭對手公司。你實在很難去辯駁說，要等五、十或甚至十五年安隆才會露出狐狸尾巴。你可以想像要使同僚認真監控，懲罰不端有多難；因為任何人都必須謹慎，不在握有確切證據前就驟下結論，懲罰員工。誤告客戶舞弊，代價很高；誤信某家公司誠實，也會成本很高。

經營者可以因為今天壯士斷腕切掉營收，以防止明天的大麻煩，而成為英勇楷模；但是，大部分的英勇楷模都丟了工作。對任何人來說，這都不是容易的抉擇。當然，我們每個人嘴上都說，我們做事應該為自己及同事的長期利益打

算，但是要去做長期有利的事，往往在短期成本很高。凱因斯曾經說過：長期下來，我們全都死了（或者說退休了）。今天寧可不做生意，以避免他日涉訟被告，的確不容易。

我們已經探討過，賽局理論預測人們經常基於理性的原因承擔重大風險，因而遭遇重大失敗。我想你可能會說，靠預測為生，應該是天天如履薄冰吧？謝天謝地，我的紀錄還算不錯，但不諱言也有幾次失算。也的確仍有風險，需要進一步修正理性選擇理論，以及我所開發使用的模型。下一章我們將檢討這些問題。

第8章

如何預測不可預測
的事物

從柯林頓的健保方案，到冷戰的預
測分析，模型得到改善

　　這一章要討論的是我的模型的限制，我生平所做的最爛的預測，以及從「預測工程學」產生的可能危險。許多批評我的人一定可以在這裏仔細翻看我的缺失和檢討。

　　我生平最糟的一項預測發生在柯林頓當選總統之後幾個月。當他當選時，人人都清楚他預備推動通過一項全民醫療照護計畫。他指派他人太希拉蕊（Hillary Rodham Clinton）主持專案小組，負責設計此一健保方案。當時我接受一家大型經紀公司委託，去分析國會可能通過什麼樣的內容，以便他們據以設計投資機會。我們今天已經知道，專案小組製造了許多熱切辯論，但沒有就新的健保方案達成任何協議。結果它反而慘遭滑鐵盧。

　　我所做的健保方案分析也是我生平最糟的一項預測。我分析所得到的每一個細節，統統槓龜，帶給我許多教訓，足以改進未來的評估。模型會犯錯有三個主要原因：模型的邏輯未能掌握到人們做抉擇時，腦子裏真正想的是什麼；輸入模型的資訊不正確──輸入垃圾，產出當然也是垃圾；發生了超出模型參考架構的事情，以致情勢生變，使它脫離軌道。我的健保方案分析就發生了最後一種狀況。

　　在1993年初，我對於1993或1994年國會會通過的可能內容做了預測。某種程度來說，上述所提到的三種局限幾乎都發生了，也成為我個人最好的學習經驗。但是總的來說，主要問題出在發生了一件無法預見到的事，完全改變了健保

改革案要通過國會立法的環境。當然，預測所要做的就是預測無法預見的事物。任何人都可以預測說，太陽從東邊升起，又從西邊落下。但是天底下就是有無法預見到的事情，而且還真是令人意外。我們以下細述健保改革方案的進展過程，我想你會了解我的意思。

雖然提供資料的專家們認為全民健保方案中的許多項目——包括長期照護、納入保險的人口有多少、藥品成本、聯邦及州政府如何分攤各項健保經費支出，以及員工的費用、健保總支出，甚至有關輔助照護等問題——將會得到國會通過，實際上卻一項也沒兌現。模型預測，當時權勢如日中天的伊利諾州眾議員、眾院歲入及歲出委員會（Ways and Means Committee）主席羅斯坦考斯基（Daniel Rostenkowski）是健保法案在國會能否過關的重要關鍵。可是，羅斯坦考斯基卻在1993年時被反覆調查，而在1994年遭到十七項貪瀆重罪罪名起訴（日後亦被定刑），而1993年時正是柯林頓政府如火如荼推動健保法案之際。羅斯坦考斯基對健保法案的關切程度當然大幅減低，首先是因為預料難逃被起訴而分心，後來更因必須奮力保護個人名譽、維持在國會的領導地位、並且力保沒有牢獄之災，而更加心不在焉。他的一切努力全都失敗，我的預測是以他積極支持健保改革為根據，當然也槓龜。因此，和我的預期完全相反，國會根本未通過任何健保改革法案。

羅斯坦考斯基遭到起訴對我進行中的分析產生破壞性的大震撼，我稍後會說明為什麼。我的模型假設在健保改革談判、交涉的過程中，基本條件沒有變化；結果這是錯的。我的客戶非常不爽我竟然槓龜，我自己也很惱火，但至少我學到了重大教訓。稍可告慰的是，如果從資料中去除掉有關羅斯坦考斯基的因素再重做分析，找又樣樣都料中。剔除掉有關羅斯坦考斯基的因素之後，模型顯示在眾議院內不會達成協議，也就是不會有所謂全民醫療照護計畫。但是，當然這是有了後見之明去做的分析，對客戶已毫無幫助。更不用說，客戶並不理解、也不會寬宏大量，此後再也沒找我提供顧問意見——我非常失望，因為我會很盼望有機會向他們證明模型的價值，而且免費重做分析，但是他們不接受。我又怎能怪罪他們？他們投下寶貴的時間和大筆的金錢讓我做分析，卻得不到一絲一毫的回報。

我的研究找到了什麼？它為什麼找到它們？我們始且稱之為「羅斯坦考斯基研究案」。這個案子玩家名單很長，包括好幾位國會議員、希拉蕊，來自養老院、美國退休人士協會、製藥業的健保專家顧問、各行各業大小企業雇主等等。許多議題相對來說很難在模型本身邏輯之內解決，結果花了許多回合的談判演算、設定立場和資訊交流，才得出似乎穩定的一個結果——也就是可在參眾兩院獲得通過的結果。很明顯，它還需要比起一些關鍵玩家所願接受者更多的妥協。

另外也很明顯的是,研究必須至少涉及兩個不同的階段(也很可能多達四個階段)。

第一階段,在許多涉及立法決定的分析中也很常見,是專注在遊說及尋求支持(jockeying for)立場的時期。在這個階段,所有與結果有利益關聯的玩家都在分析之列。這還包括許多在參眾院投票表決、並將其結果送呈總統簽署(或否決)時,上不了台面的利害關係人。類似藍十字/藍盾保險公司(Blue Cross－Blue Shield)或美國醫學會(AMA)等極力反對柯林頓計畫的組織,以及強力支持計畫的一些工會領袖和地方政府,都和決策者一樣包括在遊說階段中。接下來,遊說賽局告一段落(依據模型的規則),分析就進入次一階段。由於遊說階段的拉扯角力,許多玩家的立場會有變化。由於有人提出折衷妥協方案、或是提出威嚇,他們會有所反應。因此,在這個第一賽局結束時,決策者雖邁向下一階段,卻未必是帶著對個別健保議題的原始立場。他們進入第二階段時的立場即是根據模型對他們的預測立場。

在第二階段,決策者相互抗拮。工會領袖、美國醫學會、媒體、藍十字/藍盾和地方政府、州政府,統統沒份,希拉蕊也不再位於局中。沒錯,她在遊說階段一定有影響力,但她沒辦法參加國會的表決。從模型的角度而言,不論她在跟她的總統老公講悄悄話時有多大的影響力,遊說階段告一段落,她的影響力也就到此為止。柯林頓總統和其他

人，在第一階段有充分的機會屈服於她的主張、接受她的立場，或是抗拒她的要求。

第二階段預測參眾兩院都會通過一項包含廣泛的法案。它也預測，送到柯林頓總統面前的法案是他可以輕鬆簽署的東西，雖然它已非希拉蕊所喜愛的版本。因此，這時候不太需要進一步分析參眾兩院領袖對法案確切內容的談判，也不需要詳細研究否決的風險，以及推翻否決的機會。這些都已不是問題的重點。

數字輸入進行演算後，出現四個攸關了解健保改革會如何發展的重要結果。第一，希拉蕊是個不尋常的利害關係人，原因不在她是第一夫人，而是因為她呈現出寧願失敗也要堅守原則的特質。儘管各方壓力紛至沓來，她在我所檢視的每個議題上幾乎都屹立不動。這個特質在民主政治中相當罕見（雖然許多人認為小布希總統也用這套虛張聲勢方式做為談判手法）。沒錯，我從前做其他研究時也看到這種死守立場的情況。奈及利亞已故的將領阿巴恰（Sani Abacha）是我多項研究的重要焦點——我沒有不敬之意，絕不是要拿希拉蕊或小布希與阿巴恰做實質對比，只是討論他們的談判風格。阿巴恰很少改變立場，其實他也根本用不著改變立場。他可以獨斷地要求結果。希拉蕊也很少改變立場，但是從務實的角度來看，她需要妥協。所有的證據顯示，當柯林頓卸下總統職位，希拉蕊轉戰參議院後，她已十分善於判斷何時

要顯示實力，何時要通權達變。在當今之世，她若是能伸能屈，必有好處；但是，當年的模型說她只曉得硬幹。

以當時的語言來說，希拉蕊在政治上剛愎自用，聽不進異議。說句公道話，在此之前，她從不曾參選過公職，也一直不是政客。但是她僵固地寧折不屈（最後也求仁得仁），卻喪失掉與那些自認被排擠在討論之外的人士妥協折衷的機會。這些人士包括如美國醫學會、大多數的製藥公司等重要的利益團體，即使只從他們那裏得到勉強的支持，也會使得推銷健保改革方案更加輕鬆。的確，分析也顯示：若是柯林頓的健保改革專案小組給予適當的回應，美國醫學會在許多議題上會比當時一般公認的立場更有彈性。他們有可能被爭取過來，支持一個可在參眾兩院過關的計畫。

第二個醒目的結果是，柯林頓在模型邏輯之內的交涉風格。想要操縱取得致勝立場，有兩個方法。一是說服其他人接受你的觀點，一是你去遷就、採納他們的觀點。模型邏輯之內的柯林頓——我並不曉得他在幕後有什麼樣的折衝斡旋——屬於後者。這可能是因為我為蒐集輸入到模型的資訊所用的專家小組，認為他對大部分健保改革議題的關切程度溫和，加上立場相當中間，甚至略微右傾有關。

依據模型的說法，柯林頓總統會嗅出最強大的同盟在哪裏，然後向他們靠攏。他有如以一根濕手指伸向空中以探測風從哪裏來。如果希拉蕊當時的原則是「無畏艱難險阻，

堅持信念」，柯林頓的原則就是「不問內容為何，全力求勝」。做為事後諸葛，事隔十五年後行文至此，我認為這個說法相當吻合許多人對柯林頓治理風格的評語。

　　第三個顯著的結果是，回顧希拉蕊專案小組許多成員的個人信念後，赫然發覺他們實在差勁。他們比希拉蕊更開放、可接受妥協，可是他們不敢冒犯她，因此他們向反對者的退讓不多，不足以營造求勝的橋頭堡。用模型的詞彙來說，他們向她屈服，未能發覺自己其實有更多潛力可改變她的主意。

　　第四個結果，真正影響重大的結果，就是羅斯坦考斯基——掌控著眾院歲入歲出委員會財源——沒有上述這些限制。他技巧靈活地操縱——我還是依據模型預測來講話，我不曉得實際狀況，只曉得結果——他知道如何改變國會其他玩家的想法。他曉得如何重新塑造總統的思維，以及專案小組中許多人的觀點。他也很有技巧地處理反對派的遊說及利益團體。

　　模型從羅斯坦考斯基身上看到什麼柯林頓夫婦及其他玩家所欠缺的？當然，健保改革計畫要成功，首先要有財源，而這正是羅斯坦考斯基可以發揮最大影響力的領域。不足為奇，專家資料在有關健保改革方案財源的問題上，都公認他最有力量。他在這個問題上，立場溫和保守，希望大部分的負擔不要落在聯邦預算上面。在這個問題上，一般認為柯林

頓主張更加保守的立場。因此，羅斯坦考斯基被認為在兩人
之中較為溫和；在這問題上，他被認為跟總統一樣有實力。

羅斯坦考斯基被擺在背後有極大支持力量的一個點上面，他有足夠的關切程度去影響別人（但又不是過度緊密和投入），他周遭是代表各種形形色色勢力的小點，他們抗拒他的力量相對較小。在這樣的環境裏（依據模型的邏輯），羅斯坦考斯基被拱為領袖，可以移動別人往他的立場靠攏。他找到合適的論據、合適的機會、合適的目標去甜言蜜語或虛言恫嚇，因此預期得勝的立場會很接近他所要的立場。他不必自己迎向得勝的立場，他把它拉向他的立場。因此，在一個又一個的健保議題上，由於他牢牢掌控住財源，羅斯坦考斯基所要的大多數可以如願以償。喔，除了那十七項重罪罪名他無可奈何之外。它們不在我分析之列，也的確是無法預見的事物，這正是情勢丕變之關鍵所在。遭到起訴是外生的（exogenous）震撼——那是來自外部的產物，與健保議題無關的未經檢驗的力量。

政治界和企業界對於未預料到的震撼都很脆弱。有了羅斯坦考斯基研究案的慘痛經驗，我發覺我需要找出方法去預期無法預測的事項，才能把它們納入考量。但是，你要怎麼去預測無法預測的事項呢？是呀，雖然我們不可能預測無法預測的發展，我們卻有可能預測需要有多強的「地震」才會擾亂預測。即使我不知道它們的確切源頭，我已找到如何預

測擾亂的強度和規模。我們稍後將討論，自從把這個元素納入我的研究之後，我發現了什麼。

我是怎麼找到解決這個問題的方法，它本身就是個有趣的故事。大約在羅斯坦考斯基的事件導致我思考隨機震撼（random shocks）之時，當時在俄亥俄州雅典市（Athens）的俄亥俄大學任教的世界知名歷史學家賈迪斯（John Lewls Gaddis）——現已轉任耶魯大學教授——邀我和他及他的學生共度一個星期。賈迪斯曾在1992年撰文，聲稱國際關係理論徹底失敗，竟然預測不到1991年的波斯灣戰爭、蘇聯的瓦解，以及冷戰的結束。耶魯大學的盧瑟特（Bruce Russett）和范德比大學的雷伊（James Ray）這兩位知名的政治學家回應說，賈迪斯沒注意到我的理性選擇預測工程學的研究。❶ 他們認為這一領域的研究應該被視為嚴格的科學理論，不是在結果已經廣為人知之後才塞進資料去套的一種演算。

賈迪斯注意到盧瑟特和雷伊說他忽略了我的研究的說法，這使得他邀請我到俄大去作客一個星期。他心中頗為懷疑，也毫不隱瞞地表達出來。他是一位南方紳士，以最文明的方式表達他的懷疑，但是，我還是答應到俄大去——賈迪斯期望他們師生可以揭穿我的模型只是一種江湖戲法。

我同意把我的方法運用到賈迪斯師生認可的任何政策問題上，不過我也訂了兩個限制。第一，他們必須非常嫻熟他

們所選的議題，才可以提供給我模型所需的資料，因為我不可能是該議題的專家，而且資料來自懷疑者是最好不過。第二，這個議題必須是可以在幾個月到一、兩年內即可得知結果的議題，不能拖得太久，以致無法及時判斷我的模型邏輯對不對。我希望是檢視一個我們可以互相討論的事情。他們可以知道我在事實發生前就做了預測，而且時機合適的話，他們可以回頭去看我說了什麼，拿它和後來實際發生的事做比較。

他們選擇讓我分析的議題即是後來的1994年美國職棒罷賽事件。我針對下列議題做出詳細預測：是否會罷賽（模型說，是）；當年的世界大賽是否辦得成（模型說，不）；柯林頓總統最後是否會介入（模型說，會）；而他的介入是否能結束罷賽（模型說，不能）。我在課堂上訪談了兩、三位學生棒球專家，然後當著全體學生的面跑電腦模型。我即刻在現場分析結果。這麼做，學生曉得除了在課堂上蒐集的資料和我的模型邏輯之外，沒有其他任何東西進入我的預測。這些預測事後證明全都料中了。

在我告別俄大之前，賈迪斯教授建議我寫篇論文，把模型運用到冷戰的終結這個大題目。他特別提議，要我研究若僅根據第二次世界大戰剛結束那幾年決策者所能掌握的資訊，模型是否能正確預測到美國將贏得冷戰。換句話說，他要求的是我在驗證企業舞弊模型時所做的第一型（type I）

的樣本外預測。因此,我在羅斯坦考斯基研究案和棒球罷賽分析的經驗,綜合起來提供了動機和架構去評估冷戰的終結。我的這項研究(只運用1948年以前可得到的資訊)有助於我納入及測試我對模型遭遇外生震撼的新設計,而且基於我在研究健保案出糗,更覺得有必要做。

我接受賈迪斯的提議和我在健保案的出糗經驗,思考著如何預測天生無從預測的事件之結果。我整理出一套資料,我的模型可用以研究終結(或持續)冷戰的各種路徑。關於利害關係人立場的資料,是根據1948年時世界各國與美國或蘇聯共享的安全利益之親疏程度而定。我用以評估共同利益(shared interests)的程序,是依據我在1970年代中期發展出來的一套方法,❷這個程序把每兩個國家一組的軍事聯盟關係的相似程度逐年評比。對於與同一些國家、以同樣方式結盟的國家,被認為具有共同的國家安全利益;而以明顯不同的方式結盟者(例如美國還有蘇聯),則被認為具有不同、甚至對立的國家安全政策與利益。

1948年時的聯盟模式之相互關係,再與每個國家在1948年的相對影響力之資訊結合起來。我運用當時設在密西根大學的「戰爭關聯研究計畫」(Correlates of War Project)所開發的一套標準資料,去評估各國影響力。這些資料以及我的國家安全利益測量方法,有興趣的人都可上網去下載。它們位於EUGene這個網站,這網站是由兩位有心複製我對

戰爭的一些研究的政治學教授所架設的。❸

　　資料中的每個國家——我專注於國家而非個別決策者，是要使資料單純，別人易於複製——我給定一個最高的關切程度數值，以反映二戰結束之後國家安全問題的急迫程度。為了要用這些資料來預估因國家安全政策變動所預期的得與失，模型把所有的兩國一組組合加上這些資料跑一百次。每跑一次都有五十個「交易期」（bargaining period），這些「交易期」被視為相當於年，因此該模型用以預測大約從1948年起至二十世紀末這段冷戰期間，會發生什麼事。

　　每個國家的關切程度數值，每年給予1至4分的隨機變動數值。對我來說，它應該夠高到足以掌握各國的注意力可能轉向的步調，而又不會太高，應可反映在相對短暫的時期裏，國內或國外可能的變動。當然，這裏或許可以給予較高或較低的機率，因此它只不過是我對由1至4的「震撼」之個人判斷。

　　關切程度的任何變化，反映出國家安全考量主導政策形成的程度、或是對其他議題（如內政事務）的關切程度發生了假設性的變化。因此，關切程度的資料被「震撼」以掌握1948年之後可能發生的政治「地震」的範圍與強度。這是基於我訪問俄大以及健保方案預測失敗的經驗，我對於我的模型所做的創新。從此以後，我發展出一個新模型，納入方法隨機更動不只是關切程度，也更動潛在影響力、立場的指

標,甚至某一利害關係人留下或退出賽局。

然而,聯盟關係之資料未用以測量共有外交利益的程度,而且影響力的資料也並未將1948年之後的實際狀況列入考量。即使有了隨機震撼的關切程度,聯盟關係之量度只會因應模型的邏輯及其動態而改變。所有國家的聯盟相互關係之變化,乃是蘇聯或美國是否將得勝、或是他們將會持續爭奪全球霸主地位鬥爭的指標。

因此,這是設計來預測無法預測的事物之分析方法——也就是針對各國政治,以安全政策為首要議題,研究其關注程度之起伏變化。以隨機分配的震撼,經過充分的反覆演算(當時由於電腦計算十分耗時,我只做了一百次;今天,我可能會做一千次以上的演算),我們應可看到在國安領域上可能的發展之範圍。然後它們應該讓我們能夠預測冷戰的三種演變的相對可能性:(一)冷戰將在我所模擬的五十年之內,以美國清楚得勝結束;(二)冷戰將在同一時期之內,以蘇聯清楚得勝做為結束;(三)蘇聯和美國都未能得勝,冷戰將繼續下去。

我有什麼發現?模型顯示:各種劇本中關切程度經過隨機震撼後,有78%的機率認為美國將和平地贏得冷戰,時間落在1950年代初期至中期,或是更有可能落在1980年代末期或1990年代初期;而有11%的模擬演算,認為蘇聯將贏得冷戰;剩下的11%則認為冷戰將持續到超過我的調查所涵

蓋的時間。簡單地說，我的發現是，1948年政策利益的匯合，已經預示了美國將勝過蘇聯。照賈迪斯的說法，它是個崛起中的財產（an emergent property）。這話一點也不假，即使起始點的1948年，是北大西洋公約組織和華沙公約組織都尚未成立之前，它們幾乎都在每個演算中冒出來，可是根據模型的邏輯，每一回合國家的立場都會有變化。❹

選擇1948年做為起始年其實是格外具有挑戰性，因為那時候大家都很關切西歐許多國家會變成社會主義國家。那時也有許多人認為共產主義勝過資本主義、專制勝過民主，乃是歷史的必然。就工程製作面而言，要改變事件的發展方向當然已經太遲。可是，模型在這個層面卻十分挑釁，它暗示我們錯失了提早贏得冷戰的機會。機會之一即是史達林逝世之時（當然這個資訊並未納入模型），而事實上當時的決策者也的確思考過此一可能性。他們認為或許有機會把蘇聯的東歐盟國拉進西歐陣營。我的模型認同此一想法。美國的決策者沒有追求此一可能性，原因是擔心會導致和蘇聯開戰。我的模型可就不以為然了，它預測當時的蘇聯已經為了國內問題焦頭爛額、忙不過來，只能相當無助、必然相當遺憾地眼睜睜看著東歐帝國分崩離析。當然，我們無從知道誰是對的。我們只曉得又過了幾十年，在1989年至1991年間，東歐集團的確瓦解了。

因此，在羅斯坦考斯基研究案和賈迪斯學生的協助下，

我得以證明美國贏得冷戰的機率有多麼大。冷戰此一案例，以及前文檢視的企業舞弊案例，提醒我們預測若是往後回顧，也幾乎可以與往前前瞻一樣有成績。不是人人都像賈迪斯如此大肚量，承認賽局理論模型或許也有助於釐清重要議題；當然也不是人人應該如此寬宏大量（我不是說人們寬宏大量不是好事）。但是有人批評挑剔，才是進步的動力。

有許多好理由來駁斥這類模型的推演，或至少是對它質疑；當然也有許多壞理由。除了我模型裏頭技術性的失敗，它還有一些明顯的局限，因為它只是模型，當然不是真實（reality）。它只是簡化地略微一覽真實。它只能藉由仔細檢驗循著其邏輯出現哪些普遍的命題（general propositions），以及評估真實有多麼呼應這些命題，來評估這個模型的效力。不幸的是，人們有時看到許多方程式，就認為：「真實的人不可能做出這些繁複的計算，因此顯然真實的人不會這樣想。」我每學期在所開的各門課上都聽到這個說法，我總是回答說，反過來才是事實。真正的人或許做不到模型之內那麼繁複的數學計算，但是即使他們不曉得如何以數學方式呈現其分析的思維過程，這並不代表他們的腦子裏不做相當繁複的數學計算。

若是將這些方程式拿給職業網球選手看，告訴他們用下壓旋球將球擊到對方球場最遠的角落，且讓球的落點剛好在線內，球速為每小時九十英哩。當然這些職網選手會對這些

方程式感到十分困惑。然而,職業網球選手在擊球時,他們的行動卻像是做過了我剛才描述的那些計算似的。如果是列入全球排名的選手,大部分的時候都能很成功地擊出這樣的球,即使手臂的速度、雙腳的位置、球拍的角度等等都必須在瞬間決定,同時也必須計算出從對方飛來的球的速度、角度及旋轉方向。

由於模型是現實狀況的簡化表現,所以永遠有改善的空間。在增加複雜度和保持事情有辦法處理這兩者之間,永遠都是取捨(trade-off)關係。只有當精準度和可靠性的改善,大於模型增加假設條件的成本時,我們才會去提高複雜度。當然,這是大家都知道的儉省原則(parsimony)。這些年來,我對我的賽局理論模型,做過小規模的改善,也有過大幅度的改善。我最初的預測模型是靜態的,它呈現的是在一項議題上一次資訊交換會產生的影響。就此而言,它是一個好的預測工具,但在做預測工程上就不夠好了。當我苦思在估計人們承擔風險的意願,和估計一對一競賽中輸贏的機率上面,我的靜態模型要如何改善時,我也在思考如何讓程序能夠動態化。畢竟真正的人類是動態的。人們是會改變心意、會改變立場、會協商,而且當然還會虛張聲勢和背棄承諾。

在創造靜態版模型後,大概過了十年,我終於做出令我滿意的動態模型。那就是我在這本書裏大部分討論中所說的

模型。在過去幾年當中，我在鑽研一個全新的方法，是根據一個比我在前面第三章所提到的賽局，還要更細緻微妙的賽局。這個新模型的初步測試結果顯示，它不只能產生更精準的預測，還能更忠實地捕捉到賽局的動態變化。它還有一個附帶的好處，讓我能夠同步評估跨議題，或相同議題不同面向的取捨關係。它也讓我有機會可以評估從一回合一回合的談判過程中，每個玩家的關切程度和影響力是如何變化的。這是舊的模型無法做到的。我在最後兩章，將應用這個新模型在一些當前的外交政策危機和全球暖化的議題上。這是我首度讓自己暴露在可能被我的新模型糗到的風險中。

發現的過程永無止盡。做這類研究背後的挑戰和刺激在於：不斷發現更好的方法可以幫助人們以邏輯及證據解決現實中的難題。雖然，不是每個人在這類的新發現上，都和我一樣的熱中。

有些批評的聲浪反對預測人類的行為。他們擔心政府或企業會濫用這項知識。他們關心的是將人降格到數學方程式的道德問題。對我而言，這是很奇怪的反對理由，尤其因為這些反對大部分出於那些原本就對政府政策的品質及企業行為不滿意的人。我的一些學術界同事，特別反對將國家安全事務方面的意見，提供給情報界，「邪惡的」中情局。他們似乎認為政府不應該擁有最佳的工具，讓他們用來做出可能的最好選擇。我不贊同那樣的看法。如果我們要政府做出

更好的決策,我們就應該願意提供協助,幫助它改善政策決定。

是的,任何工具都有被濫用的風險。但是科學就是要了解這個世界是如何運作的。究竟什麼可以讓世界變得更美好,每個人的個人觀點都不同,而規範資訊的不道德使用,是政府官員和公民都要努力的。更進一步而言,當我們認為我們的專長可能會被用來醜化整個世界或是我們周遭的世界時,我們每一個人對於保留、善用我們的專長都有一份責任。

■　■　■

我若不想幫助某人達成其目標,就會婉拒他的委託。譬如,多年前有人聲稱代表利比亞政府,找上門來。此人要我設想如何加速推翻當時由沙達特(Anwar Sadat)領導的埃及政府。這位仁兄提議送我飛到瑞士日內瓦做研究,以避開美國政府或其他國家政府可以用法院傳票調閱我當時仍很原始的模型演算結果。他表示願意付我一百萬美元的重賞。雖然這看來不假,但我無從判斷這是真心的接觸還是騙局。我當下就謝絕,並且立刻向聯邦政府相關部門備案。

幾年之後,又有人接洽,要我幹一樁並不高尚的事。這人自稱是薩伊總統莫布杜(Mobutu Sese Seko)的代理人。莫布杜保住權位的機會已相當渺茫;薩伊經濟低迷,他的士

卒軍心動搖，由於他已罹患絕症，忠心的追隨者也開始動搖。他們擔心莫布杜下台後，誰能夠保護他們，照顧他們的財務利益。這位仁兄想要知道，我是否能找出方法挽救莫布杜對薩伊的控制；倘若成功的話，願以莫布杜境外財產的一成做為我的酬勞。我知道這很難令人相信，但還真有其事，這還是寡廉鮮恥的奈及利亞人大搞網路銀行騙率，鬧得全球風風雨雨之前的事。

當時傳聞莫布杜的身價在60億到200億美元之間。如果傳聞屬實，如果我能夠設計使他繼續在位到他安詳去世或自願下台，如果我願意這麼做，我說不定已經賺到難以想像的鉅額獎金。但是，即使他的財富無庸置疑，我的答覆還是一樣。就和那位利比亞說客前來探詢時一樣，我也立刻敬謝不敏。我深信莫布杜的困難是一個分析性的問題，可以有解，但是再多的報酬也不能買到我的服務。我當時只想到，我怎麼又被這些我寧可不被他們知道的人盯上了！我再次接觸政府相關部門報備。

當然，我個人判斷要不要和誰做生意，可能會與別人的判斷不同。我找不到正當理由可以協助任何人去推翻沙達特。沙達特甘冒著生命危險——後來果真不幸殉難——真誠地、成功地推動和平。莫布杜的情況就比較複雜一點。在他這個個案上，道德倫理的問題比較小。但至少有一派的主張是（這點我並不同意），不論是誰來接班，說不定比起莫布

杜更是個大壞蛋。在當時，甚至在他剛被推翻的頭幾年，剛果似乎並未朝著改善的方向前進。然而，對我而言，答案很清楚。至於別人呢？天曉得他們是怎麼從正、反兩面評估如何運用科學知識去協助或阻止像莫布杜這樣的獨裁者。

有些讀者或許認為，我不應該運用賽局理論去協助大企業在訴訟案件中獲得好的和解，特別是民事案件中他們的對手花不起錢（或選擇不花這種錢）得到類似的協助。也有些人或許認為，我對原告的協助做得不夠多（雖然我的公司樂意協助原告，可是很少有原告來委託我們）。更有些人或許會援用律師的格言：人人有權利得到他們能爭取的最佳辯護。我們大家都有自己的標準去決定如何運用或不用我們的知識與技能，而其實也應該如此。

最後，我相信科學知識的進步幾乎總是會改進人類的狀況。如果我們把自己變成十八世紀英國歸咎於機械生產造成失業、起而反抗的工人，我們就會拱手把知識的優勢送給別人。請記得，伽利略（Galileo）受到天主教會迫害後，物理學在義大利就式微，歷經幾個世紀，直到費米（Enrico Fermi）出現。儘管在義大利受挫，物理學的研究並未停止。它移到新教徒的北歐，使得義大利遠遠落後。同樣的，中國出現扼殺科學的做法，使得一度在科學知識和發現上領先群倫的她，也湮沒到科學的荒廢園地去。中國的皇帝們選擇讓臣民成為井底之蛙，不去仰望天空繁星。中國迄今仍在

奮力彌補過去造成的落後。我希望我們不會犯同樣的錯誤。以我個人來說，我依然努力不懈要找出方法改進我對人類的策略行為如何運作的了解。這正是我繼續從往昔錯誤中汲取教訓的主要動機。

誠如我稍早說過，我們在本章也看到，預測可以往後回顧，幾乎和往前前瞻一樣有貢獻，不僅讓我們理解發生過什麼，也可以理解或許會發生什麼事。因此，下一章我們將從歷史中找些樂趣。我們將檢視第一次世界大戰和第二次世界大戰如何可能避免掉，斯巴達如何或可避免在伯羅奔尼撒戰爭大勝之後卻覆亡。固然大家都曉得哥倫布1492年航海大發現的故事，卻不知道他的經驗也代表一個有趣的交涉談判問題——其結果說明了為何西班牙肯資助他的冒險，為何葡萄牙及其他國家卻不肯，而永遠改變了歷史的進程。以賽局理論的顯微鏡回顧過去，我們開始掌握到我們所知的歷史背後的邏輯（以及歷史並非那麼的必然），有時我們也不免哀歎竟然錯失了可以改變歷史進程的策略選擇之機會。

第 9 章

笑看歷史

以斯巴達、哥倫布、兩次世界大戰
為例,模型顯示只要改變一些策
略,就能改寫歷史

以下是四大歷史事件的問題和簡答：

為什麼斯巴達在伯羅奔尼撒戰爭（Peloponnesian War）
大勝之後，短短三十三年就喪失她在希臘的霸主地位？
因為斯巴達人愛馬勝於愛國。

為什麼斐迪南和伊莎貝拉（Ferdinand and Isabella）決定
資助哥倫布？
因為哥倫布決定接受低薪報酬。

第一次世界大戰如何可以避免？
若是英國海軍當年夏天出巡亞得里亞海一下就好了。

第二次世界大戰如何可以避免？
德國社會民主黨對教宗和善一點就行了。

如果斯巴達人不是那麼沉迷於賽馬，我們今天可能都要
說希臘話。如果英國人在1914年外交手腕靈活些，奧地利
人和日耳曼人今天可能都要說英語（其實今天也有許多德國
人、奧國人都會說英語）。或許也因此根本不會發生俄國大
革命，希特勒或許就當個畫師，而第二次世界大戰、冷戰或
邱吉爾（至少是我們所知道的他）也不會出現，或許大英帝
國仍是日不落國。誰知道呢。但是我們大概可以估計，如果
斯巴達人少賽幾次馬，如果1914年英國的外交官送些海軍

到亞得里亞海，如果德國社會主義黨在1933年對天主教徒多幾分寬容，情況或許會如何發展。

我們對過去的決策者也要公平。他們就像今天的決策者一樣，受制於困難的抉擇、複雜的誘因和淺陋的見識。當然，他們若有隱形轟炸機、核子嚇阻力量或高速電腦等等利器，他們的表現可以更好；問題是他們並沒有這些利器。這是否代表他們的手被綁住？以某種意義來講，是的，他們的手腳被綁住了。他們明白他們所知的，但是沒有技術或科學基礎去做得更好。但是就另一種意義來講，我們不應該低估他們可能有能力做到的。他們擁有邏輯，而我們不能不承認，邏輯就是邏輯。基本的邏輯一千年也不會變。若是能集合夠多的人才坐下來，在算盤上算一算，或在沙上塗塗寫寫，他們或許就能產生一個像是我的、甚至更棒的模型。

我將在本章中探討所有這些問題及其答案。可是，要這麼做，我必須再略加解釋，如何務實地思考改變世界之道。我們當然可以玩類似「假設拿破崙在滑鐵盧之役擁有一架隱形轟炸機，那麼就會……」的遊戲（可能沒有幾挺機關槍來得有用吧！）──但是他沒有，也得不到。我寧可玩實際的遊戲。我們在這兒就要這麼做。我們要問：假如實際的替代策略派上用場，某些世界大事或許會如何不同。因此，我們要如何思考過去可能如何演變呢？答案是：思考人們可以做什麼但選擇不做它，以及為什麼不做它。

　　我認識某君專門從政治脈絡研究宗教史。他對於俄羅斯宗教史特別感興趣，尤其是政府推動無神論七十年，宗教竟然還能存活這一段。他一度既困惑、又感興趣地告訴我，我和歷史學者不同的地方在於我花95%的時間思考沒發生過的事。他可能說的沒錯。從許多歷史學者的角度看，事情的結局是什麼，不是無可避免的，就是另一個極端——是變化多端的「偶然的結果」。

　　我沒有太看重歷史的必然論。如果那是對的，就不需要努力當個政治工程師、預測工程師了。所謂歷史是一齣戲，我們按照劇本演出，沒有太多的自由，這其實是很愚蠢，甚至可說是非常邪惡的說法。它把任何人做的任何事，不論有多可惡，統統合理化。這種觀點有如「要怪就怪編劇，別怪演員」一樣。我根本懶得去猜誰是編劇。

　　反之，若說構成歷史的種種發展，主要是一連串的偶然，我也一樣認為荒誕不經。如果我們只能呆坐著扳指頭，偶然的發展就會讓我們像物理學家的分子那樣隨機運動，那我們為什麼還要為理想而戰、定期選舉、建立軍隊、資助研究、推動文學、創造藝術或書寫歷史？當我們做每件事幾乎都被策略行為及其後果包圍著，我們怎能否認我們的主動性呢？

　　總之，我們所知的這個世界可以這樣，也可以那樣發展。也因此，過去和未來都不會循著一條不可避免的路徑前進。每一事件發展轉折的背後總是有偶然的因素，但是這些

偶然事件很少影響到未來大局。二戰期間德國攻打蘇聯失利，天候惡劣可能是個重要因素，但是希特勒決定延遲進攻，而把注意力轉向南斯拉夫的問題，則是經過計算的冒險。他事後是後悔了，但他依舊是了解延遲進攻會增加德軍面臨惡劣天氣的機率。

2006年12月23日發生在伊朗巴姆（Bam）規模6.7的大地震，當然超乎任何人可控制。它造成兩萬六千人死亡，也就是當地十四萬兩千人之中有將近兩成的人喪生。有意思的是，就在幾天之前，南加州小鎮康比利亞（Cambria）也發生一場規模6.5的大地震，可是附近地區人口將近二十五萬人，卻只有三人不幸喪生。1989年的洛馬普雷塔（Loma Prieta）地震在舊金山、奧克蘭地區奪走六十八條人命，此一大都會區人口超過五百萬。這場地震的強度是巴姆地震的五倍，但喪生人數僅佔總人口極小比例——我絕無看低悲劇的意思——而巴姆的死亡人數卻十分可怕。加州和伊朗的地震喪生人數有極大差異，是偶然事件？是不可避免？或者是策略決定的結果？

大眾傳媒當時提出的答案是，巴姆老百姓住的是土屋和石屋，加州人民則不是。可是我們必須問：為什麼具有豐富油源的富國，它的老百姓住的是土屋？也有人說，地震、洪水、乾旱、飢荒都是天災——彷彿住在世界某一地區的人就活該倒楣似的。這些都是災難性的天然事件，這毫無疑問，

但它們真的是天然災害嗎？當然，從政治或社會角度來看，類似的可怕事件都是隨機產生的。它們的起因遠超過人類所能控制，至少以今天預測地震、颶風、乾旱、海嘯的知識而言，確實如此。但是，它們的後果絕非如此。

獨裁國家因天然劇變而死亡的人數，遠遠高過民主國家。民主政府有做災害準備，制定建築法規，使得類似地震事件發生時增加存活的機會，儲備食物、衣服及安置災民。為什麼？因為人民選出的政府大體上要對人民負責。由軍方、貴族、教會或唯一合法政黨所選出的政府，只對少數人負責。他們保護的是這些少數人，不是廣大民眾，因為他們的統治要靠這些少數人支持。不，即使是偶發事件，其後果也極少是出於偶然。策略選擇其實躲在背後決定誰勝誰敗、誰死誰活，即使乍看之下罪魁禍首是大自然。

讓我們看看一些歷史上的重大轉折點，以了解策略思維如何對事件發展產生貢獻，使它們脫離宿命或是隨機、無從預測的境地。讓我們看看策略模型如何可能改變世界局勢的走向。古希臘是一個很好的起點。

斯巴達快速衰敗的原因

你還記得，斯巴達打贏了伯羅奔尼撒戰爭（西元前431到前404年），擊敗雅典，崛起成為希臘甚至世界的霸主。

可是，僅僅33年之後，斯巴達就在留克特拉（Leuctra）之役被底比斯（Thebes）輕易擊敗。因此，斯巴達從一個有如世界大戰的戰勝國，慘遭敗績，而且一蹶不振，再也沒有恢復國勢。斯巴達是如何在短短三分之一個世紀裏，從高峰——就像美國，是全球最強大的國家，睥睨群雄的霸主，跌到谷底——就像奧匈帝國，成為過眼雲煙？

畢達哥拉斯（Pythagoras）大約是在斯巴達擊敗雅典之前三個世代過世的。我提這一點是要提醒大家，基礎數學的精華，尤其是幾何學（但是機率還沒）已經是受過教育的斯巴達人所熟知。他們的政府制度重視教育，雖然軍事訓練比起學習知識重要得多。斯巴達人可以召集一大批數學家或政治顧問去研究，從西元前404年的大勝到三十多年後被底比斯人打垮之間，潛藏於其中的危險。如果他們做了研究，他們就會發現他們的軍事勝利使國家陷入險境，因為它改變了誰有權投票，進而影響到誰來統治。我們曉得，投票規則可以徹底改變政治方向。斯巴達就是如此。

要了解詳情，我們必須稍微認識斯巴達的治理制度。他們有一套怪異、複雜的政府組織。斯巴達的公民（泛稱為Spartiates），僅佔總人口的極小比例。西元前418年，斯巴達男性公民人數由顛峰的九千人，降到三千六百人左右。斯巴達總人口（包含人數極多的奴隸）約為二十二萬五千人。西元前371年留克特拉戰敗之後，斯巴達公民僅剩不到一千

人，此後更不斷減少。參與政治的人一再降低，原因直接關聯到他們在伯羅奔尼撒戰爭大捷。我們在第三章說過，變化又衍生變化。

斯巴達男性公民選舉他們領袖的方式是，大聲呼叫以示對候選人的擁護。對於不同的候選人之呼聲大小，則由一組裁判隱身幕後（或坐在附近密室，他們看不到公民們但聽得見呼聲）來判定，他們不曉得大家呼喊的對象是誰。斯巴達人以這種方法選出兩個人，並立為王（我說它是一套怪異、複雜的政府組織，就是這個意思）。同時又選出Gerousia（年齡需超過六十歲，他們為終身職）和Ephors（他們任期只有一年）。

雙王負責軍事事務和國家安全。Gerousia——斯巴達的元老們——訂定立法議程，而Ephors擁有財政、司法和行政權力。他們甚至有權推翻雙王的決定，而Gerousia也可以否決公民大會的決定。根據斯巴達的權力制衡制度，Ephors可以推翻雙王的決定，而Gerousia可以推翻Ephors的決定。這一來，任何一個被選出的團體都很難全面控制住斯巴達政府。

斯巴達男性公民有服兵役、抗禦外侮的特權。這是斯巴達公民人生的驅動力，也反映出斯巴達精神的最高原則。斯巴達公民有責任全心全力效忠他們的城邦國家，要比任何敵人更準備好要保家衛國。斯巴達戰士不是戰死沙場，以其盾

牌載屍回國；就是高舉盾牌，勝利凱歸。任何斯巴達戰士失
去盾牌從戰場歸來，將永遠被視為懦夫，不論他日後或許會
有其他英勇事蹟。

除了服兵役之外，斯巴達男性公民有義務每個月贊助他
們十五人一組——稱為syssition——所辦的宴會。若是無法
支付該分攤的syssition及宴會費用，就會失去公民資格。有
如「斯巴達式」這個字眼今天所代表的意義，宴會並不奢
華。它們經過仔細安排，以確保所有公民平等。這是與同志
分享的場合，也可將剩菜殘羹施惠赤貧群眾。

可是，伯羅奔尼撒戰爭大捷卻為斯巴達創造了新方法聚
斂龐大財富，特別是奉派治理所征服的新領地之軍事官員
們。帝國蒸蒸日上，掌控殖民地與未掌控殖民地的斯巴達公
民，彼此的財富分配不均，逐漸破壞了斯巴達公民相對平等
的內涵。帝國的擴張反而迅速導致兩個災難性的後果。

首先，財富暴增導致宴會競逐奢華。就像我們之前提到
的兩大製藥集團合併失敗的例子，宴會菜單竟然攸關未來事
件的發展。可是，比起獲利豐厚的企業合併失敗，這一次的
代價更慘重——更昂貴的菜單因而改變了歷史進程。義務要
求的宴會費用日增，許多斯巴達公民由於無力負擔，被迫退
出他們的團體組織，也就跟著喪失其公民權利。一旦到了投
票選舉領導人時，有些公民就成了沒有投票權的前公民。他
們不能符合要求，因此就喪失投票權。投票規則因為與提供

日益奢華的宴會綁在一起，使得對斯巴達的控制從相對多數人（幾千人）轉移到少數財富最雄厚的公民（僅數百人）手中。

其次，保住公民權的高成本扭曲了一般公民的生涯規畫，他們留在斯巴達的意願變低，進而使得斯巴達的政治情勢大翻轉。年輕人愈來愈不想留在國內，爭相競逐國外的軍事指揮官職位。他們積極爭取派駐殖民地，因為那才是通往財富與權勢的捷徑。競爭駐外職位進而腐化了斯巴達的制度，因為這些肥缺職位要靠攀附權貴、裙帶關係，而非個人成績和表現去爭取。

斯巴達不再是創建者 Lycurgus 四百年前所籌謀的尚武國家。原本軍事技能高超是聲名的首要源頭，現在卻是財富當道。少數特別成功的軍事將領財富暴增，造成保持公民權利的成本升高，把自身變成寡頭領導。宴會價格高漲迫使更多斯巴達男性公民變得自私，不再專注公共利益。不貪婪、或是不擅致富之道的人，往往也就是再也負擔不起宴會分攤金，因而保不住公民權利的人。結果就是專注於斯巴達建國價值的公民人數萎縮。那些仍保有公民權利的人卻愈變愈自私，更以個人為重。如果他們想在新的公民舞台上保有玩家角色，他們非得如此不可。貪婪與自私變成斯巴達公民成功之道。還記得賽局理論並不看好人性嗎？這裏就是一個活生生的例子，一個成功的社會逐漸就變質了。

你或許會想問,這又跟馬或賽馬有什麼關係?和斯巴達遭底比斯擊敗有什麼關係?有了以上背景資料,我們現在就能回答這些問題,看看賽局理論如何可以協助可憐的斯巴達人看清他們的前途,即使它預測幾乎每一次都是自私自利擊敗集體利益。

希臘知名史學家色諾芬(Xenophon)曾提到斯巴達在留克特拉戰敗的解釋。我們從他的說明了解到斯巴達如何應對和底比斯的戰爭。我們知道,底比斯軍事指揮官埃帕米農達(Epaminondas)的兵眾遠遠不及斯巴達國王克里翁布羅托(Cleombrotos)所率領的部隊。斯巴達部隊約一萬一千人,底比斯部隊僅有六千人。兵力優勢在斯巴達這一邊,勝利應該相當容易,更何況斯巴達素來以騎兵強盛、步兵驍勇聞名,它還有軍事一再告捷的光榮紀錄。即將開戰時,斯巴達一向驍勇善戰的騎兵是什麼情況呢?

色諾芬對雙方的騎兵(這方面底比斯有數量上的優勢)有如下的描述:

由於和 Orchomenian 人、Thespiae 人的戰爭,底比斯的馬匹處於訓練最精良階段;而 Lacedaemonian(即斯巴達人)的騎兵此時正處於最低潮。斯巴達馬匹由最富有的公民豢養;一旦動員令下達,騎兵即在一聲令下接受派發給他的兵器、馬匹出發征戰。這些騎兵往往也是差

可堪用之兵——只是臨時召募而來，上馬就走，滿懷雄心壯志。❶

佔少數的斯巴達公民——即色諾芬所謂最富有的公民——扣住最好的馬、最好的騎士，不讓他們上戰場冒箭矢之險。他們寧可把這些留著供賽馬之用，因為賽馬可吸引下注賭博，有機會賺錢。於是，斯巴達這些貪婪、自私的少數公民，選擇派出下駟和經驗不足的騎士出征，把菁英留下。他們犧牲其城邦國家，維護自己在賽馬中獲勝的機會。我在前面說過，斯巴達人愛馬猶勝愛國，斷送了國家命脈。

從這個特殊角度觀察斯巴達的衰亡，我建構了一個小小資料庫輸入預測模型中。它顯示Gerousia和雙王自始即願意犧牲小我，保護斯巴達的安全。我假設Ephors開始轉向愛財——他們也的確如此。可是，程式顯示，他們也肯迅速犧牲私人財產（如馬匹）以保衛斯巴達。但是，駐守殖民地的軍事司令官和留在斯巴達的富有公民呢？他們是軍隊的核心，也是決定是否提供上駟給國家，或留為己用的最重要人物。模型顯示，他們根本不受政府、國王、Ephors、Gerousia的壓力。政府一切的制衡設計、斯巴達人一切為公益的歷史傳統、國家面臨外患危機等等，都說服不了這些公民犧牲小我，做出對國家最有益的事。

看來，斯巴達社會的新財富，以及因財富導致人們的價

值觀改變，而使他們的行為有了改變。就如同我們前面討論過的利奧波德在剛果和比利時的行徑判若兩人的案例，斯巴達的環境改變，導致行為改變，也改變了斯巴達的前途。假使有哪個聰明的斯巴達人事先看清楚資料，或許會發覺到新「賽局」使他們陷入敗亡的威脅；也或許他們會多思考國家的長期利益。

因此，斯巴達很快就盛極而衰。根據賽局模型，沒有辦法拯救斯巴達。大勝雅典，種下了斯巴達覆亡的種子。

我們在這裏能不能看到一個大教訓：帝國擴張往往會帶來危險的賽局？美國努力要傳播民主、推翻「流氓」政權，它會不會回過頭來反噬自己，在高層創造出類似使斯巴達覆亡的貪婪、自私的自我中心思想；還是這些作為真可以挽救其他國家孤苦無助之人免遭其貪婪政府橫徵暴斂之苦？這是值得深思的問題。歷史必然留下許多寶貴的教訓。

斯巴達的覆亡使得希臘世界的思想起了革命性的大變化，使雅典得以再度復興。雅典人有比較民主的機制──以當時的標準而言──因此就有比較負責任的政府，能夠就早先的失利做調整。他們可以推動改革，使自己有時間重建國力，在斯巴達式微下，重新站上希臘各邦霸主地位。斯巴達的新興寡頭使得她在面對史無前例的大敗後卻無法翻身。或許我們該算是幸運，斯巴達人竟然如此愛馬。如果他們不是如此愛馬，早期希臘的民主實驗或許已經慘敗，而這種最能

造福各方的政府形式或許就此夭折，沒有人會在一兩千年之後想要重建民主體制。

斯巴達如此愛馬，提醒我該再回到馬鞍上。你知道，朋友就是朋友。我腦海裏浮現的是桑坦蓋爾（Luis de Santangel）──你稍後就會讀到他──對於西班牙國王斐迪南和女王伊莎貝拉的友情，以及這份友情對哥倫布的影響，以至於對西半球（所謂的新世界）的影響。桑坦蓋爾是我們下一個賽局的無名英雄。他使我想起我們在賽局理論第二課中提到的法國銀行家。他們和桑坦蓋爾一樣，了解要求太多，往往就一無所獲。法國銀行家以同意德方高階主管留在海德堡而促成合併案，桑坦蓋爾則是想出方法撮合西班牙王室和哥倫布的利益，促成雙雙得利。

我們現在就跳到十五世紀末。當時是所謂大發現的時代，對當代主宰的政治秩序產生另一種新形式的挑戰。斯巴達因致富而蒙受災禍，西班牙則是比起鄰國如葡萄牙和天主教會要貧窮許多。在桑坦蓋爾的協助下，哥倫布使得一切改觀（至少有一個世紀左右），可是他必須吞下一些苦藥才能達成協議。

為什麼是西班牙發現美洲？

西元 1492 年，哥倫布（Christopher Columbus）率領船

隊，駛向大洋。你一定早已知道這段故事。可是，有趣的是我們很少人知道，為什麼身為義大利航海家的哥倫布，稍早才受雇於葡萄牙王室，為什麼打著西班牙的旗號出海？斐迪南和伊莎貝拉決定資助哥倫布探險背後的故事，在於拒絕和接受之間極其微小的區別。當然，若非哥倫布，也會有別人發現「新世界」，但若是那樣的話，歐美歷史就將徹底改寫。首先，就不會有西班牙帝國，不會有西班牙無敵艦隊遭英國擊敗，可能不會有沃爾特‧雷利（Walter Raleigh）爵士、不會有門羅主義、不會有璜與艾薇塔‧裴隆夫婦（Juan and Evita Peron）、或天曉得的其他事情。（如果讀者允許我對哥倫布的重要性有些個人看法的話，或許就是若非哥倫布，就沒有我們家 Bueno de Mesquita 這個家族。我家先人當時相當有名，是活躍於哥倫布家族在牙買加采邑地區的加勒比海海盜。）❷

哥倫布首先向葡萄牙王室──當時全世界最強大的海權國家──提議向西航行，找尋一條通往亞洲的新航線。他將從康那利群島（Canary Islands）往西航行，前往日本。根據他的計算，前往亞洲的航程大約為兩千四百海里（nautical mile，1海里等於1.852公里）。他沒想到在這條航線上會有一塊大陸橫亙，雖然他預料會碰上一些事前不知道的島嶼。哥倫布了解一旦離開康那利群島後，他的船隊可能再也沒有機會得到新鮮的水和食物補給，但是他不認為這是嚴重的問

題。他認為他的船隊所帶的水和食物已足夠支撐這趟航行之所需。他覺得要到達目的地及平安回航，並不是難事。哥倫布要求葡萄牙親王璜二世（Prince Juan II）資助——但是遭到峻拒。

許多因素不利於哥倫布向葡萄牙兜售他的構想。由於「人航海家」亨利親王（Prince Henry the Navigator）的遠見，葡萄牙人已沿著非洲海岸建立了生意興隆的貿易路線和殖民地——最遠到達亞速爾群島（Azores），那已經深入大西洋約九百英里。此外，大約就在哥倫布向葡萄牙王室提案的同時，狄亞士（Bartholomew Dias）也發現非洲南端的好望角，也就是沿著非洲東岸向亞洲前進的航線已有希望。狄亞士已經接受葡萄牙政府的委託，在1480年代末期已發現往東到東印度群島（Indies）的航線的重要元素。他發現的航路，提供給沿著非洲東岸航行的船隻補給的豐富機會。最後，葡萄牙科學家也不認同哥倫布所估計航程只有兩千四百海里，他們認為葡萄牙往西至日本的距離，應該與往東繞經非洲南端的距離相去不遠。他們估計從康那利群島到日本的距離約為一萬海里（實際距離為一萬零六百海里），加上從里斯本到康那利群島的距離。對於距離估算的差異是最重要因素。從葡萄牙的觀點看，船隊西行抵達亞洲的成功機率幾乎是零。當時的船隻沒有能力走上一萬海里都不需中途泊靠、補給飲水和食物。很簡單，葡萄牙政府認為西行根本不

會成功。對葡萄牙人而言，哥倫布的計畫一無可取。

　　哥倫布大為失望，轉向其他國家爭取支持。他的兄弟巴賽羅繆（Bartholomew）試圖鼓吹法國國王和英國國王，但是當時他們都忙著處理國內政治問題，毫無興趣。哥倫布1486年接觸西班牙政府。就和他的兄弟在英、法的遊說一樣，哥倫布在西班牙也沒什麼突破。西班牙王室太忙，無暇理會哥倫布；他們和摩爾人正在交戰。哥倫布已經黔驢技窮，待在西班牙六年，一再被敷衍，苦等政府審查委員會的評估報告出爐。他被告知，要等到西班牙解決一些內部問題（最棘手的是它和被穆斯林控制的格拉納達〔Granada〕的戰爭）之後，才會做決定。這場戰爭終於在1492年結束。事實上，1492年是西班牙歷史關鍵的轉折點。一月間戰勝格拉納達，代表西班牙境內所有重要王國均已統一在斐迪南和伊莎貝拉治下。他們終於可以討論哥倫布的提議了。他的時機到了！但是大環境並不特別有利，他也曉得這一點。

　　塔拉維拉委員會（Talavera Commission）於1490年向伊莎貝拉女王提出報告，指稱哥倫布的計畫很薄弱，建議不予支持。西班牙的塔拉維拉委員會和葡萄牙科學家一樣，覺得哥倫布太低估了從西班牙到日本的航路距離。哥倫布舉出事證來支持他對距離的估算。他指出偶爾有些動物屍骸和不知名的樹會飄流上岸，這些東西的腐敗程度吻合他對航程距離的估算。當然他不知道——他又怎會知道——他對抵達下一

個大陸距離的估算大致沒有錯，只不過這個大陸是美洲，不是亞洲。

哥倫布愈來愈不耐煩久候，提出一個「不要就拉倒」的提議。由於審查委員會對他的提案判斷是負面的，也由於他要求預先取得酬金，他覺得有再度遭拒之虞。斐迪南尤其不太願意考量哥倫布的提案。哥倫布只好黯然收拾行囊，出城。這時候候冒出桑坦蓋爾（Luis de Santangel）的干預，為美洲、西班牙的歷史寫下新頁。

桑坦蓋爾是西班牙王室的財務總管，職位相當於今天美國的財政部長。他看到哥倫布提案背後潛在的好處，而且，最重要的是，他覺得降低成本就值得冒險一搏。他在哥倫布離開聖塔飛（Santa Fe）當天，晉見女王，力勸她和哥倫布殺價。桑坦蓋爾擔心（顯然錯了）哥倫布會去找西班牙的競爭對手推銷其計畫。

他好不容易說服伊莎貝拉（她比斐迪南較為同情），若是他桑坦蓋爾能籌到經費，她就支持這趟航行。歸結起來，就是價格問題。哥倫布起先堅持西班牙王室要預付探險的費用，包括他的酬金。西班牙王室不願接受這些條件。後來他降價，只要求王室先付三艘船及一切補給及船員的費用，而且如果此行的發現有產生任何財富，他和其繼承人可抽取10%的佣金。這代表頭期款較少，也代表大部分的風險轉移到哥倫布及其船員身上。

　　當然，如果哥倫布成功，帶給西班牙的價值是無窮的：西班牙將獨佔一條獲利豐厚的貿易路線，也將成為（的確也是如此）歐洲及全世界一大經濟強權。根據現有的狀況，西班牙根本無法前進東印度群島。由於葡萄牙人對其航海圖保密，西班牙並不清楚繞過非洲南端往東走的航線。義大利人、阿拉伯人及其他人控制了陸路車隊貿易的利得。如果再沒有作為，也有風險。如果王室由西班牙國庫預算出資，他們將面臨西班牙貴族起兵叛變的危險。這些貴族二十多年前曾試圖推翻伊莎貝拉的父親，因此這個威脅絕非泛泛。這也是為什麼桑坦蓋爾願意自己募集資金，是斐迪南改變主意的關鍵因素。西班牙貴族會因為成功率低的冒險計畫而被課稅，因而心懷怨懟，他已移除這些人叛變的威脅。不論今人如何歌頌哥倫布，我們應該為桑坦蓋爾鼓掌才對。

　　我們從西班牙決定資助哥倫布，立刻可以在模型中訂出四個玩家：斐迪南、伊莎貝拉、桑坦蓋爾和哥倫布。和談判一紙合約或企業併購一樣，價格永遠是大問題。哥倫布力爭他的最大利益。斐迪南希望一開頭不必付錢，他希望有了結果再說。伊莎貝拉比起斐迪南較不負面，而桑坦蓋爾支持探險，但只能在他力所能及的價碼上出資。當然是哥倫布最為關切，其次是桑坦蓋爾，再來是伊莎貝拉；斐迪南則最不看重哥倫布的提案，他大部分心力擺在和羅馬教皇打交道，以及管理不久前才統一的國家。身為國王，斐迪南最有影響

力，伊莎貝拉和桑坦蓋爾也不是等閒人物。哥倫布可能是相
對較少影響力的人。他已經等了六年都說服不了任何人支持
他。因此，我建立的資料如下：

利害關係人	影響力	價格	關切程度
斐迪南	100	0	40
伊莎貝拉	70	25	60
桑坦蓋爾	60	55	75
哥倫布	20	100	90

　　起初的預測在25（加權中位數〔weighted median voter〕）
至37（加權平均數〔weighted mean voter〕）之間。你可以從
上表中自己算出這些數值。模型演算過交涉過程及其動態關
係後的預測是，桑坦蓋爾只要以高於伊莎貝拉所願出的價，
即可達成協議。如果桑坦蓋爾出的價低於伊莎貝拉，就不會
達成協議，世界歷史就必須改寫。桑坦蓋爾不是笨蛋，他是
個手腕精明的策略家，曉得如何去說服，要對誰下工夫。

　　按照模型邏輯，桑坦蓋爾先說服伊莎貝拉，再說服斐迪
南接受——先不用出錢——然後再和哥倫布談判。這似乎非
常接近事實經過。當然，我們不知道他究竟願意出到多高的
價碼，只知道他已出的價碼。這也是我在第一章提到的購車
策略所能找出的資訊，但要運用那個策略得要有好幾個競標
者才行。哥倫布知道——而桑坦蓋爾、伊莎貝拉、斐迪南可

能並不知道——並沒有別的買家肯接受哥倫布的計畫。因此他可能會接受比他所能得到的更低價碼。太可惜了,哥倫布並沒有預測工程師幫他交涉出更棒的協議,但重要的是,他們達成了協議。

■　■　■

雖然哥倫布的成功對於新世界的影響我們已知之甚詳,它對歐洲也產生了深遠的影響,也為下一個案例——第一次世界大戰,提供了序曲。斐迪南和伊莎貝拉的侄子菲力浦二世(Philip II)生於Valladolid,1556年成為西班牙國王。西班牙的無敵艦隊1588年遭到英國擊敗,正是菲力浦主政時期,此役使得英國崛起為大國,堪與西班牙帝國匹敵。菲力浦也是神聖羅馬帝國皇帝,使他成為權傾一時的大人物。他統治西班牙及其美洲帝國(歸功於哥倫布、桑坦蓋爾和伊莎貝拉、斐迪南),也統治奧地利、Franche Comte、米蘭、拿坡里、荷蘭和西西里。

因此,桑坦蓋爾巧妙斡旋成功,使得西班牙在一個世代之後和奧地利產生連結。它也使得法國勃艮第王朝(Burgundy House)和菲力浦所代表的奧地利及其他地方的哈布斯堡王朝(Habsburg)成為世仇。我們也知道菲力浦和英國在無敵艦隊一役之後結下的樑子。因此,經過一路下來的演變,斐迪南和伊莎貝拉時期已替1914年「終結所有戰爭

的戰爭」種下了遠因。

接著讓我們來看看奧匈帝國王儲斐迪南大公（Archduke Franz Ferdinand）遇刺之後發生的情況。我們可以利用因斐迪南大公遇刺所引爆的危機這段歷史來問：第一次世界大戰（歐洲各國王室的最後一戰）是無法避免，或是可以避免。如果它可以避免，那麼什麼事的處理方式應該改變？我們將運用我的新預測模型來處理這些問題。

避免第一次世界大戰

第一次世界大戰的情勢繪出一幅真正傷心的圖像。如果人們一開頭就曉得後果會是如何，戰爭幾乎是可以避免的。他們應該可以在戰鬥開始之前達成協議，使得雙方比起在戰時、戰後都更好。道理很簡單，不論戰爭的成本多麼高，他們只要在戰爭前把協議談妥了，即可避免這些成本。當然，問題在於，各方在一開始都沒把握事情會如何發展。他們誇口、虛張聲勢自己的實力和決心，希望搾取出對己方有利的協議。這一招在大部分時間有效。戰爭，尤其是大戰，是罕見的事件。可是，有時虛張聲勢卻代價慘重——結果他們打了原本想避免的戰爭，或太遲才醒悟應該可以避免戰爭。交戰各方可以運用預測工程學在事件真正爆發前演算可能發生的狀況，因而避免此一問題，甚至可以保住無辜的數百萬條

人命。

我的新的賽局理論模型（在這裏首次拿出來應用）顯示有一些方法可以避免第一次世界大戰。數千萬人喪生，只因為一小撮外交官技藝不精。這正是發生在現代的希臘式悲劇。我在敘述戰爭可以如何避免之前，先來對導致戰爭爆發的背景略做說明。

我們從長遠、寬廣的角度來看，很顯然：在十八、十九世紀享有暴增的財富和影響力的國家，是那些採取較民主的政府形式、較資本主義經濟模式的國家，例如荷蘭、英國和稍後的法國。王權似乎正在沒落。

我們且看十九世紀下半葉，可以發現各國不斷地鬥爭，搶奪歐洲的控制權。我們今天所知道的德國，在十九世紀大部分時間還不存在。今天的德國當時分屬於許多的侯國，如普魯士（Prussia）、薩克森（Saxony）、巴登（Baden）、伍騰堡（Wurttemberg）等等。而奧地利獨霸日耳曼事務。

所有這一切皆因俾斯麥（Otto von Bismarck）出任普魯士部長主席（minister-president，即首相）而改變。俾斯麥把德國打造成為歐洲大國。首先，他糾合普魯士及其他幾個日耳曼小侯國，打七週戰爭（1866年），此役令歐洲大部分領袖出乎意料，他竟然輕易擊敗奧地利。此役象徵著半個世紀前為了確保歐洲列強（當時包括奧地利、英國、法國、普魯士和俄羅斯）之間的穩定秩序，防止另一個拿破崙崛起而

形成的後拿破崙時期歐洲各國協同制衡體系的終結。

　　七週戰爭暴露奧地利已經外強中乾，不具歐洲大國的實力。奧地利為了維持大國地位，終於同意與匈牙利合併，成立奧匈帝國——雖然這個合併提案在1866年戰敗前奧地利才剛拒絕過。奧匈帝國的成立雖然有助於奧地利運作仍如大國，可是它已經緩慢地、無法逆轉地淪為弱國。四年後，俾斯麥出兵攻打法國，於1870至1871年的普法戰爭擊敗拿破崙三世。法國既敗，俾斯麥終於成功地團結起其餘的日耳曼各侯國，組建今天的德國。至於1866年之前主導日耳曼事務的奧地利，已被德國排除在外，直到六十年之後希特勒——生為奧地利人——崛起掌權，才把奧地利兼併入德國。1871年的俾斯麥，已把德國打造成蒸蒸日上的歐洲大國，也把法國打落到與奧地利（改組為奧匈帝國）相同的弱國地位。這就是第一次世界大戰爆發前夕的狀況。

　　反抗王權和寡頭體制的革命在各地風起雲湧。俄羅斯1905年爆發革命，墨西哥1910年爆發革命，中國也在1911年爆發革命。從奧匈帝國的角度看，民族主義者對其王權最重大的威脅，來自於巴爾幹半島。奧匈帝國從鄂圖曼帝國以前在此地的經驗，看到自己的式微。塞爾維亞（Serbia）王國因1912至1913年的巴爾幹戰爭，領土擴為三倍，吸引了塞爾維亞族裔民族主義者。他們主張所有的塞爾維亞人退出奧匈帝國。此一緊張情勢，因1914年6月28日奧匈帝國王

儲斐迪南大公在塞拉耶佛（今天波士尼亞〔Bosnia〕暨黑塞哥維那〔Herzegovina〕的首都）遇刺身亡而爆發開來。

斐迪南大公遇刺，促使奧匈帝國政府向塞爾維亞政府發出最後通牒：放棄主權主張，否則兵戎相見。塞爾維亞人並不是沒有朋友，當然也不願意放棄好不容易爭取來的獨立。似乎奧地利也明白這一點。今天已開放的外交紀錄顯示，奧匈帝國刻意提出他們深信不會被接受的要求。很顯然，奧匈帝國領袖要的是與塞爾維亞人打一場小戰爭，以重建聲望。

歐洲列強在此一爭端中紛紛選邊站。俄羅斯力挺塞爾維亞。根據俄、法、英所簽訂的三國協約（Triple Entente），法國和英國也選擇和塞爾維亞站在一起。俄羅斯的決定激發德國的反應——德國此時已和奧匈帝國結為同盟。德國基於與奧匈帝國的盟約，宣布支持奧匈帝國。他們更廣泛的同盟關係代表非常可能得到羅馬尼亞、土耳其、尤其是義大利的支持。奧匈帝國和德國的雙邊同盟，早已於1882年擴大納入歐洲新興大國義大利，通稱為三國同盟（Triple Alliance）。

擔心德國為防禦奧匈帝國會有侵略行動，俄羅斯下令動員。依據賽局理論的說法，他們意在發出訊息，表示他們堅守防衛塞爾維亞的承諾。這一來，德國也下達動員令。就如我們早先討論過的「囚犯的兩難」賽局，每一方都看得到修睦比交戰好，但是他們也都看到，相信對方會和解的風險太大。因此，正如同囚犯兩難的邏輯：他們選擇開戰，而非和

解。短短幾星期，因塞爾維亞而起的衝突升高，把歐洲列強統統捲入戰火。第一次世界大戰於焉爆發。奧匈帝國希望藉由一場小戰爭懲罰塞爾維亞，以重建聲譽的期望完全落空。

稍後我將運用我的模型探討：如果1914年時英、法、俄的三國協約更有能力，或是說德、奧雙邊同盟更有技巧，可能會是什麼光景？首先，讓我們假設當時有一小群擁有高明數學本事的人可受雇執行我對於1914年的計算。他們在沒有後見之明的情況下，會如何預測未來呢？

要討論1914年危機——不是戰爭，而是在戰爭爆發前的外交折衝——我替電腦程式建構的輸入資料，可以測量每一個歐洲國家加上重要的非歐洲國家如美國、日本，在1914年支持塞爾維亞或奧匈帝國的外交政策之程度。我綜合了專家的判斷以及各國與奧塞危機的地理距離，來估計各國的關切程度。至於潛在影響力，則是根據上一章提到的「戰爭關聯研究計畫」（Correlates of War Project）對世界各國「國力」自1816年迄今的標準量度為準。當然，我用的是1914年的估計值。由於我運用我最新的模型檢驗這個案例，我也納入它需要的變數，這個變數衡量每個玩家對其立場的堅定程度：是不惜談判破裂？還是渴望達成協議，因而在談判上展現相當的彈性？拿我們稍早討論的健保改革方案為依據，這個新模型包含一筆輸入資料，是要量度玩家的談判風格是像1990年代初期的柯林頓（在此一變數量尺上為

100）、或是像希拉蕊（在此一變數量尺上為0）。這個「承諾」（commitment）變數的數值是根據我對第一次世界大戰爆發前歷史紀錄的判讀。1914年時任何一位有利害關係的決策者都會接觸到這些資訊。如果他們有我的方程式，他們也會做出和我所做一樣的分析。

奧匈帝國、德國、羅馬尼亞一開頭的立場為100，顯示在斐迪南大公遇刺之後，他們全面支持奧地利對付塞爾維亞的立場。塞爾維亞和希臘在此一議題量尺上一開始的立場為0，顯示他們全面反對奧匈帝國要求塞爾維亞放棄主權的主張。歐洲其他國家的立場大約位於量尺上33和45之間，顯示他們偏向塞爾維亞、反奧地利，但並非十分堅決。

從圖9-1看得出來，1914年各國王室只要有一群資深的數學家稍一演算，就知道戰爭一觸即發。他們也會發現，如果再多加演算，亦即繼續努力外交交涉，而不急著開啟戰火，戰爭是可以避免的。數字顯示，模型預測戰爭將在1914年8月某日爆發。模型的邏輯認為，這個階段就是「以外交手段解決爭端，不要訴諸武力」走到了盡頭。

你可以看到，模型一再量度繼續談判的預期利益，拿它們和模型所估計的繼續外交折衝的預期成本做比較。到最後，由於協議不成，玩家們認為未來達成協議的前景或價值已不值得繼續努力去爭取。基本上，模型是去判斷玩家對於明天得到對方讓步和今天得到對方讓步，何者價值較高。能

圖9-1　針對1914年危機，預測談判將會失敗

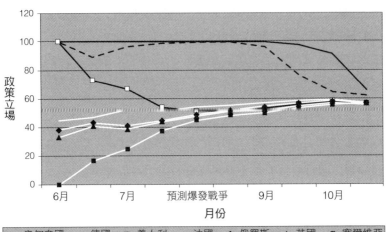

夠早些得到好處，總是比稍後才得到好處更有價值。在這個
案例上，1914年8月初至8月中旬這個時期，正是模型說由
於奧地利方面的要求和塞爾維亞的讓步兩者之間鴻溝太大，
賽局將會結束的時期。因此，模型預測賽局將在8月結束。
此時，主要的敵對者之間並未達成協議。因此，根據模型，
新賽局展開，將領勝出，外交官退場。

　　在這個時候，奧地利在盟友德國支持下，堅持要求執行
奧方的最後通牒。同時，塞爾維亞也盡力符合奧方的許多要
求。但是，塞爾維亞絲毫沒有意願接受奧方的最後通牒，而
這一點正是奧地利所希望的。塞爾維亞採取的溫和示好態度

則符合英、法、俄協約國所推動的讓步。根據模擬演算，協約國被認為是強烈傾向尋求和解。由於這一點，在現實上和在模擬演算上，奧地利和德國都不認為他們的對手英、法、俄會為了塞爾維亞而參戰。

三國同盟的另一成員義大利，在危機中的立場為何？現實上，他們在1914年7月28日表示不支持奧匈帝國在五天前提出的最後通牒。戰爭已迫在眉睫，義大利宣布中立。他們以奧匈帝國將發動侵略戰爭而非防衛戰爭為由，退出三國同盟。

根據模型，義大利一開頭的立場和德、奧一致，符合三國同盟同進退的立場。可是如圖所示，義大利在模型中於7月中旬脫離三國同盟，宣布中立。他們的立場在議題量尺上位於50附近。因此，在模型上看到的義大利立場移動，比實際情況早了一、兩個星期；縱使如此，它已預見到義大利轉向中立的位置。依據模型的邏輯，還有現實上，義大利一旦意識到事態將演變成遠超過小規模的戰爭時，她並不願意支持奧、德同盟。

模型顯示，奧匈帝國和德國在危機初起的幾個星期裏，預期會與塞爾維亞開戰，而塞爾維亞也預期會開戰。實際上奧地利在7月底向塞爾維亞宣戰，同時表示與他國無涉。而到了8月初，模型預料事件已超出奧、德所能控制，塞爾維亞將淪為相對小的角色。實際上德國於8月1日向俄羅斯宣

戰，模型邏輯所預測的戰爭果真就爆發了。

　　戰爭是不是無法避免？答案當然是：不是！首先，我們可以從圖中看到，若是涉爭的各方能再持續談判一、兩個月，推遲作戰的決定，德國將更能理解大局的危險性。根據模型的邏輯，德國會與奧匈帝國分道揚鑣，而與英國及其盟國達成協議。奧地利將可依模型所示於9月或10月達成協議，並實現大部分的要求。當然，這個協議需要外交官繼續當家，而非由軍事將領決定大政方針。可以達成的協議，不會包括塞爾維亞交出主權。但是，這一切已無關緊要，因為不幸的是，賽局模擬已正確地指出，到了初秋外交官將不再主導談判。外交賽局於九月之前就結束了，新的賽局──戰爭──開始了。

　　模型的好處在於它允許我們問許多「假如…結果會…」的問題。我們可以仿照前面我為涉及法律訴訟的某當事人所做的，改變玩家的立場，來重啟第一次世界大戰前的外交賽局。用這個方法，我們可以假設某個玩家以更好的方式處理賽局的話，可以產生比較好的結果。

　　我們姑且重新啟動1914年的危機，但這次讓英國外交官比現實裏手腕更靈活、但又不是太靈活。我預備讓他們看到模型所估計的德、奧決策者腦子裏的盤算。以這個方法，我要假設他們有一批數學家在做我的電腦替我做的計算工作。這可以使英國人想得更徹底、更有決斷，而不是現實上

那樣閃閃爍爍。

歷史學家佛古森（Niall Ferguson）曾經說，導致1914年戰爭的一個重大因素是，德、奧都不清楚英國的意向，而這種不確定感是英國自己造成的。❸ 英國或許長久以來擅長攪和，但在1914年的策略卻非如此。英國是真心打算防衛塞爾維亞，或只是虛張聲勢？當然他們在當時的所說、所做，都不足以說服德奧同盟相信防衛塞爾維亞的確對英國很重要。這是他們極大的缺失，也值得進一步探討。

記得我們前面談到我參與的一件法律訴訟案，我們檢視會有什麼後果時，我建議我的客戶虛張聲勢他們的立場比實際立場更強硬。這樣的虛張聲勢有時風險很大、成本很高。如果對方正確地認為強硬只是擺個姿態，不是玩真的，他們就會認定那是虛張聲勢。在那場訴訟中，這樣真的可能得到一個成本很高的後果——客戶將面臨嚴重重罪的起訴。雖然他們可能在法庭上獲判無罪、免責，但是，審判畢竟是有風險的事。若是不虛張聲勢，他們還是要面臨這些指控，因此虛張聲勢似乎比較對，也證實是比較對的做法。

試想英國在1914年夏天虛張聲勢的話，成本和風險有多大，把它和那個訴訟案比較看看。有了後見之明，我們知道八月砲火要延續四年多才會平息。戰爭結束時，美國（不是英國、也不是法國、德國或俄羅斯）將崛起為世界最強大的國家。戰爭結束時，奧匈帝國更不復存在。但是，當必須

做決定時，沒有人知道後果會是如此。他們必須思考的是，如果他們表示願意妥協，情況會是如何；或如果堅持動武，情況又會如何。英國想妥協，結果災禍立刻上身。如果他們嚇唬說誓死保衛塞爾維亞，模型認為情況會是如何？而且他們要如何傳達其決心？

英國的立場很尷尬，看似連自己也不確定自己的決心有多堅定。他們不僅對別人的決心沒把握，顯然對自己的決心也拿不定主意，不知應該怎麼辦、將要怎麼辦。可能就是因為這樣，德、奧兩國沒有把英國的外交交涉解讀為英國真的有心保衛塞爾維亞。我們也知道，俄羅斯因為認為自己即將受到攻擊，而下令動員；這一來促使德國也動員，戰爭於是爆發。俄羅斯的動員當然展現他們決心保衛塞爾維亞，但是它無助於增進以談判求取和解的前景。他們的動員成了代價十分高的「高代價訊號」（costly signal）。換了英國動員的話，會不會產生同樣危險的後果，還是它可以打破僵局？

輸入模型的資料認為英國有高度意願尋求各方都能接受的條件。在「彈性／堅決」最高分100這一項，英國的數值是90，顯示他們的確想要談判，預備大幅妥協以避免戰爭。我重新就危機做了模擬演算，但做了一個改變：我把英國從90移到50。數值50代表不偏不倚，代表玩家積極尋求和解，但又足以堅守他不會接受非常遠離其盼望的結果之妥協。我把英國放在50的位置，基本上是想要測試佛古森的

看法（還有其他歷史學家也這樣想）——他們認為英國立場閃爍造成了戰爭。我在模擬一種英國領導人會覺得那是虛張聲勢的做法，用意是重振局勢，推動避免戰爭的協議。

英國要採取什麼樣的具體行動才能送出「我們很認真要保衛塞爾維亞主權」的訊息？我不是軍事專家，因此我的臆測也只能到此為止。我確信軍事專家、或是專門研究一次世界大戰前夕情勢的英國政策史專家，一定可以找出無數種方法讓英國送出正確的訊息。以下就是一個例子。

英國當時是世界上最強大的海權國家——雖然德國正在快速崛起，欲挑戰其霸主地位。英國可以送幾千名部隊坐上幾艘軍艦，駛到亞得里亞海距離塞爾維亞不遠之處。英國或許也可以另派一支艦隊進入博斯普魯斯海峽，從另一側護衛位居內陸的塞爾維亞。這一來會有幾個潛在有利的作用。以賽局理論的語言，這是個「高代價訊號」。空口無憑，派艦隊進入可能爆發戰鬥的地區，就是以金錢支持你所說的話。

德奧同盟可能因此更認真看待英國的決心。我們等一下會看到，模型果真顯示出這一點。此外，這一類的海軍動員沒有俄羅斯動員地面部隊那麼大的風險。俄羅斯可以快速移動其部隊，跨越德國邊境。我們可以理解，這會讓德國人十分緊張。而英國軍艦載運的士兵需要一段時間才能進入陣地。最後，艦隊也不會直接橫亙在預料初期作戰會爆發的路徑上。因此，艦載部隊可以是一個很好的訊號，又不會引爆

立即的軍事行動。現實上，宣戰之後幾天，英國艦隊在法國指揮下駛往亞得里亞海，其實已經太遲。

而當我把英國在「彈性／堅決」量尺上的位置放在90，模擬演算1914年的戰前危機時，模型顯示德奧兩國並不確定英國的真正意向。等到我把英國的數值移到50時，模型顯示德奧相信英國會參戰。更有意思的是，奧匈帝國和英國的互動模式也變了。當英國顯示決心不強時，奧匈帝國預期可以恫嚇英國接受他們的立場。當英國顯示決心更強、但不到極端（50）時，即使奧地利認為英國若是先動手它會發動戰爭，但奧方會尋求與英國談判妥協。這時候已經不是奧方所想的與塞爾維亞的小戰爭，而是大家都不想要的大戰。

我們模擬英國立場強硬（從90移到50）的情況下，結果有重大發現。如果英國的艦隊在危機發生後不久、但還未宣戰前就開往亞得里亞海的話，奧匈帝國、德國和英國將看到迅速化解歧見的可能性。德、奧在實際情勢的演算下卻看不到此一可能（或是支持和解的理由）。英國表現得更有決心，使得戰略環境大大改變。德奧認為他們可以，也應該在危機初起的幾天內就和英國達成協議。

模型顯示，德、奧兩國將看到他們應該放棄要求塞爾維亞全面屈服投降。他們看到一個機會去說服協約國同意，奧匈帝國應該對塞爾維亞的外交政策有實質、但非控制性的影響力。

　　當然，改變會帶來改變。如果英國立刻派遣艦隊前往亞
得里亞海，依據模型的邏輯，協約國不會立刻接受浮上檯面
的新提案。雖然他們不接受此一擬想的方案，協約國的外交
官們必然會緊盯著它。外交官將繼續當家，將領們必須留在
場外。當談判持續了幾個星期，外交官們認為他們可以使奧
匈帝國讓步得更多，直到八月初，依據模型的邏輯，他們發
覺德、奧兩國已不願再退讓（請記住，這一切在1914年都
不曾發生過）。因此，如圖9-2，他們接受了在總分100分的
議題量尺上位於75左右的協議。這會使奧方得到多於1914
年真實危機時端出來的方案，但又遠不及要塞爾維亞全面屈

圖9-2　針對1914年危機，設計出成功的談判

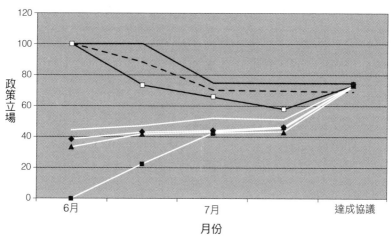

服，交出主權。它多少會在英國的立場與奧國的要求之間有些分歧。在這些狀況下的演算，顯示法國和俄羅斯將迅速同意此一妥協。這場「終結所有戰爭之戰爭」即可以避免。

如果1914年6月倫敦能有一千名數學家埋首演算，我們或許就不需要問下一個問題：第二次世界大戰能因妥善運用預測工程師的技術而避免掉嗎？

不再有希特勒先生？

希特勒的崛起掌權是一個怪異又可怕的故事，其實早在1932年11月到1933年3月之間的某個時點就可以將它扼殺的。這則故事值得我們徹底反省檢討。不論對希特勒這個人有什麼評語，我們必須承認，他對他的意圖倒是很誠實，毫不隱諱。他不僅在1925年出版的傳記《我的奮鬥》中已經向世人宣告種種狂言亂語；他在1932年的大小競選演說中也一再反覆表態。他在1923年政變（號稱「啤酒屋起事」〔Beer Hall Putsch〕）不成功，未能奪取政權，造成德國警察和納粹起事份子皆有傷亡，戈林（Herman Goering）受重傷之後，希特勒決心透過合法手段攫取獨裁控制大權。選票取代了子彈。

希特勒是第一個搭飛機跑攤競選的德國政客。他在一站又一站的演說中都宣稱，如果當選將取締各政黨，停止國會

運作。在今天，當候選人保證要追求和平與繁榮、母權和蘋果派時，我們根本不曉得他究竟要幹嘛。他們指天劃地，號稱「希望」、「改革」，其實都是廢話。當政治人物宣稱要推翻民主體制時，就非同小可了。你保證要促進和平與繁榮，不會丟掉選票。我猜有些人還不介意失去選擇的自由，但必然不是人人如此，也不會有許多人如此。因此，當某個政治人物如此大放厥詞，我們就必須要問：他究竟打的是什麼算盤？答案一定是：他說的是真心話。希特勒果真就是這樣一號人物。

當然，我們沒有必要去注意每個口出狂言的邊緣團體。但是1932年的納粹黨絕非無足輕重。德國的選舉十分頻繁，1930年的大選，納粹黨在577席的國會下議院取得107席。1932年7月的大選，納粹黨席次倍增為230席，躍居下議院最大黨。此時任何謹慎的人都不能輕忽希特勒的競選政見。任何留心聽他演說的人都應該了解此人言行狂妄，但並非虛言恫嚇。希特勒打從心裏頭就是不折不扣、百分之百的獨裁者。

納粹黨在1932年11月的大選雖然丟了幾席（拿到196席），仍是國會最大黨。1933年1月，備受人民敬愛的第一次世界大戰英雄、威瑪共和的總統興登堡（Paul von Hindenburg）在壓力下勉強同意由希特勒出任總理。現在，門戶已經洞開，迎接他的獨裁野心。就在1933年3月5日德

國另一次大選的前夕，3月3日下議院大廈失火，希特勒立刻指摘是共產黨縱火，以此為藉口禁止他們參加下議院議事。他希望當天夜裏就把所有的共產黨首要份子處決，但是興登堡不肯。

3月份的選舉，納粹黨並未完全成功。從正面看（納粹黨的觀點），它在國會下議院席次大增，從196席增加為288席。從負面看，納粹黨並未獲得過半數的多數優勢，也就是說希特勒仍需拉攏其他黨派，還不能完全掌控大局。如果下議院其他各黨組成強大的聯合陣線，仍有可能推翻他的地位。可悲的是他們並未聯手倒希。

就在3月5日選後不久的3月23日，希特勒使出渾身解術，在下議院取得三分之二的支持，修改憲法以吻合授權法（Enabling Act）條款，使他成為獨裁者。授權法賦予希特勒以總理身分基本上可享有憲法賦予下議院的一切權力，因此他若要做政策變動，不再需要經過立法機關之同意。授權法使希特勒成為德國的獨裁者，日後也不再需要有任何選舉。他已經鋪好路可以為所欲為，實踐他在以前歷次選舉中所承諾要做的事。

授權法通過後，大概除了軍事政變或外國軍事干預之外，已無法阻止希特勒大肆破壞的路線。1932年11月至1933年3月之間，究竟是怎麼了？我在前面說過，希特勒的意圖並非祕密。下議院失火事件造成一百名共產黨議員被取

締，使得希特勒容易湊足三分之二的支持。有可能在此之前阻擋他嗎？在授權法通過之前，希特勒至少受限於必須在法定體制之內運作，他並不是十拿九穩可在國會取得三分之二的優勢。他能夠成功的關鍵是天主教中央黨（Catholic Center Party）。

請容許我先介紹一下賽局的架構。此時德國國會下議院中有四個主要政黨，分別是納粹黨、天主教中央黨、社會民主黨和共產黨。社會民主黨和共產黨大體上反對希特勒，抗拒授權法（共產黨因為被控縱火，遭到取締，已無法參加實際投票）。可是，天主教中央黨對於是否支持授權法卻意見分歧。他們的領袖卡斯（Ludwig Kass）並不喜歡希特勒。即使如此，身為神甫的卡斯與希特勒談判，如果希特勒得到中央黨的支持，必須保障天主教在政府之內及之外一切權益。卡斯可能也尋求梵諦岡的認可。希特勒明白他暫時需要妥協，同意卡斯的條件。

希特勒和天主教中央黨的交易是個關係重大的決定，使得納粹黨取得通過授權法所需的三分之二多數票。共產黨被取締，社會民主黨是唯一反對該法的政黨，當然希特勒就贏了賽局。但是，不變的事實是，若非天主教中央黨的支持，授權法必被擊敗，希特勒就當不了獨裁者。天曉得，說不定世界史就完全改寫了。

擊敗希特勒絕非易事。我們必須承認，他是各黨中最會

玩國會政治的政客。他的對手不是低估他（這會付出致命的代價），就是根本玩不過他。可是，這並不是說他們就沒有取勝之道。

什麼事、或是什麼人，可以阻止天主教中央黨和希特勒沆瀣一氣？他們如何可以使任何一個非納粹黨人成為德國的新的民主領袖？你看得到可行的策略嗎？

我把我的預測模型運用到這個問題上，建構以國會下議院各政黨加上興登堡為利害關係人的資料。他們的力量以其議席多寡比例為準；當然興登堡不是議員，要另當別論。興登堡的個人聲望與民意支持度使他頗有影響力，甚至還大過希特勒和納粹黨的影響力。要記得，若無興登堡的同意，希特勒不能處決共產黨領導人。因此我給興登堡比納粹黨多出67%的影響力。對於授權法的立場，當時大家都知道，共產黨和社會民主黨堅決反對，納粹黨全力支持，興登堡傾向支持授權法，天主教中央黨也傾向支持它，但力量不大。其餘小黨則支持授權法。

緊接在1932年11月大選之後，希特勒有心爭取出任總理，當時社會民主黨和共產黨（依據我的模型）可以合作，不讓希特勒取得他所需的三分之二多數。可是要這麼做，他們必須把立場往天主教中央黨的政策方向移動，甚至必須讓天主教中央黨的一人，取代希特勒出任總理。也就是說，社會民主黨和共產黨要提供至少相當於希特勒數月之後所做

的擔保，以保障天主教中央黨的權益。模型顯示，他們不認
為自己有這個機會。他們不認為天主教中央黨領導人會聽他
們的意見，或是與他們達成協議，因此在深怕會遭到拒絕之
下，他們並未嘗試（或至少並未努力嘗試）。模型說他們這
樣是錯了。很可惜我們無法回到當時去測水溫，查明是否可
能達成協議。

我們知道天主教中央黨黨魁卡斯，於1920年代與社會
民主黨當時的黨魁艾伯特（Friedrich Ebert）交情不錯。我們
很難想像在這種情況下，卡斯會不理會社會民主黨，尤其是
如果他們預備支持他擔任新總理的話（請記住賽局理論對人
性的看法，以及個人是如何尋求取得或保持其權勢地位）。
模型認為卡斯會和社會民主黨、共產黨達成協議。當然就共
產黨而言，身為無神論者，又與社會民主黨、天主教中央黨
為敵甚久，這帖藥肯定很難下嚥。但是，相對於授權法通過
後他們的命運——許多共產黨人慘遭殺害，還有些人被關進
集中營，它已經好得太多了。

即使是在國會大廈失火事件之後，社會民主黨仍有機會
與天主教中央黨達成協議，但是他們沒有去做（雖然此時能
否阻擋希特勒，已經有疑問）。是的，他雖然有可能被剝奪
取得三分之二多數的機會，但機會不大，一旦共產黨遭到取
締，如我前文所說，他又巧妙地玩一手戰略牌。然而，在11
月、12月，或甚至1月，仍不是沒有機會把落敗的納粹黨丟

進歷史的垃圾桶。如果希特勒此時企圖發動政變,可能也會失敗。德國情治機關會擁護天主教中央黨領導的政府。德國參謀本部也不喜歡希特勒及其褐衫隊。他距離成為無可爭議的全民領袖,還有一大段路。請記住,納粹黨在1932年的選舉還席次滑落。德國的全民意志尚未決定性地支持希特勒或他的黨。

沒有希特勒,資本主義的民主世界和史達林率領的共產主義極權世界,或許不用等到冷戰,在1930年代就會對抗起來。或許像第二次世界大戰那麼慘烈的戰爭早已爆發,當然也或許不會開打。史達林的蘇聯或許可以成功地固守疆土,但也可能不會有類似希特勒重建軍備後攻進蘇聯邊境大肆侵略的兵力。

以上種種當然全屬臆測,但我們似乎沒有理由懷疑模型對本章幾個案例分析的準確性。如果我們能夠準確地重演過去,像是我們對第一次和第二次世界大戰的模擬演算,找出方法改進它,我們就沒有理由懷疑我們可以遠眺未來,找出方法使它變得更美好。這才是預測工程學的宗旨。

下一章我們將檢視當前我們面臨的一些重大議題。我將運用我的最新模型做預測,準確性如何,你可以自己去檢驗。

第10章

不要怕出糗

預測未來的巴基斯坦局勢與反恐問
題、美國從伊拉克撤軍問題與兩伊
局勢變化

能夠思考「假設…結果會…」的問題，以我們能夠使事情更美好的心態重寫過去，都是很酷的事。但是思考如何重寫歷史是一回事，思考如何替未來寫劇本，又是另一回事。你已經知道發生了什麼，很容易把過去說得對。固然檢驗另一種過去很好玩，也很有啟發！但我們永遠無法知道我們是否真能阻止斯巴達的敗亡，或是希特勒蠢動。解決一個七、八十年前的問題很有意思，但是除了教我們了解賽局過程外，並沒太大用處。現在有用的是，想想看如何解決今天的問題，例如阻止凱達組織。這也是為什麼好的預測工程師必須願意冒著犯錯、出糗的風險。

在本章，我們要預測我正在做的工作（2009年4月論伊朗與伊拉克關係，2008年6月論巴基斯坦局勢）的一、兩年後可能的發展。我們將檢視美國政府能做些什麼，以降低恐怖主義的威脅及巴基斯坦的叛亂，以及歐巴馬總統在2010年8月若全面從伊拉克撤軍、或是留駐五萬名美軍，兩伊關係會如何發展。

■　■　■

2008年及2009年的春天，我在紐約大學的大學部開課，每一班都有二十位優秀的學生使用我的新預測模型。這是我一個大好機會（我希望對同學而言也是如此），可以知道有多麼難或多麼容易去教完全無經驗的人，如何成為有效

的政治工程師。幸運的是，同學們樂意接受此一實驗，他們的表現也十分優秀。

由紐約大學漢彌爾頓（Alexander Hamilton）政治經濟學中心資助的這門課，其主要構想是只根據邏輯和證據針對迫切的政策問題尋求解決之道。這是漢彌爾頓中心的使命。因此在打造解決方案時，就不容許有黨派立場、意識型態、個人意見、軼聞故事或個人希望的空間。而賽局理論模型，是能夠完成這個使命的一個方法。因此，我要學生任意挑選他們覺得有興趣的任何外交政策問題。他們分成幾組，著手研究巴基斯坦、以色列與巴勒斯坦的糾紛、全球暖化、核子擴散、美國與古巴關係、俄羅斯與烏克蘭關係，以及其他許多重大外交議題。

每個學生都研究他真正關心的一個問題。他們選課時就知道他們將運用賽局理論研究未來可能的發展，要從賽局中任何一位玩家的角度寫一份如何改進未來的劇本。他們對任何的材料或模型，原本幾乎都沒有經驗。他們和專家的接觸有限，因此依賴網路和主要新聞媒體蒐集資料。我提這一點是要說明，任何一個肯用功、自動自發的人都可以複製他們的所作所為。一切交代清楚後，我的學生運用我的新模型，我當然檢查他們的作業——因此如有任何缺失，那是我和模型的缺失。

好了，讓我們看看他們的成果。請記住，第一班課程始

於 2008 年 1 月，2008 年 5 月 5 日結束；第二班始於 2009 年 1 月底，2009 年 5 月第一週結束。本章所說的一切，都是這一段期間內的作業。我們沒有更新資訊或更動資訊以涵蓋後來的發展。同學們對我的舊預測模型，或我的完全不同、更加複雜的新模型，都沒有事先的經驗。我們每星期在課堂上碰面兩個半小時。他們每星期做簡報，得到許多回饋，然後再到我研究室和我談話，學習如何解讀新模型的結果。他們另外花了很多時間找出要問什麼問題，如何架構問題、蒐集資料和準備每星期的簡報及期末報告。以下即是他們的成果。

巴基斯坦：軍人都到哪去了？

2008 年的班決定研究巴基斯坦的小組，對三個政策問題有感興趣。他們想知道巴基斯坦政府有多想追查在巴基斯坦國內外活動的好戰團體，包括凱達組織（al-Qaeda）、巴基斯坦裔塔里班（Taliban）以及阿富汗裔塔里班。他們也想研究巴基斯坦政府是否會允許美軍利用巴基斯坦領土發動追剿好戰份子的行動。最後，他們想要預測未來美國對巴基斯坦政府援助的水平，以及美援金額的高低是否會使得巴基斯坦領導人對付好戰份子的做法有所改變。

這些都是直叩美國在巴基斯坦利益要害的大問題。回答這些問題的同時，學生們也發現了攸關其他許多重要議題的

答案。

　　做為背景，我們應該記住，當學生們開始這項研究時，巴基斯坦正處於危機當中。巴基斯坦前任總理班娜姬‧布托（Benazir Bhutto）才剛和總統穆夏拉夫（Pervez Musharraf）達成妥協，於2007年底結束海外流亡，回到國內。一般預期她將在2008年1月舉行的大選之後成為下一任總理。可是，她在2007年12月27日遭到暗殺身亡。

　　大選延期到2008年2月18日舉行。穆夏拉夫的政黨落敗，班娜姬‧布托和另一位也剛結束海外流亡回國的前任總理納瓦茲‧夏立夫（Nawaz Sharif）的政黨，雙雙得勝，贏得國民大會控制權。穆夏拉夫繼續擔任總統。班娜姬的丈夫札達理（Asif Ali Zardari）成為她的政黨「巴基斯坦人民黨」（Pakistan Peoples Party）新黨魁，而夏立夫的「納系巴基斯坦穆斯林同盟」（Pakistan Muslim League--Nawaz）與人民黨合組聯合政府。

　　得勝的這兩個黨都不是穆夏拉夫的友黨。穆夏拉夫的地位尷尬，他必須認可新政府，可是預料他一認可，新政府很可能立刻彈劾他。他早先曾把巴基斯坦最高法院首席大法官免職，以防止他裁定自己的當選連任總統為不合法。預料新政府會讓首席大法官復職，並早已宣稱兩黨聯合政府接掌後將罷黜穆夏拉夫。但是，它並沒有這麼做。夏立夫由於得不到人民黨在這個重大議題上的支持，而率領他的政黨於2008

年8月25日退出聯合政府。美方因凱達組織和塔里班利用巴基斯坦領土做為活動基地，對巴國頻頻施加壓力，而巴基斯坦政府本身又嚴重分裂，巴國陷入動盪不安，未來方向極不穩定。

情勢看來不僅對穆夏拉夫不利，對美國而言也很棘手。穆夏拉夫雖有種種局限，卻是美國反恐戰爭的重要盟友。他在九一一事件後不顧個人性命安危，與美國站在一起反對阿富汗的塔里班政府。可是，到了2007年，他的支持似乎已經動搖。他把追剿好戰份子的權力更加委任給阿富汗、巴基斯坦邊界的地方部落首腦，減低巴基斯坦陸軍的角色。從美國人的角度看，此舉傷害到反恐繼續成功的前景。穆夏拉夫辯稱，這麼做更有幫助，因為地方部落比起外人更清楚地方上的情勢，他們也有地方上的影響力落實上級要求。（我個人認為，這是穆夏拉夫向美國索取更多軍、經援助的技倆，如果援助不來，他威脅要放任情勢惡化。但是重要的是，學生們完全不知道我的個人觀點。）雖然穆夏拉夫自己頗有主張，從美國的觀點他也根本不完美，但他卻是美國在對付凱達組織和塔里班時的最佳奧援。相反地，國會產生的新內閣卻公開表示將與被美國政府視為是恐怖份子的組織談判。

那麼，我的學生究竟有什麼發現？他們的分析顯示，巴基斯坦人民黨相對於夏立夫的納系巴基斯坦穆斯林同盟的政策影響力，遠大於人民黨在國民大會中席次的比例。這並不

特別令人驚訝，因為如果模型只產生未預期到的結果，我們就應該懷疑它。為什麼說它不令人驚訝呢？首先，夏立夫本人並未參加二月大選的競選，這使得他的黨在國民大會中沒有強力的領導人。當他終於決定參加補選時，法院裁定他資格不符，因為他在之前總理任內涉嫌貪瀆，被判有罪。事實上，他就是因為早先的貪瀆案而流亡國外。我學生的分析只是證實了每個巴基斯坦事務觀察家已經知道的事實。夏立夫沒有班娜姬得民心，他的政黨也不比人民黨來得受歡迎。由於她遇刺身亡，人民對她、她的政治運動、她的未來願景的同情升高，使得人民黨得到更大的影響力。

令人驚訝和失望的是，從分析中發現的國家領導階層之間權力演化的模式。他們一方面查覺到人民黨和穆斯林同盟的相對力量此一大家已知的現象，另一方面也發現另一重大問題的確切答案。許多巴基斯坦事務觀察家都在猜測，國民大會中的新領導人是否會與強硬派達成協議。就我所知，卻沒有人敢以數值說明巴基斯坦未來政治權力的分配，以及這種權力分配對於政策的影響力。

我的學生根據賽局理論的邏輯以及他們蒐集來餵進模型的資料所做的預測，可參考以下的圖。圖10-1顯示穆夏拉夫能否撐過選舉而繼續在位，以及最終是否會垮台的情況。當他們的研究完成之時，我認為可以很大膽地說，大部分人相信穆夏拉夫已經完蛋了。少數人猜測美國是否會想辦法救

他，但多數人認為在2008年2月大選過後，他將走入歷史。
我的學生得到的結果則是：「他還不會那麼快完蛋。」

圖10-1顯示，如果政府中的兩黨，即札達理的巴基斯
坦人民黨和夏立夫的納系巴基斯坦穆斯林同盟，願意合作的
話，穆夏拉夫的確會在2008年3月或4月垮台，一如傳媒評
論家所預期。這兩黨合起來的力量（圖10-1的黑色實線）將
在3月、4月間超越穆夏拉夫。這是趕他下台的一個機會，
一如大多數巴基斯坦觀察家的預期。但是模型告訴我們，人
民黨和穆斯林同盟此時並不願合作。模型顯示，夏立夫在這

圖10-1　穆夏拉夫可以在位多久？

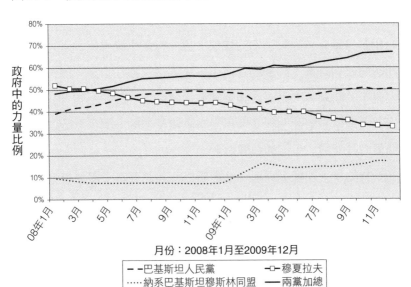

月份：2008年1月至2009年12月

- - 巴基斯坦人民黨　　　　　-□- 穆夏拉夫
····· 納系巴基斯坦穆斯林同盟　── 兩黨加總

段期間相信他可以逼迫札達理及其政黨聽他的話。模型還告訴我們，夏立夫錯了。根據模型的結果，札達理認為人民黨比起夏立夫的穆斯林同盟有更大的影響力，因此沒有理由要聽從夏立夫。我們現在都知道，由於札達理不願承諾推翻穆夏拉夫，夏立夫不僅不合作，還在2008年5月威脅要退出聯合政府。

但是，圖10-1所說的還不只如此。我們可以看到，模型預測札達理的人民黨（圖中的長虛線）靠本身力量，不需夏立夫的協助，將在2008年6月或7月就超越日薄西山的穆夏拉夫之權力。此時，人民黨不需任何人協助，便可甩掉穆夏拉夫。他們有影響力自己來推翻穆夏拉夫。（我們現在知道他們事實上在2008年8月拱走穆夏拉夫，札達理也接替穆夏拉夫的總統職位。）

因此，當全世界媒體在2月間看衰穆夏拉夫時，學生們成功預測到人民黨和穆斯林同盟之間的歧異，將使穆夏拉夫繼續保有權位，直到六個月之後他才下台。但這也僅只是事先將幾個巴基斯坦關鍵議題放進模型中推演出來的大戲中的一小部分。圖10-1只比較了巴基斯坦政治賽局諸多玩家當中三個人的力量。接著讓我們看看，把對於巴基斯坦的文人世俗政府的主要潛在威脅丟進去之後，會是什麼景象。我想到的是凱達組織、巴基斯坦及阿富汗的塔里班，甚至巴基斯坦也有發動政變推翻文人政府的長久歷史。

　　圖10-2對於仍對巴基斯坦穩定民主懷抱希望的人來說，
是相當令人沮喪的。巴基斯坦的塔里班和他們的阿富汗同志
合作無間，因此我把他們視為一體。請注意，塔里班是巴基
斯坦境內最強大的一股勢力。然後，凱達組織至少在2008
年4月之後已躍居第二大，並且凌駕於政府勢力。凱達組織
將會不斷地壯大，他們和塔里班合起來，構成巴基斯坦國內
新興的主流政治勢力，只有國外的美國或歐盟才勉強堪與匹
敵。請記得，我們是根據截至2008年1月份、不是其後所知
的資訊來計算力量——也就是政治影響力乘以關切程度。以

圖10-2　誰在巴基斯坦有影響力？

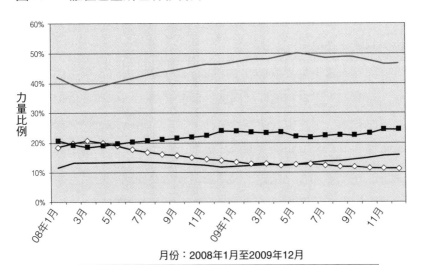

力量比例

月份：2008年1月至2009年12月

◇─巴基斯坦軍方　──塔里班　■─凱達組織　──巴基斯坦政府

下是2008年6月30日——距分析做出已有幾個月——《紐約時報》一則重要新聞的標題:「美國政策猶在爭議,凱達於巴基斯坦大成長。」報導說,「情況愈來愈清楚,小布希政府卸任時,凱達組織將成功地把基地從阿富汗遷移至巴基斯坦的部落地區,並在當地重建武力以便發動攻擊,並向全世界好戰份子宣揚其訊息。」我的學生可以比《紐約時報》早半年預見到此一惱人的景象。他們或許還能更早預見到它;請記得,他們在2008年1月才開始修〈解決外交危機〉這門課,才著手蒐集資料。他們立刻就見到此一結果。

圖10-2還有另一點也很令人困擾。模型的結果還告訴我們,凱達組織和塔里班將試圖與人民黨及穆斯林同盟談判一項協定。夏立夫的穆斯林同盟比起札達理的人民黨對談判抱持更溫和開放的態度。兩黨都願意接受現狀,與好戰份子共存,同時力圖鞏固本身的權力地位。同一時期,巴基斯坦軍方發覺自己慢慢地、穩定地喪失影響力。這樣的情況將使得軍方藉由政變,接管政府以遏止反軍方潮流的可能性提高了。軍方採取此做法的最佳時機是2009年2月至7月之間。在此之前,他們不覺得有需要;在此之後,恐怕已經太遲。巴基斯坦脆弱的民主看來很可能受到兩翼進攻,一方面是好戰份子要建立一個非民主的基本教義派政府,另一方面則是軍方要建立軍政府。

這對於巴基斯坦對反恐戰爭的貢獻,具有什麼意義?他

們會更積極努力地追剿好戰份子、把他們趕走？還是巴基斯
坦政府將屈服於預測所言的凱達組織及塔里班日益上升的影
響力？我想你可以猜到答案是什麼。沒關係，假使你猜不
到，圖10-3會告訴你。

在我的學生開始預測的時點（1、2月間），巴基斯坦追
剿凱達組織和塔里班的決心之現狀，在議題量尺上是40。
40代表有些實質動作在圍堵好戰份子，但又不及美國所想要
的剷除他們；而美國的立場在量尺上相當於100。追剿決心
之現狀（即使有些減損）很接近於模型預測會維持的政策，

圖10-3 巴基斯坦追剿好戰份子的立場變化

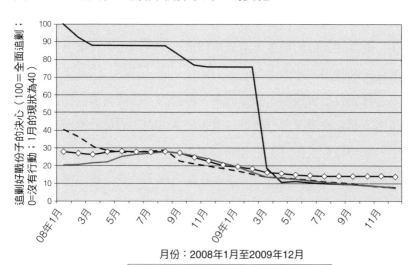

直到2008年夏天為止。0代表凱達組織的立場（圖中未顯示），意即「不要對好戰份子採取行動」。記住這一點後，讓我們看看我們對未來的預測是如何。

圖10-3的虛線和灰色實線，分別代表所預測的札達理人民黨和夏立夫穆斯林同盟的立場。在2008年6月之後，預期他們的做法只不過是言論上反對好戰份子，幾乎不會認真追剿他們。試想一下汽球爆開的情景。反好戰份子的作為洩了氣。這一來追剿好戰份子的責任全落在美國身上。

小布希終其任期一直都堅定表示（但無效）絕對力促巴基斯坦政府嚴厲對付好戰份子。然而到2008年夏天之後，他也差不多放棄此一策略了。但是我的學生卻發現，美國的做法將會有所改變。美國對付好戰份子的兩手策略——美方祕密出擊、巴基斯坦公開追緝——將改成更強調美國直接在巴基斯坦用兵（雖然是祕密進行）。但是，模型估計指出，這樣的承諾也將在美國總統大選之後立刻被捨棄。至少一直到2009年底，也就是預測期間的終點，美國新任總統針對巴基斯坦境內恐怖份子的影響力上升，不太可能有所作為。它顯示新總統就任後，巴基斯坦境內的反恐戰爭不會有效地聚焦處理——當然，現在我們都知道，新任美國總統是歐巴馬，但是在2008年3月間，我的學生和模型都未就美國選舉做任何假設。

■ ■ ■

　　我們剛對巴基斯坦局勢的主要發現做了簡單的描述。我們還可以更詳細討論這些結果如何、為何出現，但是最有趣的問題是：「我們能夠做些什麼？」請記得，我的學生也研究美國對巴基斯坦提供外援，以及這外援對巴基斯坦政策可能有什麼衝擊。他們估計美國目前給予巴基斯坦經濟援助的水平，於2008年會計年度為七億美元。這只是個估計，但可能是合理數字（確實的金額當然是隱藏在公開的資訊和祕密的資訊當中）。他們接下來考量美國國內壓力，以及巴基斯坦國內壓力，以檢視美國國會及總統對這數字的支持度，會隨著時間如何變化。以下即是他們的發現。

　　模型分析顯示，美國國內可能出現巨大的政治壓力，促使美國裁減對巴基斯坦的援助。小布希總統和民主黨居多數的國會，被預測至少在2008年整個夏天會各走各的路（記住，資料來自當年的1月份）。確切來說，模型估計到了初夏，總統將力促國會把每年援助巴基斯坦的金額由七億美元增加至九億至十億美元之間。結果他有沒有這麼做呢？小布希在2008年夏天提議在反恐經費中增加兩億三千萬美元。模型預測國會在同一時期將堅持不增加援助款。而國會果真如此。國會早就對美國給予巴基斯坦的援助金額有意見，要多給錢，得再等一等。模型指出，2008年夏天之後，固然總統

繼續主張比國會肯給的金額再加一點，但雙方立場開始慢慢靠近。雙方都認為美援沒有買到美國政府所要的政策配合。

說得白一點，美國援助款應該是給巴基斯坦政府去追緝好戰份子用的，但顯然不成功。的確，到了2008年6月，國會的公開討論都指責巴基斯坦濫用美國的援助經費。錢被用在購買類似空中防禦武器；可是凱達組織及其在巴基斯坦的盟友並沒有強大的空中武力。加強空防或許有助於巴基斯坦應付來自印度的威脅。因此，雖然政府官員表示美援對巴基斯坦反恐作為的影響被低估了，但國會認為錢被亂花掉了。

我們不難看見，如我學生的分析所評估，歐巴馬總統將面臨實質壓力去支持少給巴基斯坦援助款。我的學生從評估中看出玄機，大為失望。他們從分析中相信凱達組織和塔里班日益壯大，美國不肯增加援助極可能強化敵長我消的趨勢。從他們的研究中可以清楚看到，美國非常關切得到巴基斯坦的幫助，以追緝在巴國境內活動的好戰份子和恐怖份子。同樣清楚的是，巴基斯坦政府領袖（人民黨、夏立夫及其穆斯林同盟、穆夏拉夫在軍中的支持者）都希望美援能夠再增加。模型可以看到，美國當時的政策既不是夠多的胡蘿蔔、又不是會讓人痛到不行的棒子，不足以說服巴基斯坦領袖冒險追緝好戰份子。

有了這些觀察之後，我的學生開始思考不只是預測未來發展，還要製造未來（至少是用模擬的方式）。因此他們開

始尋找一項策略，或許可使巴基斯坦領袖更認真節制好戰份子。他們思考以援助款換取政策讓步的可能性。眼看著巴基斯坦想多要點錢，美國想要巴方努力追緝好戰份子，他們想，難道不能以美援換剿匪的交易來改善局勢嗎？

以外援換取他國遵循美國政策，一向是美國慣用的做法，但即使是一年七億美元的援助，在巴基斯坦也並未奏效。我的學生看了評估之後，可以明白為什麼儘管美國大方援助巴基斯坦，巴基斯坦領袖仍然不積極追緝好戰份子。他們可以看到巴基斯坦領袖（穆夏拉夫、人民黨和穆斯林同盟）覺得以當前的外援水平，要他們承擔來自凱達組織和塔里班的政治風險，太不划算。因此學生們決定分析，如果美國大幅增加援助金額，情勢可能會如何發展？圖10-4A及圖10-4B分別顯示，新任總統維持目前援助金額和援助金額加倍的情況預測。因此從圖中可以看到，直到小布希總統任期屆滿前（2009年1月左右）圖形是一樣的，之後就不同了。圖10-4A預測，如果「布規歐隨」，歐巴馬總統遵循小布希政府的外援路線，美國政府和巴基斯坦好戰份子的相對影響力會是如何？圖10-4B則假設歐巴馬遵循我的學生所建議的路線（他的副總統拜登也有同樣的建議），把美援加倍，情況又會如何？

從兩個圖中可以看出，繼續維持現有的援助政策絕不會有效果。以2008年的援助水平，美國在歐巴馬就職後的頭

圖10-4A　新任美國總統繼續目前對巴基斯坦的援助政策

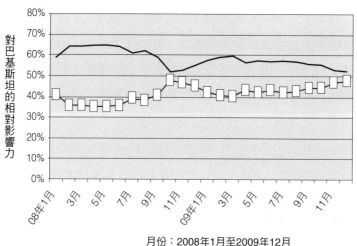

月份：2008年1月至2009年12月

□─ 好戰份子　　── 美國政府

圖10-4B　新任美國總統對巴基斯坦援助金額加倍

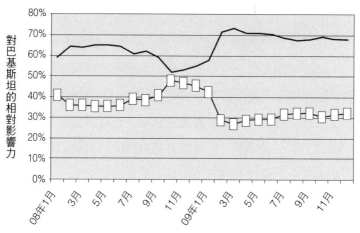

月份：2008年1月至2009年12月

□─ 好戰份子　　── 美國政府

一年尚能對好戰份子維持優勢。2010年開始，優勢實際上已消失。但是如果美國和巴基斯坦達成協議，以美援換取巴方積極追緝凱達組織和塔里班，情況就不同了。國民大會領袖不再想和好戰份子協商，反而會槓上凱達組織和塔里班。他們將給予好戰份子強大的政治和物資威脅，也獲得較大的回報。巴基斯坦政府將因為美援倍增，人受鼓舞，歐巴馬政府也提升了美國在巴基斯坦的影響力，而倒楣的是好戰團體（包括凱達組織、塔里班以及巴基斯坦情報機關ISI內同情他們的份子），根據模型的邏輯和證據，我們可以徹底改變巴基斯坦的局勢，但是要這麼做，我們必須對札達理政府需要更多錢的利益做出回應。他們若得不到錢，是不會去挑釁好戰份子、自找麻煩的。毫無疑問，有些錢會被貪腐的官員A走，可是這才是重點。正因為他們希望美援源源不絕，才可上下其手，他們非得協助美國對付凱達組織和塔里班不可。

從我學生的分析可明顯看到，要巴方積極追緝好戰份子，就得增加美援。可是這一來，有兩個問題需要回答。我們是如何得出美援加倍是最適的（optimal）美援換剿匪的點子？以及交易的相關各方會遵守協議，履行諾言嗎？我的學生回答了第一個問題，但是沒有足夠時間分析第二個問題，因此由我在這裏代為回答。但是，首先我們來看，我們是怎麼估計出最適方案的？

我在介紹賽局理論第一課時，提到有種方法檢視玩家如

何解決跨議題的取捨（trade-off）。我們在那一章談到國家利益的概念，看到有許多方法結合成立一個勝出的選民同盟，有些同盟支持更自由的貿易，有些則支持更公平的貿易；有些支持增加國防支出，有些則主張降低國防支出。現在，運用我學生的分析，我們可以把他們的解決方案建構到賽局裏，並把這個方法（稱為win-sets）運用到他們擬算出來的結果，去評估美國能從巴基斯坦政府得到的最大之追緝努力，以及要花多少成本去得到此一最大追緝努力。

圖10-5描述的是在2008年7月左右，巴基斯坦領袖所希望的援助金額與追緝好戰份子之政策，以及美國國會及總統支持的援助方案平均金額（以及他們對追緝好戰份子的共識），並與預測的這兩個議題的現狀做比較。2008年7月，大約就是穆夏拉夫被預測將要垮台，以及以人民黨為主的新政府預料將掌權的時候。它被選為達成美援換剿匪協議的一個早期機會點。圖中灰色區域代表從美、巴政府的角度看，援助金額和剿匪程度相對於現狀已有所改善的範圍。在此一灰色區域中不同的點，代表不同的、互相可接受的援助金額和剿匪程度的交易。最適的交易是在灰色區域的右上角，這個點代表美方取得巴國領導人全力剿匪，而巴方也得到他們所能要到的最大金額。也就是，花更多的錢也買不到巴方更加努力追緝好戰份子，而更努力剿匪也要不到更大的美援。因為處於灰色區域之外的政策組合，相對於現狀，並非對彼

圖10-5　援助金額可以買到更多的剿匪努力

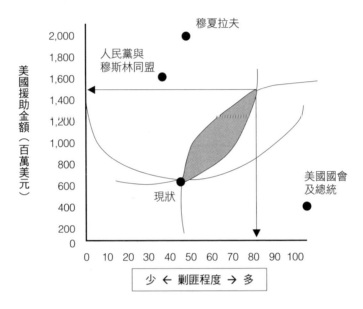

此都有利；處於灰色區域之外的政策組合，和代表現狀的位置一比，至少會有一個玩家的利益受損。

因此，最適的交易是什麼？圖10-5中的水平線代表能換得巴方領導人最大程度剿匪的援助金額。這筆金額在2009年是十五億美元。垂直線代表十五億美元所能換來的最大剿匪程度。剿匪程度相當於剿匪量尺上80的位置。也就是說，我的學生發現以十五億美元的援助，巴基斯坦的國民大會、總統和其他重要玩家非常可能認真去對付從巴國冒出來的恐怖威脅。這個金額比2008年估計的美援款項多了一

倍，比美國總統及國會在新任總統就職之初所主張的金額多出好幾倍（根據模型的分析）。它要求美國大幅改變其政策。

它能買到什麼？放到議題量尺來看，如果巴基斯坦領導人得到十五億美元的援助，他們剿匪的努力程度會遠高過 2008 年 1 月的現狀所處的 40 的位置，但它不會等於代表全力剿匪的 100。100 是小布希政府及國會所要的程度，必然也是任何一位美國總統所想要的程度。因此，我們得不到 100，但我們一定能得到比未增加金額時更多的剿匪努力。但是，請不要誤會我、我的學生或分析的意思。巴基斯坦政府不可能只因為金錢就徹底撲滅恐怖份子的威脅。他們不是傻瓜。他們曉得凱達組織和塔里班被摧毀後，美援就不會來了。因此，為了錢，他們會控制住威脅、降低威脅（即量尺上的 80），但不會徹底摧毀凱達組織和塔里班（即量尺上的 100）。為了他們本身的政治生存，他們會全力以赴。如果最合乎其政治利益，他們會試圖撲滅好戰份子；但若是和他們達成協議看來最有利於巴基斯坦領導人，他們也會這麼做。十五億美元可以發揮效用，說服他們最好是追緝好戰份子、叛軍和恐怖份子，而不是寬容他們。

當然，如果美援換剿匪的協議達成的話，雙方還必須有信心對方不會毀約才行。巴基斯坦領導人必須相信美援會源源而來，美國國會必須相信，收到錢後巴基斯坦領導人不會回頭仍和好戰份子協商。巴基斯坦領導人可能更特別擔心，

因為雖然有了美援，凱達組織的勢力也逐漸消退，可是依圖
10-4B的估算，它的影響力仍不小。模型顯示，巴國國民大
會領袖將在量尺75至80的範圍內持續一次又一次地追緝好
戰份子。有了美援買到巴國在境內加強打擊恐佈份子，美國
國會和總統預料會堅守對雙方協議的承諾。基於本身的政治
利益，所有當事人都應會真心遵守、維繫它。

　　若非美國注入巨額的援助，我怕預測的未來是：巴基斯
坦領導人將和好戰份子達成協議，好戰份子成為巴基斯坦決
策圈合法的一員，或是巴國政府會再遇到另一次政變。美國
的利益將下降並瓦解。很可惜，實際狀況很可能就會如此。
十五億美元換來穩定一個文人的、世俗的巴基斯坦政府，代
價並不算高。

伊朗和伊拉克：是天作之合？

　　我的學生在2008年替巴基斯坦預測的前途並不樂觀。
一年之後的實情至少也是黯淡的。回頭看他們的預測——有
些事現在已經發生，有些則尚未發生——似乎他們在玩預測
工程師賽局時準確得令人鬱悶。有時候預測錯了才好啊！

　　現在，已是2009年春天，我們又有機會來測試賽局模
型。我們就把握這個機會來看看吧。姑且拋開巴基斯坦及其
一切麻煩，伊朗和伊拉克正面臨不確定的未來。這個不確定

提供了大好機會，讓我再次膽敢出糗。在我撰寫本章的2009年4月初，又回到學校開如何解決外交危機的課，它們曾在2008年去預測巴基斯坦的穩定（或者更精確地說，是它的不穩定）。在我2009年的班上，兩名優秀學生運用我的模型，檢視了伊朗和伊拉克之間未來的關係。過程中，他們就兩國可能的政治發展，發現某些相當重要的見解。他們的起始點——伊朗和伊拉克會建立戰略夥伴關係嗎？——反映出美國外交政策中兩個完全不同觀點的辯論：美國政府應該如歐巴馬總統的提議，在伊拉克繼續駐軍？或是應該全面撤軍？預測工程師的賽局可以幫助回答這個問題。

我們投入分析之前，先檢視幾個重要事實。2008年11月美國總統大選之前，民主黨候選人歐巴馬保證在十六個月之內把美軍撤離伊拉克。2009年2月27日他已安坐白宮寶座，歐巴馬略微延長選前承諾的撤軍時間表，延至2010年8月撤軍。它在「主戰」的共和黨人和「反戰」的民主黨人之間，都沒有引發重大爭議。但是當他宣布美國撤軍時間表時，也宣布他有意維持五萬名美軍留駐伊拉克。這可不是一支小規模、象徵性的部隊。事實上，五萬美軍相當於當時伊境全體美軍的36%。我們不驚訝，這立刻遭到民主黨內人士的批評，指他把美軍全部撤離伊拉克的動作太慢。我們也預料得到，他也沒有得到共和黨人太多的讚許。政治可不是相互取暖的事。由於這些戰鬥部隊將在伊拉克至少留駐到2011

年，歐巴馬也飽受抨擊，因為美國與伊拉克政府之間原本存在的一項協定要求的是全面撤軍。當然，2011年的期限也可能無限期延長。

歐巴馬總統2009年2月所做的決定，以及他將在2010年8月面對的事實，可能看來很像，也可能不一樣。來自他本身政黨的壓力，以及現場的情況變化，也可能使他決定在伊拉克只保留極少部隊。但是，當然他也可能堅持要五萬名部隊留駐伊拉克。我不打算在這裏談他將做些什麼，但是我準備用預測工程學賽局來解答他必須做些什麼。答案不會依據我的個人意見或我學生的意見；事實上我也不知道他們的傾向如何。我自己在做分析之前，幾乎不會想這個問題。

當然，這項研究只碰觸到美軍留駐或撤離伊拉克的政策意涵的少數層面。這裏沒檢驗的美國安全之層面，或許也會受到美軍留駐或撤離伊拉克決策的影響。例如，美軍留駐與否也可能影響到伊朗追求核武的方式。但是我在這裏沒有分析這個議題。我只能說，解決伊朗核武威脅的前景相當不錯（根據我早先對伊朗的研究），因此我不認為美國持續、大幅降低美軍駐留兵力會實質上影響伊朗對核武議題的決心。❶

為什麼伊朗和伊拉克會想要結為夥伴？

對美軍撤離伊拉克做預測，是基於一個前提：到了2010

年夏天伊拉克將有能力自衛，對付來自國內外對其安全的威脅。當然伊拉克領導人必須留心他國境上的強鄰，以及國內叛黨再度興兵作亂的危險。對付強鄰伊朗的方法之一，是在兩國之間打造緊密關係。記住有這個可能性之後，我們來思索伊朗的什葉派（Shi'ite）神權政府和伊拉克世俗的、由什葉派主導的政府，兩者可能達成什麼樣的協議。我們在思考兩伊夥伴關係可能性之時必須記住，遜尼派（Sunni）和什葉派的穆斯林彼此之間關係經常很緊繃，尤其是在伊拉克；伊拉克這兩個族群佔全國人口比例極高。

伊拉克的人口大約是65%什葉派、35%遜尼派，兩派相互仇視。兩派不和當然是伊拉克叛亂迭起，以及美國設立我們在賽局理論第一課提到的「關心當地公民」計畫的主要原因。叛亂期間，許多居住在遜尼派地區的什葉派穆斯林被驅離家園，有時候一遇到遜尼派民兵就被殺害。同樣的，居住在什葉派地區的遜尼派穆斯林也被驅離家園或殺害。雖然現在局勢已平靜下來，有些人也回到故居，但是許多人仍流散在外，仇恨藏在表面之下，稍有挑釁，一觸即發。

伊朗的情況又不同，它國內沒有太多什葉派、遜尼派不和的問題。這一點倒不足為奇，畢竟伊朗國內遜尼派人數太少，他們和什葉派人數比是一比十。然而，這並不是說伊朗人就溫暖地接受、或是漠不關心伊斯蘭的此一遜尼派。伊朗當然曾經與中東地區以及廣大伊斯蘭世界的一些遜尼派主

政政府關係不睦。最著名的例子是，伊朗與海珊（Saddam Hussein）當家的伊拉克長期齟齬，兩伊終於爆發戰爭，打了八年，死者逾一百萬，還大量啟動化學戰。伊朗或伊拉克很少人會淡忘這一段，更不太可能彼此原諒，因此要在這兩個國家之間搭橋，並不容易。然而，一直對立下去也有相當大的風險。

由馬立奇（Nuri al-Maliki）總理領導的伊拉克什葉派政府，認為伊朗是有同情心、想法相同的潛在盟友。相反地，他和他最親近的伊拉克追隨者可能認為國內的遜尼派同胞，是對其政權和伊拉克前途的一種威脅。馬立奇當然想要加強伊拉克的安全，而且根據我學生蒐集的資料，他認為一旦美國降低駐軍或全面撤軍，和伊朗組成戰略同盟正是確保伊拉克安全的一個方法。在以下的表中，他在夥伴議題的起始立場是位於80的位置，意即要讓伊朗保證伊拉克的安全。這樣的保證可以引進從伊朗發動的相當程度的軍事壓力，以對付伊拉克國內任何反什葉派的叛亂。這正是馬立奇政府所需要的。

然而，要組成這樣一個夥伴關係，談何容易。除了任何國際談判背後必然存在的複雜性之外，美國政府很可能從外交上強烈反對伊拉克此一舉動。除了來自歐巴馬的壓力之外，我們深信代表伊拉克境內遜尼派利益的人士，也會強烈反對與伊朗有任何交易。至於伊朗這方面，能與伊拉克達

成協議會增進伊朗想要成為區域霸主的野心，但是伊朗政府
必須審慎思考和一個可能落入遜尼派掌控的政權走得太近的
風險。夥伴關係議題看來非常適合用以評估美國留駐部分軍
隊、或是完全撤離伊拉克，究竟何者對美國較有利。畢竟伊
朗絕對不是歐巴馬所樂見可對伊拉克政策發揮實質影響力的
國家；而兩伊之間成立夥伴關係，正好就會產生此一後果。

伊朗與伊拉克的夥伴關係賽局

立場	代表意義	對兩伊關係的詳細意涵
100	全面戰略夥伴關係	武器與軍事技術自由流動；共同防禦同盟；聯合情報作業
80	集中型夥伴關係	限制性的武器與技術交流；部分情報分享；相互保證防衛對方的同盟
50	限制型夥伴關係	有限的武器交流；不做技術轉移；不分享情報；彼此保證不用武力對付對方
25	最低度夥伴關係	對武器交流有相當限制；完全不簽署同盟協定
0	沒有戰略夥伴關係	沒有武器或技術交流；兩國政府重申遵守阿爾及爾協議（Algiers Accord）❷

上表告訴我們，伊朗和伊拉克的未來關係有許多可能的
形式，當然我們需要玩這個賽局以找出未來可能發生的狀況。
從歐巴馬的角度看，伊拉克不應該太快就和伊朗跳上床。他

認為位於量尺上0的位置附近的政策最好。換句話說，歐巴馬政府希望兩伊各走各的路，同時依1975年兩伊條約遵循義務，保持邊境和平。但這不是馬立奇總理所要的。他主張集中型的戰略夥伴關係（位於量尺上80的位置）。馬立奇的政府需要有個保護者；如果美國不能當靠山，他會接受來自伊朗的安全保證。對他來說，和比伊拉克人得多的鄰國結為緊密夥伴有其必要。如果他能完全做主，他將會選擇和歐巴馬總統背道而馳的路。當然，馬立奇和未來任何一位伊拉克領導人都不可能自行其是。來自各方的牽扯力道太大，因此我們必須有一工具，如賽局理論，來協助我們釐清未來局勢。

歐巴馬總統這廂力促馬立奇總理不要與伊朗達成協議，可是輸入賽局的專家資料卻指出，伊朗的哈梅尼大主教（Ayatollah Ali Khamenei）──對伊朗所有政策皆有否決權的最高領袖──很歡迎有機會和伊拉克建立比馬立奇所想的更緊密的關係。他也想要兩伊有共同防禦協定，也想要兩伊有幾乎無限制的情報交流和武器交易。顯然哈梅尼想以伊拉克為基地，蒐集阿拉伯國家的相關資訊。因此，歐巴馬對兩伊的觀點，和這兩個國家領導人的野心之間，有極大的差異。

伊拉克能給伊朗什麼？

有了這些背景了解之後，我們來看看以下兩個可能的劇

本,將會如何發展？第一個劇本是：伊朗和伊拉克先各自經過國內的正常內部折衝，訂出各自的立場，在美國維持留駐五萬名部隊於伊拉克、持續施壓的背景下，雙方進行談判。第二個劇本是：他們各自設定國內的賽局，然後在沒有外來影響力，美軍也完全撤離之下，雙方談判未來關係。

圖10-6A顯示伊拉克四位關鍵政治人物的立場變化情形。他們是總理馬立奇、代表遜尼派的副總統哈希米（Tariq al-Hashimi）、代表庫德族的總統塔拉巴尼（Jalal Talabani），以及好戰的反美什葉派領袖沙德爾（Muqtada al-Sadr）。本圖所根據的分析是假設美國在2010年8月會全面撤軍，這不只是許多美國人的願望，也是許多伊拉克人歡迎的結果。圖10-6B顯示同樣這幾位伊拉克關鍵人物的立場，但這次是假設美國留駐五萬名作戰部隊，來進行賽局。模型對於伊拉克領導人何時會對與伊朗交涉形成穩定的看法，並沒有確切答案，但分析指出這個決定不會晚於2010年8月太久——還很可能會提前。這個議題目前顯然還不急，但美軍撤離的日期愈靠近時，這議題會備受矚目。

模型顯示，要經過六、七輪的交涉，伊拉克各方的政治利益（包括四大領袖之外的許多人）才會就如何與伊朗打交道達成協議。因此，許多回合的內部討論代表議題被拿出來討論，到它在內部得到解決之間，時間拉得很長。顯然要讓伊拉克人搞定他們希望與伊朗有怎樣的未來關係，絕不容

易。

把圖10-6A和圖10-6B擺在一起看，出現很有趣的事。
儘管彼此歧見很深，馬立奇、哈希米和塔拉巴尼緩慢但穩定
地接近達成協議。他們支持與伊朗有不冷也不熱的關係，這
種關係沒有馬立奇所想要的那麼親密。根據賽局，伊拉克外
交人員將奉命尋求與伊朗達成協議，包括兩國之間武器有限
度的交流，但不準備移轉技術或分享情報。以正式的條約關
係而言，可能追求的是各自承諾不用武力對付對方。也就是
說，以國際事務的用語，伊拉克尋求的是互不侵犯條約。美
國最後將會支持這個做法，但勢必經過冗長的談判。如果美
軍繼續留駐伊拉克，塔拉巴尼會覺得可以大力主張與伊朗有

圖10-6A　在美國撤軍之下，伊拉克對伊朗的立場變化

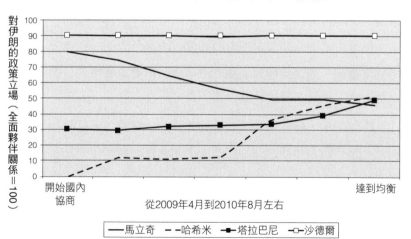

更薄弱的結合，但是他的主張不會佔上風。如果美軍撤離，他會附和馬立奇的折衷立場。

圖10-6A和圖10-6B中還有一位非常重要的人物。沙德爾是好戰的什葉派神職人員，他強烈反對與伊朗只建立薄弱的夥伴關係。在美軍撤離之下，他的立場從頭到尾不變。這個觀點支持幾乎是最極端的夥伴關係。我們的確看到，只有一些伊朗領導人如阿瑪迪內賈德（Mahmoud Ahmadinejad）希望這樣。沙德爾主張兩國之間武器與軍事技術自由流動，並且還有共同防禦同盟及聯合情報作業。如果美軍留駐伊拉克，他也只會稍微從此一極端立場後退，可能是因為關心本身組織的安全之故。

圖10-6B　若美國留駐五萬美軍，伊拉克對伊朗的立場變化

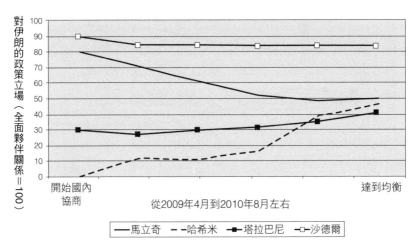

伊拉克的政治贏家和輸家

在放下伊拉克的內部決策過程，轉而檢視伊朗國內相對的評估之前，我們要探求在與伊朗締結夥伴關係這個重大議題上，伊拉克的政治贏家是誰、輸家又是誰。圖10-7A顯示，如果美軍完全撤離，預測馬立奇、哈希米、塔拉巴尼和沙德爾的政治影響力變化。圖10-7B則是如果歐巴馬在伊拉克留駐五萬名部隊，評估同樣的影響力變化狀況。

稍微看看伊拉克政治勢力預測的變化可以看到，在美軍完全撤離的情況下，馬立奇總理需要與伊朗達成協議的急迫性，比起歐巴馬遵守承諾留駐五萬美軍於伊拉克的情況下，

圖10-7A　在美國撤軍之下，伊拉克的各方影響力變化

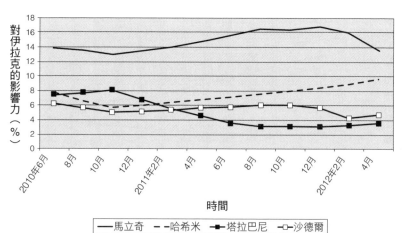

來得更大。圖10-7A顯示，經過幾個月的政治影響力上升之後，馬立奇的影響力將在2012年初開始下滑。同時，哈希米的力量將穩定上升。沒有美軍大量留駐下，賽局指出，大約在2012年年初至年中，即使馬立奇仍有影響力，哈希米也會接近完蛋（dead）。反之，若是美國留下一支龐大的戰鬥部隊，雖然哈希米的力量不停地上升，馬立奇的力量並不會下降。馬立奇比起他的遜尼派政治對手，勢力仍然大得多。由於馬立奇表示願與美國政府合作，哈希米則不，美軍留駐可能就很重要，可阻止哈希米成為比現在更強大的玩家。馬立奇可能也會重新思考美軍在2011年完全撤離的得失。

在五萬美軍留駐伊拉克的情況下，沙德爾的政治前途看

圖10-7B　若美國留駐五萬美軍，伊拉克的各方影響力變化

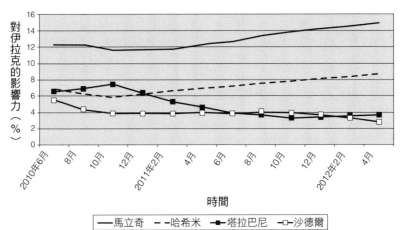

來比美軍完全撤離時糟糕得多。總之，從賽局得出的評估顯示，不管是哪一種情況，沙德爾都進入衰退期，只是假如歐巴馬抗拒撤軍壓力、仍留駐部隊的話，他跌得更深。塔拉巴尼總統也是在兩種情況下都走下坡，但是如果美軍撤離的話，他跌得更快更猛。這是非常不幸的情況組合，因為沙德爾是公開反美，而塔拉巴尼則視美國為重要盟友。

然而，伊拉克真正的大事把我們帶回到哈希米和馬立奇兩人的命運，特別是如果美軍完全撤離伊拉克的話。我前面說過，馬立奇是個理性的可靠朋友。他了解如何不顧廉恥地追求個人利益；美國退出的話他會迅速和伊朗打交道，而如果美軍留駐的話，他也會和美國交好。他懂得看風向，也知道誰最能擔任他的守護天使。他政治生命的最大風險是被趕下台；國內最能威脅到他繼續在位的是哈希米。哈希米希望伊拉克和伊朗毫無瓜葛。而且，他希望翻轉政府的「去復興黨」（de-Baathification）的政策；復興黨是海珊的政黨，遭政府排除參政權利。哈希米強烈反對伊拉克採取聯邦制。許多人——尤其是美國副總統拜登——視聯邦制為最可避免內戰的上上之策。因此，如果美軍撤離的話，什葉派對遜尼派（亦即馬立奇對哈希米）的政治鬥爭很可能對伊拉克的前途投下巨大陰影。美軍若是留駐的話，陰影就會小得多。

在美軍撤離的劇本下，「馬消哈長」，情勢變得似乎只有兩條路可走——從美國的觀點，沒有一樣是好的。馬立奇

可以接受哈希米，與他分享權力。這可以大大增強中央政府的力量，也安撫許多遜尼派，這是一樁好事。但是它也替復興黨人重掌政權打開大門，這是非常糟的一種可能結果。畢竟在美軍完全撤離下，預測的權力變化顯示，即使馬立奇下滑、哈希米上升，兩個人都會完蛋。馬立奇深怕復興黨會重新掌控政府，或許會選擇威脅到其權力的第二個解決方法：他或許不和哈希米分享權力，反而籲請伊朗介入，協助保衛其政府，對抗新興的遜尼派叛軍或內戰。當然，除了伊朗領導人之外，對任何人而言，這都是可怕的結果。

伊朗—伊拉克的夥伴關係

伊朗軍隊受邀協助馬立奇政府對付遜尼派威脅的可行性，當然要看兩國達成的協議之性質而定。伊朗國內的動態關係很快——只需經過三個回合的國內交涉——就可針對哈梅尼應該如何和伊拉克交涉、形成夥伴關係，做出決定。哈梅尼將尋求建立全面戰略夥伴關係。一旦兩國都解決了內部對夥伴關係的看法，雙方的談判代表就可以碰頭嘗試找出協議的共同立場。

圖10-8A和圖10-8B顯示，如果美國撤軍或是保留五萬名駐軍，兩伊雙邊談判可能會出現什麼結果。兩種情況的結果截然不同。美軍撤離的情況下，馬立奇和哈梅尼迅速達成

協議。如果美軍仍然留駐，在達成協議之前，談判就會被放棄——或至少被擱置。的確，賽局顯示，如果歐巴馬在伊拉克保留五萬名駐軍，即使經過兩年多的談判，兩國政府也不會達成協議。

　　圖10-8A和圖10-8B說明哈梅尼和馬立奇這兩個主要決策者，在雙邊談判過程中的政策立場，但也顯示在兩國具有實質影響力的最極端份子的政策立場之演變。因此我們可以看到伊朗總統阿瑪迪內賈德與Bonyads近乎南轅北轍的立場。Bonyads是伊朗的一個免稅慈善組織，掌控了很大部分的經濟活動，對哈梅尼及其執政委員會有極大的影響力。哈梅尼則是不論美軍是留是撤，他都很有彈性可與馬立奇政府

圖10-8A　在美國撤軍之下，伊朗一伊拉克的協議結果

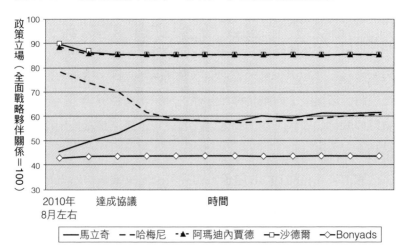

協商。但是阿瑪迪內賈德就反對任何可能的夥伴關係協議，不論美軍是否撤離。

　　根據預測工程的賽局，阿瑪迪內賈德自始至終主張伊朗對伊拉克的影響力，遠超過伊拉克可能同意的程度，也因此他極可能與哈梅尼不和。❸ 我們之後將會看到，阿瑪迪內賈德的意見不獲採行，使他慢慢喪失政治影響力。同時，代表伊朗最大經濟利益的Bonyads，一樣很堅決反對代價可能不小的伊朗與伊拉克夥伴關係。他們支持盡可能薄弱的關係，這也是美國勉強願意接受的立場。Bonyads支持的只是略勝過友善的關係。誰知道呢？在哈梅尼大主教影響力下降之際——我們將看到，實際已是如此—— Bonyads或許可成為一

圖10-8B　美軍留駐伊拉克，伊朗－伊拉克的協議結果

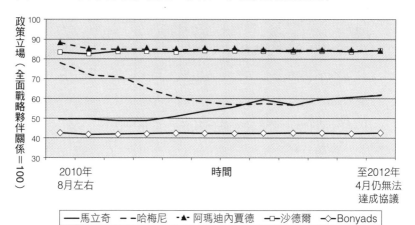

個媒介，美國可透過它與伊朗的重要利害關係人找到共同立場。

在伊拉克方面，沙德爾扮演的角色大體上相當於阿瑪迪內賈德在伊朗的角色。沙德爾也是頑固、不可動搖的角色。然而，當他和阿瑪迪內賈德試圖阻撓達成協議之時，賽局指出，如果美軍撤離，馬立奇和哈梅尼將會快速達成協議。預測的結果是：歐巴馬把美軍全部撤離後，兩伊可達成的協議在議題量尺上是位於60的位置。這表示兩國將進行相當數量的武器交流，他們會利用情報機關協調作業，他們也可能會簽訂同盟協定（例如相互友好條約）以確保大於兩國互不侵犯、但又不到保證共同防禦的地步。類似的安排或許就足以讓馬立奇在一旦爆發遜尼派作亂時可請伊朗出面保衛其政府，也可以壓抑哈希米不要蠢動。

可是，如果美國留下五萬名部隊在伊拉克，情況就完全不同。我們在圖10-8B可以看見，雖然談判可使哈梅尼和馬立奇的立場愈靠愈近，但談出穩定結果之條件還不存在。毫無疑問，這是因為馬立奇將在國內面臨很大的政治壓力。壓力會反對他與伊朗簽署夥伴關係的協定。因此，馬立奇在國內如此嚴峻的政治壓力下，將暫時擱置任何可能的協議。即使模擬演算兩年以上的談判，模型也看不到達成協議：賽局還要繼續下去。根據賽局，在雙方能夠找到伊拉克方面可以向國人推銷的方案之前，談判極可能就會破裂。也就是說，

美國駐軍已足以使馬立奇猶豫不前，不敢對哈梅尼做出重大
讓步。有些方法可以克服馬立奇將面臨的問題，但是考量到
伊拉克或伊朗的外交官很有機會讀到這段文字，我這裏保留
不說，讓他們自己去傷腦筋，找解決方法。其實他們也不見
得會聽我的話，可是我又何必越俎代庖呢！

　　我們另外也來檢視，伊朗國內的政治影響力預測會有怎
樣的演變。這裏透露一些有趣的觀察，或許可使我們對未來
更懷抱希望，特別是如果美軍留駐伊拉克的時間夠長，讓所
預測的伊朗之發展有時間穩住陣腳的話。

　　圖 10-9 顯示伊朗五大利害關係人之間政治力量預測的
變化。根據預測工程學的估算，伊朗最有權力的哈梅尼大主
教，正進入漫長的政治勢力下滑階段，可能以退休做為結
局。由於他實質上對所有的政策決定都有否決權，這代表
伊朗政局的一個重大改變：西方世界比較不熟悉的賈法利
（Mohammad-Ali Jafari）少將，以及簡納提（Ahmad Jannati）
大主教。簡納提大主教是守護委員會（Guardian Council）主
席，一位反改革的神職人員。他可以否決國會候選人，也有
權評估國會的決定是否符合憲法及伊斯蘭律法。因此，他
的權力幾乎與哈梅尼大主教不相上下。賈法利少將是伊朗
的精銳部隊伊斯蘭革命衛隊（Islamic Revolutionary Guards
Corps）的司令官，這個精銳部隊是維護政權的關鍵。這兩
人都比仇美的伊朗總統阿瑪迪內賈德更有權力。圖 10-9 也

圖10-9　伊朗政治力量的變化

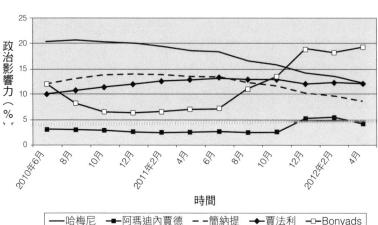

顯示Bonyads的力量變化。Bonyads最早成立於王政（Shah）時期，1979年伊斯蘭革命後全面改組。他們掌控巨大財富、享有免稅地位，只聽命於伊朗的最高領袖哈梅尼大主教。他們掌控了伊朗的財庫，而且不必驚訝，貪腐和管理不善也十分有名。但是他們也是政治務實派，因此他們可能是歐巴馬政府想要解決美國、伊朗之間許多緊張問題，必須打交道的對象。

圖10-9如果正確的話，還揭露伊朗國內一個令人驚訝的新變化。❹關鍵性的宗教領袖如哈梅尼、簡納提的政治影響力都在消退中。其他的神職人員（譬如比較不參與政治的Qum派，又稱靜默派〔Quietists〕）可能接下部分他們丟失的

力量,但是絕大部分的政治影響力落到伊朗軍方精銳的代表人物賈法利少將,以及掌握財庫的Bonyads手中。企業界的影響力也上升。換句話說,伊朗的神權政體即使在精神層面尚未衰弱,政治影響力已在下降;一個雖然軍事化、更貪腐的世俗務實政府似乎正在崛起。雖然神職人員似乎仍維持著象徵性的權位,他們的實質控制權已逐漸流失,轉向更傳統的強人、金權獨裁政體。

分析所呈現出來的不同結果,要看美國在2010年8月之後是否仍在伊拉克駐軍而定。如果伊朗能和伊拉克達成重大的夥伴關係協議,美國也如期撤軍,伊朗將邁向區域霸主的地位,也會使它恢復向外輸出其伊斯蘭基本教義的做法。這樣的勝利或許甚至可以扭轉大主教政治力量衰弱的趨勢,幸運的是,這樣的發展可能性不大,因為歐巴馬總統似乎是個言行一致的人。維持美軍留駐伊拉克似乎已足以嚇阻兩伊建立強大的夥伴關係,這個關係可以提供基礎讓伊朗在伊拉克遜尼派興兵作亂時,可以採取軍事干預以保衛馬立奇政府。它也似乎足以使馬立奇夠強大,因而哈希米若想推翻他,必須再慎重考慮。美軍若是繼續留駐,就可以買到時間,有機會讓伊朗出現較不反美的政府,這個趨勢在賽局中可在類似情況下出現。美軍留駐可以創造機會與「正常」的小獨裁政權打交道,或許——只是或許——還可以與一個新生的、比較民主的政府打交道。撤軍則讓大主教繼續當家的機會增

加，同時也破壞伊拉克未來出現親美政府的希望。

有了這些分析，我們可以更清楚地辯論2010年8月究竟是要留駐美軍、還是全面撤出。全面撤出等於是邀請伊朗介入，填補空缺。從美國的角度看，這是極端危險的事。從另一方面來看，我們應該要問：美國持續駐軍要到什麼程度才可能傷害到歐巴馬總統及國務卿希拉蕊・柯林頓力圖降低伊朗核武威脅的努力？根據我所做的其他評估，這個風險似乎很小。更重要的是，假如果真如賽局所預測，Qum靜默派大主教的影響力上升，Bonyads和軍方影響力也上升，則伊朗很快就會進入一個更務實的時期，它有助於如今十分棘手的問題（如核武威脅）的解決。時間會證明這一切。我邀請從不同角度研究這些問題的其他人士，也不要怕出糗，現在就告訴我們他們認為今後兩年的情況會是如何。

第11章

大掃除

長達五百年的政教鬥爭賽局、預測
全球暖化問題的未來發展

　　或許我們做總結的一個好方法，是舉一個發生在很久之前，又能對往後很長一段期間做預測的例子。首先，我將評估一個幾乎已有九百年之久的問題，只運用當時相關決策者——教皇和國王——所能擁有的資訊，來鋪陳賽局理論如何掌握及預測歷時數百年之久的改變社會之結構大變化，這個案例的時間始於西元1122年，下至1648年。接著，我們再檢視從今天算起一、兩百年後的我們將會如何。

　　首先，讓我們回到1122年，看看我們如何可以預測五百二十六年之後基督教會的終結。

■　　■　　■

　　今天的羅馬天主教會（Catholic Church）和過去完全不同。在過去美好的時代，尤其是1648年以前，羅馬天主教會在歐洲政治上的地位猶如今天的美國：居於霸主地位、財富傲人、是「教父中的教父」。但是，它也不是一直如此。在西元第十或十一世紀，它夠強大，但還沒那麼強大；教皇僅只是羅馬主教而已。大約從1087年至1648年，教會的政治影響力先升、後降。依我之見，這主要是因為羅馬天主教會於1122年與神聖羅馬帝國皇帝，以及當時的英國、法國國王達成了一項協議所致。

　　教皇實在是個上等好差事。他住在羅馬城中心公家配給的豪華宿舍裏。他有令人難以置信的藝術收藏品，享受最上

等的義大利美食，我們必須承認，連他的服裝也很酷——他的帽子實在是超凡。他風光地四處趴趴走，受到數百萬人愛戴。可是，這份差事還是沒有從前那麼棒。教皇權威最盛的時期是英諾森三世（Innocent III, 1198-1216）到博義八世（Boniface VIII, 1294-1303）之間的這段時期。當時的教皇，名聲、榮耀、財富、聖潔、權力集於一身。此後就一路下滑，而以結束三十年戰爭的西伐利亞條約（Treaty of Westphalia）劃下句點。

1648年的西伐利亞條約正式賦予各國國王在其領土範圍內最高權力。他們可以選擇（或讓人民選擇，雖然當時這個想法還未出現）其境內的宗教。王國愈是靠近羅馬，愈有可能仍信天主教。愈是遠離教皇的地方，新教愈是盛行。西伐利亞條約遵奉外國力量不應干預任何國家內部政策的原則。它確實限制了羅馬天主教會數百年來號令各國政策的力量。雖然西伐利亞條約明文訂定這些要求，其實它們已醞釀了很長一段時間。使這些條件可行的實質行動至少開始於五百年前，當時以「沃姆斯協定」（Concordat of Worms）解決了出售主教職位的問題。

一般歷史學家對於現代主權國家的發展，和我的看法非常不同；我的觀點是以沃姆斯協定的賽局為基礎。一般標準的說法是：羅馬天主教會促進了經濟成長（禁止高利貸只是因為它是邪惡的），使得國王們順從地接受教皇指派的主

教，因而梵諦岡控制了大部分的歐洲。我的觀點則是：羅馬天主教會積極地阻撓世俗領地的經濟成長，國王們也只是基於經濟原因，被迫順從地接受教皇指派的主教。我的觀點比較是把教會視為是政治力量，而非宗教體制。請各位了解，我並沒有質疑今天或過去任何時期教會對於宗教信仰的真誠。我只是承認，除了宗教任務之外——或許正是出於保衛宗教——天主教會玩起了權力政治。

我認為，經濟成長終究使得教皇的政治影響力式微，也正是因為經濟成長——以及競逐經濟利益——使得西伐利亞條約的條件最終能夠成熟。我將展示這些發展如何因沃姆斯協定的策略意涵影響，因此都是可以預測的。沃姆斯協定建立了一個方法使教皇能維持其大權相當長一段時間，但教會也無可避免地最後要隸屬在國家之下。因此可以說，1122年在位的教皇加里斯都二世（Calixtus II）做了對他本身及其後幾位教皇有利的事，但代價是出售了幾個世紀之後教皇的政治前景。

沃姆斯協定所達成的協議解決了主教如何敘位派任的鬥爭。在沃姆斯協定之前，神聖羅馬帝國皇帝和天主教各國國王可以出售其轄區內的主教職位。當然，教皇反對這種做法，他希望更能夠控制各地主教，畢竟，主教應該是他的代表才對。根據沃姆斯協定，教皇得到權利提名主教，而國王有權利准駁提名人選。新主教就任後，國王需放棄對主教職

位的象徵和徽鈴的控制,也放棄其收入。做為交換,主教在主教轄區之內協助和效忠國王為其最高權力者。以這種方式,國王把對主教轄區的課稅權轉移給教會及做為教會代表人的主教。在老主教去世到新主教就任之間的空檔,主教轄區的稅收歸國王所有。這筆稅收的數額可以極大。主教的職位懸缺愈久,國王──而非教會──收到的稅收愈多。但是,駁回教皇提名人選必定會激怒教皇,對國王來說,政治代價和社會代價都相當高。教皇可以把國王逐出教會,或停止該主教轄區的權利,也就是說在此主教轄區內沒有人可以得到任何聖禮。在那種宗教當道的時代,這相當於是煽動內戰反抗國王的大騷動。

在主教懸缺期間,國王對主教轄區的課稅權代表的是屬於國王的財產權,而國王之所以有此權利不是因為他個人,而是因為他是主教轄區的最高權力者。國王不能將此財產權出售,而且只有國王的繼承人才能繼承此權利;國王的繼承人可以是他的孩子,或是其他人。因此國王擁有此一財產權,是因為他是王國的代理人,也因此這並非他的私人財產。這是脫離封建制度關鍵的一步。這表示說,國王代表其公民─國民(citizen-subjects)對於領土內任何主教轄區擁有主權(sovereign)。這是如我們所知的國家(state)觀念的開始。

雖然沃姆斯協定的實際賽局比我所提出的模型更複雜,

但是圖11-1大致可以抓到重點。教皇要提出主教人選，被提名人不是教皇的心腹，就是受到國王的喜愛。國王可以同意教皇提名的人選，也可以駁回此一人選。如果國王駁回被提名人，可以多賺點錢，但是會惹惱教皇，教皇必須另外提別的人選。如果國王接受教皇的提名人選，由於主教並未懸缺太久，國王少賺很多錢，但是他和教皇的關係大為改善。因此，只要教皇和國王同意某一人選，兩人都受惠，只是方式不同。主教人選被接受之後，來自主教轄區的稅收歸於教皇，同時視主教是哪一方的人馬，教皇不是多了個忠心耿耿的使節，就是必須倚重一個效忠國王多於效忠自己的人，在

圖11-1　沃姆斯協定的賽局

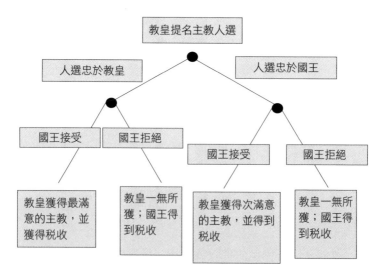

教皇圈子不啻埋伏了一個內奸。人選取得共識之後，國王有了一位可接受的主教一起共事，如果在前任主教逝世和新任主教就任之間時間拖延了，國王還可多賺一些錢。

教皇要做的選擇看來很簡單。如果他提名某個預料會忠於他的人——如他的親戚或教廷某成員——而國王又接受了，教皇就得到他最中意的人做主教，又可因為盡速消除懸缺而得到主教轄區的稅收。問題在於國王可能對他提出的人選說不。因此，你可能覺得，或許教皇應該提名忠於國王的人當主教，至少教皇可以得到稅收款。但是國王仍可對此提案說不。這就是五百二十六年後羅馬天主教會瓦解的種子。讓我們以數據為例來看看國王的選擇，以展示這是如何運作的。數字的高低在這裏並不重要，只要它能代表在不同條件下對於教皇、國王的相對價值，就夠了。

我們暫時放下收入這件事。假設教皇給效忠於他的主教5分，給效忠於國王的主教3分。不獲國王同意的主教人選，對於教皇來說是0分。這個數字順序很清楚顯示，教皇喜歡自己的人馬當主教，勝過讓國王的人馬當主教。但如果跟根本沒人當主教一比，他又寧可讓國王的人馬當主教。再假設國王給效忠於他的主教5分，給效忠於教皇的主教3分。沒人當主教的話，對於國王是0分，就跟教皇一樣。

接下來就很有意思了。從主教轄區可課徵到的稅收值多少？我假設一個窮主教轄區對國王或教皇（看誰得到稅收）

圖11-2　沃姆斯協定的賽局（以數字為例）

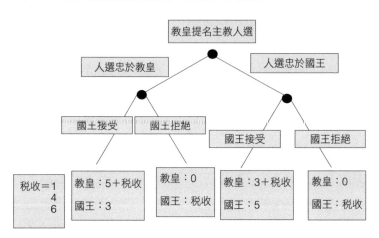

產生的收入是1分，中等富裕的教區收入為4分，相當有錢的教區收入為6分。在賽局樹（game tree）的最下方，分別顯示了該結果對教皇和國王的利益。

　　我們在第三章討論銀行併購的賽局時，我答應後面會有一個更有意思的賽局。現在就是了。要解決這個賽局，教皇必須先思考國王究竟會怎麼做。國王的決定主要取決於主教轄區內的收入有多少而定。當教區稅收少──只有1分──國王因同意效忠教皇的人當主教而得到3分，若是拒絕此一人選，只得到來自稅收的1分。假設教皇選擇國王的一位親戚出任主教，國王當然得分漂亮，他可以因接受此一人選得到5分。可是，沃姆斯協定規定教皇要先動作，提名主教人

選。教皇算出來他如果提名自己的人馬當主教，他可以得到
6分——5分來自人選，1分來自稅收（以窮教區而言）。這
可比他提名國王的人馬當主教得分要高。因此，在窮教區，
教皇提名自己人當主教，逼國王出牌。若是國王同意教皇的
選擇，天下就太平了。這就是歷史學家所見的世界：因為他
們發現，國王幾乎從未拒絕過主教人選。

可是，以我個人淺見，我認為歷史學家錯了。譬如，假
如我們檢視菲力浦‧奧古斯塔（Philip Augustus, 1179-1223）
在位期間法國各教區稅收的差異，我們發現，教皇在窮教區
一面倒地選擇自己的人馬出任主教，但在稅收中等的教區則
選擇國王的親戚出任主教。這正是1122年沃姆斯協定訂定
的賽局可以預期的情況，它也是一個關鍵事實，使得教皇希
望抑制經濟成長，以免國王為所欲為。

當稅收為4分、而非1分時，國王否決教皇人馬出任主
教，比同意此一人選更有利（4分對3分）。但若是教皇選擇
國王的親戚出任主教，國王點頭說是的好處大過搖頭說不，
即使這麼做要放棄還不錯的稅收。國王的親戚出任主教，國
王得5分，但總比拒絕的話只從中等稅收的教區得到4分要
好。因此在比較富裕的教區，肯用心、政治手腕靈活的教皇
會改變策略，讓國王的人馬當主教。此時，教皇因主教人選
得3分，因稅收又得4分。當他曉得國王有誘因會否決教皇
屬意的人選出任主教時，這是他的上上之策。

現在假設一個非常富裕的教區，其稅收為6分。單是這個教區的稅收得分就比任何主教人選的得分要高。教皇根本不能和國王爭搶對它的政治控制權——國王根本不介意主教由誰來當。他只要稅收，任何人來當主教，他統統不答應。沃姆斯協定於是瓦解，我們進入一個新世界：國王保留在其領土內的稅收，教皇無從置喙。這基本上就是現代羅馬大主教會的情況。它還是最重要的宗教組織，但不再是重要的政治、軍事玩家。

我們看見沃姆斯協定的體制創造出一些有趣的誘因。某個教區的稅收愈高，教皇愈難推派自己中意的人選出任主教。有價值的教區需要教皇犧牲讓步；他必須同意由忠於國王多於忠於教皇的人出任主教，否則教皇就會失去稅收。這使得教皇有誘因要去阻礙教會控制地區之外的經濟成長。事實上，1122年以後，天主教會採取了一系列新措施，來阻礙教會以外地區的經濟成長。這是巧合嗎？我們無法知道。我們只能知道教會——以及國王——在1122年之後提出的新變革，吻合沃姆斯協定所創造出來的誘因。

譬如說，1123年拉特朗第一屆大公會議（First Lateran Council），天主教會的領導人集會協商重要的新規則，我們看到它更強調守貞對於神職人員的重要性。會議決議禁止神職人員娶妻或蓄妾。教會很清楚他們對於守貞條件要求趨嚴的動機。與其說他們是要提倡純潔，不如說他們是想釐清教

會財產權的問題。新規則使得神職人員的財產將歸於教會而
非其繼承人的機率增加。1139年的拉特朗第二屆大公會議訂
定了更嚴格的改革；會中討論了財產繼承和高利貸的問題。
就主教過世後其私人財產的繼承問題，教會提高罰則，規定
一切歸屬教會，任何世俗之人不得為受益人：

> 過世主教的財物任何人不得搶佔，應留交司庫與教會基
> 於教會及繼任主教之需而做處分⋯⋯甚且，任何人若膽
> 敢有此企圖，將被逐出教會。任何人奪佔將死的神甫或
> 神職人員之財物，將受到同等處罰。❶

由於違反規定者將被逐出教會，這樣一來，主教的家屬
或國王想染指過世主教的「私人」財產，必須承擔的風險會
高很多。如此使得錢留在教會所希望的地方：它自己的財庫
裏！

會議又規定，高利貸「依神諭和人世法，是可鄙的行
為」，切斷放高利貸者與教會的關係，除非他們悔改，否則
不准為他們舉行基督徒葬禮。「高利貸」（usury）在當時指
的是，預期可獲得利潤的放貸行為，並不一定是今天這個字
詞所指涉的龐大利潤。1139年以前，神職人員禁止放貸求
利，但還未把它提升到凡人放貸求利即是罪大惡極的程度。
禁止放貸求利的效應即是提高了金錢的價格，使得可能放貸
者減少。

就如同今天的中央銀行以提高利率的手段減緩經濟成長，十二世紀的天主教會以不准放貸求利者上天堂的方式提高了利率。雖然教會引用聖經為此一行動的根據，但教會的法律專家普遍認為早期基督教的教義或經文並沒有禁止高利貸。他們指出，基督把放貸者趕出聖殿，是認為在聖殿中從事這種生意是不對的，但祂並沒有主張這種生意不對。祂只是希望它在聖殿之外進行。當然，我們也應該記住，教會在此之前的一千年來也沒有引用經文為根據禁止高利貸。

可是，要執行取締放貸求利，卻是件困難的事。高利貸的罪需要有意圖——放貸者必須有意圖要賺取利潤，因此放貸者是否真的賺到錢並非重點。教會知道太難去確認放貸者「意圖」賺取利潤。

為了處理意圖，教會很聰明地把執行工作從律師手上轉給神學家。他們認為人世法律或許不能分辨高利貸，但是不論他們用什麼詭計來掩飾報酬，上帝曉得放貸者是否意圖賺取利潤。因此，任何人獲取了放貸的利潤，若是在死前不能做出補救或是充分悔過，就會永恆受到天譴。

為了方便放高利貸者的補救，並強調放貸會受到天譴，教會又建立新機制。譬如，1215年的拉特朗第四屆大公會議，規定每年要強制進行口頭懺悔。教會發放懺悔者手冊，明確規定如何處理商人及其他可能從事高利貸行為者的懺悔。透過懺悔，教會提供一個方法讓那些因高利貸而受譴的

人靈魂得以獲救。可是，寬恕之路通常是向教會提供財務補救，而不是對被賺取利潤的對象進行補償。雖然在十二世紀，用永恆遭受天譴做為威脅有夠嚴重，但金錢放貸的行為仍繼續存在。

當然，商人及其他放貸者繼續巧妙地隱匿他們的所作所為。他們不僅操縱匯率，還寫誤導別人的合約書、設立空頭公司（聽起來很熟悉，是吧？）來隱藏他們真正的財務狀況。風險（包括永恆遭受天譴）既已提高，當然，預期報酬率也要提高。結果就是貸款的利率上升，因此用於投資和成長的錢就少了。

如果我們瞧瞧 1215 年以後的遺囑，會發現臨終前懺悔放高利貸者大增。這些懺悔通常透過遺囑交代要把錢交給教會，以彌補即將去世的罪人過去所犯的高利貸行為。對教會的收入而言，這是大禮，但也使得大量的錢被抽離世俗的經濟體系。親屬對此一定非常不爽，但他們又怎能跟靈魂永遠得救抗爭呢？

■　■　■

十二世紀的羅馬天主教會還採用新的論調來限制經濟成長，即使它在教會領地之內積極致富。同一時期，類似熙篤會（Cistercians）的新的苦行僧教派成立，他們操作風車、水力作坊和其他節省勞力的設備以增進效率，教會也開始鼓

吹不事勞動為邪惡的觀念。但是教會不鼓勵在俗世領域普遍使用機械和其他省力的技術（在教會本身領域則不限）。由於不鼓勵使用省力技術，教會降低了俗世的勞動生產力及經濟成長。我認為，這只會增加教皇選派他中意的主教之機會。

當然，教皇在那廂努力部署之際，國王這廂也沒閒著。緊接著沃姆斯協定後的幾十年，英國、法國和其他歐陸地方紛紛萌生新的政治體制。不論是否有意，這些新體制和方案多半都挑戰教皇的勢力，替國王的臣民取得更高的經濟成長率，因而國王稅收大增──也就是比起教皇權威未被挑戰的情況下更高的經濟成長率。譬如，亨利二世（可參見電影《冬之獅》〔*The Lion in Winter*〕）於十二世紀中葉在英國一系列的法律改革，成了今天英國普通法（common law）的基礎。

英王亨利二世推動了保護財產權和繼承權的政策。這些做法使得農民家庭容易預測在一家之主過世之後，他們是否能繼續受惠於他們耕作的土地，還是莊園領主會奪走他們耕作此一土地的機會。亨利二世的敕令大大縮短了決定土地權利的司法程序，促使農業制度運作得更順利。他的新規定相當受歡迎，並有效地確保攸關經濟成長的財產權的發展。它們加強了國王的可信度，在臣民心目中他成了保障財產的秩序與公義之人。在亨利敕令之前，佃農不願對土地做投資，

但亨利二世保護財產權的敕令一出，大家樂於努力耕作，增加收穫量——既為了本身的利益，也裨益莊園領主。

　　亨利二世不只增進普通百姓的財產權，還對教會的權利設限，的確是不簡單的大膽動作。透過稱為地產性質令狀（assize of utrum）的敕令，他確立了國王有最高權力決定某一爭議土地是屬於他的俗世法庭或是教會的法庭審理。在亨利二世之前，一般假設是偏向教會法庭事事都有管轄權。地產性質令狀推翻了一個世紀之前征服者威廉（William the Conqueror）入主英國以來即奠定的此一假設。亨利二世另外還保障地主有權在其私人教堂之中委派教士的制度。這個做法完全和教會在1139年第二屆大公會議、1179年第三屆大公會議上相繼規定，想從俗世拿走這種權利的努力直接槓上。

　　亨利二世強化君權、對抗教會的努力，更因他採用陪審團制度，捨棄酷刑考驗制度而得到強化。酷刑考驗制度是以所謂的上帝介入來決定某人有罪或無罪。有兩種常見的酷刑考驗都在教會監督之下執行，即把被告沉入水中，或強迫被告抱一塊火紅的鐵塊若干時間。若是沒辦法在水面下堅持夠久，或是無法抱住火紅的鐵塊夠久，都可視為有罪。亨利二世的法律顧問當時觀察到，有罪無罪恐怕要看被告是否皮肉有厚繭、能否在水中屏息。

　　改採陪審團制度有助於削弱教會體制，降低其收入。酷

刑考驗要由教士監督，他可以得到極高的報酬。譬如，1166年有兩名教士因替酷刑考驗場地主持祈福儀式，收受10先令報酬而聲名大噪。當時，一個工人一天的工資大約是1便士，而花22先令就可以買下一個農奴和他整個家眷。❷因此，收10先令主持祈福儀式，是很高的報酬。1先令為12便士，祈福儀式就得化費相當於一名普通工人120天的工資。以美國今天的最低工資去換算，祈福儀式花費超過五千六百美元；如果以美國一般工人所得而非最低工資去計算，這個數字還要再加一倍。亨利二世大筆一揮，大幅削減教會收入，並因為引進陪審團制度，增加自己的收入。

現代國家的行政結構也在十二、十三世紀開始出現。國王課徵超過其所需的稅收的權利逐漸發展起來，代價是對其臣民更多的政治讓步；最著名的即是英王愛德華一世於1297年同意簽署憲章確認令（Confirmatio Cartarum）。愛德華一世因此勉強同意八十年前「大憲章」（Magna Carta）所制定的改革。（當年英王約翰同意接受大憲章，但旋即反悔。）新增的稅收使國王不再需要依賴封建體制下錯綜複雜的權利和限制，就能召募一支軍隊。因此，依據沃姆斯協定，主教「透過長矛」向國王提供的軍事保證，其重要性減退了。反之，教皇仍繼續依賴封建承諾來組建軍隊。

英國國王和法國國王在固定地點設置的法院，取代了早期的巡迴法官，因此把司法權集中掌握在國王手中，進一步

降低教會裁判糾紛的角色，也進一步強調國王的領土主權。此外，國王開始宣稱君權神授，因而挑戰教皇所謂承受上帝眷顧的特殊地位。在爭奪政治控制權中，國王和教會都演化出一些新體制和方法去促進或阻礙經濟成長。

所有這些競爭的結果，正如沃姆斯協定所設定的賽局所預測的。教會努力使教會轄區的收入保持在高位，其餘地區則居於低水平。國王努力達成截然不同的成果，盡可能尋求對法院和稅收的控制。後來，俗世的財富擴大，如賽局所顯示，國王不再關心由誰來擔任主教。國王也不再覺得需要討好教皇，羅馬天主教會的統管一切也變成主權國家在俗世統管一切。

■　　■　　■

我們已經看到，如何可以細觀 1122 年之後五百多年的大局，現在讓我們回到當今之世，也來試試看。我們來看看讓高爾（Al Gore）贏得諾貝爾和平獎的不願面對的真相。

地球看來正遭遇嚴重的暖化。溫度上升融化了北大西洋及其他地方的冰岩，造成海平面上升，使地勢低的島國和大陸沿海地區有淹沒之虞。愈來愈兇猛的暴風預示會有多年的風雨肆虐。溫度上升也使某些地區的氣候變成亞熱帶，而一些亞熱帶環境也會變成更熾熱的熱帶。

首先，讓我提供一些有關全球暖化議題的背景。經過

多年的辯論（包括1960、1970年代警告新冰河期即將來臨）之後，現在科學界似乎已經眾議咸同，認為地球的溫度在日益上升。溫度上升有多少是因人類活動而起，又有多少是因地球氣候正常循環而起，則不易取得共識，主要是因為這個循環似乎遠遠大於目前所能掌握的氣候資料。譬如，我們知道俗稱「黑暗時期」的中世紀盛期（High Middle Age）是一個伴隨著經濟快速成長的溫暖時期。我們知道，至少在歐洲，大約從文藝復興至十九世紀左右，溫度有下降之勢。然後我們知道又開始暖化。我們也知道溫度上升遠大於過去一千年所認為的情況。❸當然，以地球歷史來看，一千年只是一剎那，可是在人類時鐘上它又何其漫長。科學家似乎都同意，地球暖化和工業化、現代農業耕作使用化學肥料有關，而石化燃料更是罪魁禍首之一。很顯然，關懷地球暖化的力量已經大到使國際間出現設法控制暖化，甚至想扭轉暖化現象的種種努力。

賽局理論能告訴我們，在京都、巴里島、哥本哈根等地為管制溫室氣體排放而召開的會議——可以為全球暖化問題找出解決方案嗎？我們可以學到什麼，可使我們在往後數百年為我們的物種和環境打造更美好的未來？坦白說，我們將看到，類似京都議定書和巴里島、哥本哈根會議為降低溫室氣體排放（尤其是二氧化碳的排放）之協議，不太會受到重視。它們甚至可能成為真正解決方案之障礙。這並不是說我

們的未來沒有希望，希望是有的，因為全球暖化會自己產生解決之道。

1997年12月，175個國家——美國不在其中——簽署了京都議定書（Kyoto Protocol）。京都議定書簽署國同意以1990年為基準年，建立溫室氣體的減量目標。溫室氣體排放量從基準年至簽署年之間已經大幅增加。京都議定書要求相對於1990年的排放量，未來溫室氣體排放量必須降低5.2%。這相當於，以當時所估計的2010年排放量水平，必須要大幅減少排放量將近30%。某些簽署國被點名要比其他國家做更大的犧牲。譬如，歐盟同意減量8%，美國被要求減量7%，日本6%等等。少數國家（如澳洲）則獲准增加排放量。印度、中國等開發中國家沒被設限（俄羅斯簽署零減量），雖然印度、中國在全球溫室氣體污染國當中名列前茅。美國拒簽京都議定書是因為它反對不把中國、印度等快速成長經濟體納入減排國家。

京都議定書打造出一個大市場，污染國和非污染國可以買賣「污染權」。這個市場有助於個別公司合理化它的決定，但光靠它，目前還未能達成京都議定書所設定的減碳目標。我們稍後將看到，執行1997年的協議實際上是不可能的任務。

1997年以來遭遇的困難，體現在2007年12月在印尼巴里島召開的會議。巴里島會議的目標比京都議定書更溫和，

它所代表的是到2009年期限之前的一個中途站，希望在2009年的哥本哈根會議，會有新的國際協定產生。經過一番抗拒之後，美國出席巴里島會議的代表才在最後關頭同意重大讓步。這才使得各方能夠為未來的氣候變遷訂出巴里島路徑圖（Bali Roadmap）。

　　現在的問題是，這些努力有用嗎？針對控制溫室氣體排放，尤其是二氧化碳排放的前景，我們先來看看在全球暖化議題上重要玩家的觀點的一些資料。他們是利害關係最大的各國政府以及利益團體。任何協議若有可能達成的話，主要是在這少數幾個利害關係人當中去搞定。他們包括歐盟、美國（美國民意對管制排碳及其他溫室氣體排放，正反意見不一）、中國和印度。它也包括其他一些相當大的經濟體，如俄羅斯、日本、加拿大、澳洲，以及日益成長的巴西。為了評估得更精確，我也納入環保的非政府組織（以下統稱非政府組織）——因為他們在巴里島強烈發聲——以及一些支持環保或較不同情環保的跨國公司。對於每個利害關係人，我都估算他們針對京都議定書之後的新協議，其談判的潛在影響力、還有立場（稍後會說明）、對強制管制排放的關切程度、以及他們對於找出協議的堅持程度（即使協議並非他們贊同的）或是在政治壓力下仍舊堅持到底的程度（堅守他所相信的政策）。你可以看到，最後這項變數對我已開發、測試了幾年的新模型仍是個新元素。這正是我早先答應會運用

在這個個案的模型，我也把它用在預測巴基斯坦及前章的其他危機。

利害關係人	影響力	對強制管制排放的立場	關切程度	渴望達成協議的程度
澳洲	6	65	50	50
加拿大	9	60	50	50
歐盟	87	95	90	35
日本	15	45	60	60
俄羅斯	6	40	50	60
美國支持者	65	70	70	40
美國反對者	35	30	50	30
企業支持者	3	95	50	50
企業反對者	3	1	75	10
非政府組織	1	99	99	20
中國	15	5	90	30
印度	9	5	90	30
巴西	4	3	90	40

我把玩家的立場在量尺上以 0 至 100 評分。50 等於繼續 1997 年京都議定書所訂的溫室排放目標。前面說過，這些標準就是從 1990 年的排放量再減量一些。立場量尺上的數值愈高，代表標準愈嚴格。譬如，60 代表相對於 1990 年的基

準，嚴格度增加10%；100代表相對於1990年的溫室氣體排放量之強制減量增加50%。至於低於50的數值就代表對京都議定書規範的標準放寬。

從京都談判到2007年於巴里島展開新一輪的談判，已過了十年。2000年和2001年有過中期討論，但都不是那麼重要。記住這些之後，我認為交涉期相當長，主要玩家就如何處理全球暖化交換意見，一輪就大約需要五年。也就是說，我模擬算出約需125年才會談判出一個標準。這當然太長了。由於從現在起到2130年之間，世事難料（到時候我們都已不在人世，無從查核預測是否準確或是讚美預測成功），我們會對較近的預測、而不是較遠的預測，更認真看待。也由於世事難料，我對於關切程度、以及每個利害關係人渴望達成協議的程度，都加以「隨機震撼」，來模擬演算資料。透過在每一輪交涉中隨機變動30%的關切程度數值和30%的彈性（渴望達成協議的程度）數值，我們可以檢視許多種預測到的未來情況，看看全球暖化在未來有沒有什麼強烈的趨勢。這會有助於我們了解未來對溫室氣體排放的管制會嚴或鬆。

首先讓我們看看大局。然後我們將更詳細檢視模擬演算，以便得知我們應該樂觀或悲觀。

圖11-3的粗黑實線，顯示賽局所預測的最可能的排放標準。兩條粗黑虛線則是我們有95%信心的管制數值之幅度，

圖11-3　溫室氣體管制的未來趨勢

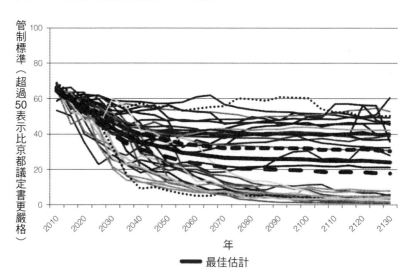

它是根據所模擬的未來真實管制環境。這個數值幅度相當窄，直到2050年只有大約5的上下幅度。2050年之後，如我們可預期的，有太多不確定因素，但即使遠到2130年的未來，幅度上下也只有10左右，因此這些可能是相當可靠的預測。

　　最可能的數值（粗黑實線）代表如果關於全球暖化的辯論繼續下去，在正、反主張上又無重大新發現，我們對於重要玩家可能同意的共識之最佳估計。它告訴我們兩件事。第一，往後二、三十年的言論支持比1997年京都議定書（雖然大部分被忽視）更嚴格的標準。我們知道這個，是因為直

到2025年預測的數值在量尺上都高於50。這是故事綠色的一面。第二，世界愈靠近2050年，支持嚴格管制者幾乎會一路下滑。2050年在全球暖化辯論上是個關鍵年份，當我們來到2050年時，所執行的強制標準已比京都議定書的要求低了一截。到了2070年，它跌到30，代表標準已大幅鬆弛。到了2100年，它接近20至25之間。到了故事尾聲時，已不再有管制的綠燈留下。

讓我們再仔細研究一下。圖11-3告訴我們，落在95%信心水準之外也有一些更樂觀的、以及更悲觀的劇本。最樂觀的劇本和最悲觀的劇本，就是圖中上方、下方那兩條點狀線。最樂觀的劇本預測排放管制不會倒退。它在量尺上從來沒跌到低於50。事實上，這個劇本裏大多數時間溫室氣體減量的預測水平都在60上下，代表比京都議定書所同意的標準更嚴格了10%。美國支持管制的人士是此一樂觀前景背後的驅動力。他們的關切程度從最初的70上升，很明顯居高不下，盤旋在100附近。由於他們對議題的關切程度極高，這個美國群組的力量（影響力乘以關切程度）主導了辯論。雖然他們傾向嚴格管制的立場可能還不足以讓死硬派綠色人物滿意，但保持這群人（大部分是自由派民主黨人）高度參與，是標準趨嚴的最佳希望。

可是，只有約10%的劇本樂觀預期會守住京都議定書的底線。相形之下，卻有數十種劇本其標準降低到趨近於0，

也就是放棄管制溫室氣體排放。這些劇本中典型的情況是，巴西、印度和中國的關切程度上升，可是美國支持管制的一派和歐盟卻跌到他們原本的立場之下。他們似乎對溫室氣體排放之管制不再有興趣。尤其是在全球經濟走下坡時，下降之勢更甚，因此全球經濟狀況是我們應該關注的，因為它會導引我們選擇最應注意的劇本。若無歐盟和美國決心支持變革，關鍵的開發中經濟體在美國反管制群組（大部分是保守派共和黨人）的支持甚至鼓勵下，就更容易佔上風。

由於我的許多二十、三十，甚至四十來歲的讀者，在2050年仍將健在，我希望你們記得從書架上找出這本已塵封多年的書，把此一全球暖化預測和當時的實際狀況做個比較。或許你們會想要寫信給我的子孫，告訴他們，他們的爸爸或爺爺是對是錯。

到目前為止，不太有證據相信溫室氣體能被管制得消失。但是，姑且假設你還堅決相信京都議定書式的管制體制，圖11-4關注大玩家中的幾個最大咖，至少是現在的A咖：歐盟、美國的兩派、中國和印度。美國擔心全球暖化的人士，和他們的歐盟兄弟一樣，直到大約2030年或2040年，都還支持比京都議定書更嚴格的標準。但是，在那之後，他們加入主張經濟成長優先於減碳管制的陣營。我們稍後將看到，為什麼它未必是壞事。主導2040年之後辯論的聲音，是今天並不相信全球暖化是真實的那一派美國人。中

圖11-4　最大玩家的溫室氣體管制立場

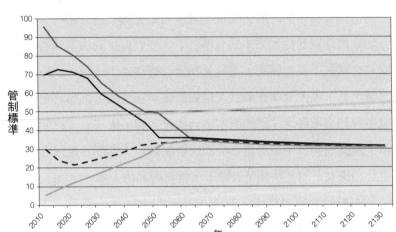

國和印度也支持這一種美國觀點，在過程中說服其他大玩家
採取甚至比京都議定書之後都未執行的、更鬆弛的標準。當
然，也沒有太多理由認為這些標準會被執行。我看了一看執
行的議題，請相信我，前景實在不妙。實質的決策者中不再
有人支持強硬執行全球氣候變遷標準。

　　這一切可能令你十分沮喪，其實或許不必沮喪。全球暖
化可能的解決之道在於全球暖化本身所催生的有競爭力的科
技賽局；它不靠世界各國流行的種種管制辦法。這些管制辦
法固然用意良善，卻也預料得到是相當笨拙。它們正是賽
局理論家所謂的「說說而已」（cheap talk）。信口承諾很容

易,執行起來談何容易。我們只要看看京都議定書簽署國的
實際作為就知道了。

雖然京都議定書在1997年12月就已拍板定案,卻要到
2005年2月才生效。就一個攸關全球長期生存的問題,從協
定成立到要有所行動,時間也未免拖得太久。175個簽署國
當中(其中有35個已開發經濟體),有137國除了監視和報
告他們國家的溫室氣體排放之外,不必有任何動作。這137
國當中有中國、印度和巴西。以他們的經濟快速成長、眾
多人口來說,這些國家是全球溫室氣體排放量名列前茅的國
家。他們在簽署京都議定書之前的談判就已經贏了。他們有
權利繼續污染,不怕因污染而受到懲罰。這就是我所謂的
「說說而已」。世界重要經濟體、簽署了京都議定書的日本,
情況如何?請記住,日本的目標是從1990年的排放量減量
6%。日本政府已表示它無法符合此一減量目標。英國雖然
在某些層面有所進展,但似乎無法兌現它承諾的支票:在
2010年以前把二氧化碳排放量降低到1990年的水平之下。
看來前景的確不妙。

雖然,歐盟有幾個國家似乎有上軌道,俄羅斯也是;但
是除了石油部門之外,俄羅斯經濟似乎並不理想,而俄國人
只被要求不再增加排放量。要減低二氧化碳排放量有一招一
定靈,就是讓經濟緩慢下來。當然這會產生政治上的問題,
因為老百姓往往不會把選票投給經濟表現不佳的政黨。歐盟

可能因此出現問題。但這在俄羅斯就不是問題，因為民主似乎在油價上漲之中被犧牲掉了。（但是全球經濟下墜，會造成石油價格滑落，而減低俄羅斯走回專制的機會。）

總而言之，這就是信口承諾之後的真相。要讓各國政府簽署一份沒有明確方法追蹤違規者並加以懲罰的協定，這很容易。京都議定書十分仰賴自行報告、自行監督和善意。這樣的全球安排要讓簽署國做出必要的犧牲以降低溫室氣體排放量，不啻是緣木求魚。

如果我的話讓你感到洩氣，我很抱歉。實際上，我對未來是非常樂觀的。可是，我的樂觀是別理會什麼巴里島、京都或哥本哈根達成的協議。這些協議一眨眼就會被忘掉。它們對全球暖化起不了作用；它們甚至會拖延認真的改革而誤了事。類似在巴里島洽定的路徑圖能讓我們自我感覺良好，以為我們做了些事情。我們考慮到未來子孫，我們保證要做好事——真是這樣嗎？這跟簽署沃姆斯協定的教皇和神聖羅馬皇帝不同，普世的規定不會使大改革動起來。它們兼容並蓄、無所不包，只會反映最小公分母的關切，而不是最大公分母的關切。

巴里島路徑圖和京都議定書這一類的協議，幾乎把全世界各國一網打盡，統統納入。這一類的協議犯了和安達信管理階層在審核安隆公司財報時同樣的毛病——誘因不當，認真度不足。要讓人人都同意潛在代價很高的東西，這個東

西必定不能太嚴苛，也不能代價太高。如果這個東西既嚴
苛、代價又高，許多人就會因為代價大過好處而拒絕加入，
或者雖然加入，卻是搭便車，讓願意承擔代價的別人替他們
買單。這就是一種悲劇。我們全都承諾會保護我們共有的地
球，有些人卻暗地裏作弊、自肥，以為小小作弊無傷大雅。
（記得吧，背叛是囚犯兩難中的一項重要策略。）

　　要讓人簽署一份普世協議、又不作弊，這個協議必須不
能要求他們的日常行為有重大改變，那會往最小公分母跑。
要求嚴格的協議會嚇跑原本想參加的成員，或是鼓勵說謊、
欺騙。京都議定書的要求嚇跑了美國，使它難以成功。或許
簽署國——或至少是其中的少數——就是希望如此。他們可
以扮好人，然後不兌現承諾。因為總不能說最大的污染國美
國不做，反而要他們做吧。

　　協議太嚴苛，許多簽署國就作弊；協議不嚴苛，有人就
虛應故事，以致效果不彰。犧牲小我、成全大我，畢竟不是
經常發生的事。各國政府才不會撲身攔阻手榴彈。❹

　　談環保、講綠能，談何容易。誰會去監查綠能作弊者？
答案是：利益團體，而不是政府；而利益團體少有可與政府
匹敵者。誰來懲罰作弊者？答案是：恐怕沒有人。未來的作
弊者就藏身在簽署普世協議的規則制訂者當中。作弊是許多
污染國的均衡（equilibrium）策略，這個策略有他們政府的
善意和信用做後盾。為什麼各國政府會替作弊者撐腰？答案

是：誘因！誘因！誘因！

誰具有什麼樣的誘因？有些富國其繁榮不需要靠燃燒地球資源，有些窮國則除了靠石化燃料和排放二氧化碳，還真的無以維生。兩者差異很大，但是，他們都有誘因去盡其所能，改善其治理的百姓之生活品質。

富國有誘因去鼓勵快速成長的窮國要更注重環保，但是，快速成長的窮國只要依舊貧窮，就沒有誘因去聽富國的話。印度政府就愛說，沒錯，他們的國民所得和二氧化碳排放量都快速成長，但是和美國等富國從貧窮走到富裕這數百年來的排碳量一比，還望塵莫及呢！

如果窮國淨聽富國的話，他們會陷入重大政治危機。當快速成長的窮國超越富國時，風水就輪流轉了。中國、印度、巴西和墨西哥到時候就要叫嚷著環境保護，因為這會保障他們未來的優勢地位，而兩、三百年後相對貧窮的國家，就會抗拒會阻礙他們向上攀升的政策。富國甚至需要發動戰爭以阻止成長中的窮國變成富國，以免他們威脅到舊有的政治秩序。（但是，成長中的窮國會贏得這些戰爭。）

有些政治人物的選民關心地球勝於對短期生活品質的關注——但是並不多見——也有些政治人物的選民口裏說關心地球，實際上卻投票支持經濟成長。如果你懷疑這個說法，瞧瞧全球民主國家中綠黨的得票紀錄就好了。而且，當窮國亮出他們嗷嗷待哺的小孩，誰來承擔政治和經濟代價呢？

——如果窮人能繼續燒牛糞,這些小孩或許就有飯吃,不會餓肚子了!我們恐怕很快就會心軟,不再堅持環保了。可是,它真的有那麼糟嗎?

因此,我們要怎樣解決地球暖化問題,使五百年後的世界更美好?我們二十一世紀的人曉得有一百多種化學元素,以及許許多多的的自然力量。哥倫布時代的人大概只曉得雨、風、火和土。他們對於如何利用雨、風、火,所知也不多;但是我們卻擁有知識,而且未來還會取得更多知識。雨水、風力和火力——它們可以替我們後代子孫解決地球暖化問題。我對前面數字的解讀是要指出,到了2050年時強制規範排放標準的理由不會那麼強,因為只有少數人會關切去打這場仗。它將不再重要。新的風力、水力和太陽能科技將替我們解決問題。

全球暖化引起的氣候變遷會使得雨水、風力和火的供給增加,如果它造成海平面上升、產生強風、讓我們吹大量的冷氣,它也逼得我們在擔心之餘,更想要找出利用這些古老力量的方法。氣候變遷會產生更多這類的能源,它也會創造一種美好的綜效,因而阻止全球災禍。怎麼說呢?

冥冥中存在一種均衡,足夠的地球暖化將在寒冷地帶創造足夠的更多的陽光、在乾燥地帶創造足夠的更多的雨水、在靜止地帶創造足夠的更多的風,最重要的是,提供人類足夠的更多的誘因去使得風車坊、太陽能面板、水力發電以及

尚未發明的科技變得更好、更便宜、更公平分配、更清潔的機制去取代今天我們所使用的石化燃料。換言之，全球暖化誘導出自行解決的策略，每個人選擇混搭使用風力、雨水和火力科技（或許還有更緩和的石化燃料），正因為這些力量既豐富、又受到關注，使得它們在我們被烤焦、被淹死、被吹到月球、外太空之前，早就能成為人類負擔得起的對付暖化問題的解決方案。

我對於長遠的未來很樂觀。我們已經夠暖，已經有各種有趣的研究試圖開發風力、水力、太陽能科技。科學家已經在認真討論於太空安置太陽能面板和宇宙光捕捉器，地球上也出現許許多多風車作坊。今天，環保的呼籲要求人們做出超過人們意願的犧牲；明天，或許就不必。到時候，我就懷疑什麼一切都太遲了的說法。

再過五百年，我們人類或許已經有辦法遷徙到遙遠的星球，從頭來過，讓太陽系、銀河統統暖化起來。

北韓核武議題預測之
加權平均數計算

下表呈現出在北韓核武賽局中，56位利害關係人的詳細資訊，並算出影響力乘上關切程度（也就是力量）的數值，以及影響力乘以關切程度再乘以每個玩家的立場的數值。然後，I×S×P這一欄的總和除以I×S這一欄的總和，也就是1,757,649÷29,384 = 59.8就得到加權平均的立場。這個數值大約相當於「逐漸減少核武，美國給予外交承認」的立場。

一些資料樣本，以及加權平均數的計算

利害關係人	影響力 （I）	關切程度 （S）	立場 （P）	I×S×P	I×S
趙明祿	4.61	90	0	0	415
金鐵萬	3.07	90	0	0	277
金一哲	4.61	90	0	0	415
金永春	4.61	90	0	0	415
北韓戰地指揮官	1.54	75	0	0	115
白鶴林	3.07	90	0	0	277

利害關係人	影響力 （I）	關切程度 （S）	立場 （P）	I×S×P	I×S
李乙雪	3.07	90	0	0	277
李勇武	3.07	90	0	0	277
張成禹	3.69	90	0	0	332
全炳浩	4.61	90	10	4150	415
J. Choso Ren	1.01	80	10	806	81
第12-51位利害 關係人	…	…	…	812400	16528
美國太平洋軍區 司令	12.00	90	95	102600	1080
美國國務院	22.00	95	95	198550	2090
美國國防部	26.00	95	100	247000	2470
布希總統	40.00	90	100	360000	3600
聯合國	3.57	90	100	32143	321

ISP/IS= 1757649　29384

59.8

編按：

趙明祿（Cho Myong Nok / Jo Myong Rok），又譯趙明錄。朝鮮人民軍（Korean People's Army）總政治局局長，國防委員會（National Defence Commission）第一副委員長，為北韓實際上的第二號人物。2010年11月6日逝世。

金鐵萬（Kim Chol Man, 1918- ），曾任朝鮮勞動黨（Workers' Party of Korea）軍委會委員、國防委員會委員、第二經濟委員會（Second

Economy Commission）委員長。現仍為朝鮮勞動黨中央委員。

金一哲（Kim Il Chol），又譯金鎰喆、金益鉉。曾任朝鮮勞動黨軍委會委員、國防委員會副委員長、人民武裝力量部部長。2010 年 5 月因年齡原因被解除一切職務。

金永春（Kim Yong Chun, 1936- ），朝鮮勞動黨軍委會委員、國防委員會副委員長、人民武裝力量部部長。為北韓軍方重要人物。

白鶴林（Paek Hak Nim / Paek Hak Rim, 1918-2006），朝鮮勞動黨軍委會委員、北韓公安部（Public Security）前部長、最高人民會議（Supreme People's Assembly）法制委員會委員長、朝鮮人民軍次帥。

李乙雪（Yi Ul Sol / Li Ul Sol, 1921- ），朝鮮勞動黨中央委員、朝鮮人民軍元帥（marshal）。

李勇武（Yi Yong Mu / Ri Yong Mu, 1925- ），又譯李用茂、李要武，早年曾任北韓駐中國大使館武官。國防委員會副委員長、朝鮮人民軍次帥。

張成禹（Chang Song U, 1933-2009）為金正日的妹婿張成澤（Chang Song Taek）之兄，曾任北韓公安部前部長，朝鮮人民軍次帥。

全炳浩（Chon Pyong Ho / Jon Pyong Ho, 1926- ），又譯全秉浩、全秉鎬，朝鮮勞動黨政治局委員、內閣政治局局長、黨委責任書記。外國傳媒稱他為北韓武器走私的核心人物。

預測一件大型訴訟案的
所需資料

利害關係人團體	利害關係人	影響力（I）	關切程度（S）	立場（P）
社區	受影響的個人	15.71	80.00	90.00
社區	社區當地政府	11.22	25.00	25.00
社區	當地媒體	8.98	60.00	75.00
社區	全國性媒體	6.73	25.00	25.00
社區	原告律師	5.61	80.00	100.00
社區	工會	5.61	80.00	85.00
社區	當地專家	1.12	10.00	25.00
國會	民主黨幹部	8.82	40.00	75.00
國會	民主黨大老	7.94	30.00	25.00
國會	當地民主黨員	5.29	30.00	25.00
國會	共和黨幹部	3.53	30.00	25.00
國會	當地共和黨員	2.65	30.00	60.00
國會	共和黨大老	1.76	30.00	60.00
辯方	董事會	8.06	50.00	25.00
辯方	高階主管	7.26	80.00	25.00
辯方	高階部門主管	7.26	80.00	25.00

利害關係人團體	利害關係人	影響力（I）	關切程度（S）	立場（P）
辯方	執行長	7.26	75.00	25.00
辯方	法務長	3.63	75.00	25.00
辯方	部門總裁	3.63	60.00	25.00
辯方	部門法務主管	2.82	80.00	25.00
辯方	資深外聘律師	1.61	80.00	25.00
辯方	資深律師	1.21	55.00	25.00
辯方	部門執行長	0.40	60.00	25.00
辯方	集團副總裁	0.40	50.00	25.00
辯方	公司委員會	0.40	25.00	25.00
辯方	公司維權人員	0.40	25.00	25.00
辯方	外聘律師	0.32	80.00	40.00
辯方	外聘律師代表	0.32	75.00	25.00
司法部	副部長	20.29	20.00	60.00
司法部	助理部長	16.23	50.00	75.00
司法部	部門主管	12.17	75.00	85.00
司法部	法官	11.16	85.00	100.00
司法部	法官	9.13	75.00	100.00
司法部	法官	1.01	60.00	75.00
聯邦政府	職業安全與衛生管理局（OSHA）	13.64	65.00	25.00
聯邦政府	相關部會	13.64	25.00	25.00
聯邦政府	機關甲	2.73	20.00	80.00
州政府	副助理司法部長	4.55	20.00	75.00
州政府	部門主管	3.18	20.00	75.00

利害關係人 團體	利害關係人	影響力 （I）	關切程度 （S）	立場 （P）
州政府	幕僚	2.27	20.00	75.00
聯邦檢察署	聯邦檢察官	27.03	35.00	50.00
聯邦檢察署	專業人士	21.62	35.00	80.00
聯邦檢察署	第一助理	21.62	35.00	50.00
聯邦檢察署	助理檢察官	12.16	60.00	60.00
聯邦檢察署	聯邦調查局	8.11	20.00	60.00
聯邦檢察署	聯邦調查局探員	5.41	40.00	60.00
聯邦檢察署	某強硬派人士	4.05	50.00	80.00

初期預測　　　　　　　60.00

註釋

前言

❶ 請參考 Bruce Bueno de Mesquita, "Leopold II and the Selectorate: An Account in Contrast to a Racial Explanation," *Historical Social Research [Historische Sozialforschung]* 32, no. 4 (2007): 203-21.

❷ Vernon Mallinson, "Some Sources for the History of Education in Belgium," *British Journal of Educational Studies* 4, no. 1 (November 1955): 62-70.

❸ 請參考 Joseph Conrad, *Youth, and Two Other Stories* (New York: McClure, Phillips, 1903); Barbara Emerson. *Leopold II of the Belgians: King of Colonialism* (London: Weidenfield and Nicolson, 1979); Peter Forbath, *The River Congo* (New York: Harper and Row, 1977); and Adam Hochschild, *King Leopold's Ghost* (Boston: Mariner Books, 1999).

❹ 其後的討論所依據的邏輯和證據，請參考 Bruce Bueno de Mesquita, Alastair Smith, Randolph M. Siverson, and James D. Morrow, *The Logic of Political Survival* (Cambridge, Mass.: MIT Press, 2003)，特別是第7章。也可參考 Bruce Bueno de Mesquita and Alastair Smith, "Political Survival and Endogenous Institutional Change," *Comparative Political Studies* 42, no. 2 (February 2009): 167-97.

❺ 小獨裁者通常都私藏了一筆錢，唯有他才能決定如何花用。民主國家領導人花錢方面的權力小了許多；其可使用的經費可以用來裨益公民，也可以被藏到銀行祕密帳戶。要判斷領導人是

否以民為重，可以看看和期待相比，民眾得到多少福祉來判斷。新加坡的李光耀和中國的鄧小平似乎真心以民為重，他們實施有效的公共政策，並且維繫住關鍵支持者的效忠。相形之下，北韓的金正日、辛巴威的穆加比（Robert Mugabe）和伊朗的最高領袖哈梅尼（Ali Khamenei），似乎就不是那麼以民為重。請參考 Bueno de Mesquita, Smith, Siverson, and Morrow, *Logic of Political Survival.*

❻ Stanley Feder, "Factions and Policon: New Ways to Analyze Politics," in H. Bradford Westerfield, ed., *Inside CIA's Private World: Declassified Articles from the Agency's Internal Journal, 1955-1992* (New Haven: Yale University Press, 1995), and James L. Ray and Bruce M. Russett, "The Future as Arbiter of Theoretical Controversies: Predictions, Explanations and the End of the Cold War," *British Journal of Political Science* 26, no. 4 (October 1996): 441-70.

第1章

❶ 請參考 *Jobs Rated Almanac* 的評分 http://www.egguevara.com/shopping/articles/ jobsrated.html.

❷ 如果你認為肢體語言不重要，不妨上網搜尋「談判與肢體語言」，你會發現文章多得不得了，討論賣方應該和買方站得多近，如何運用他們的雙手和臂膀、臉部表情等等，以爭取到好價錢，增加成交的機率。

第2章

❶ John von Neumann and Oskar Morgenstern, *Theory of Games and Economic Behavior* (Princeton: Princeton University Press, 1947).

❷ Sylvia Nasar, *A Beautiful Mind: The Life of Mathematical Genius and Nobel Laureate John Nash* (New York: Simon & Schuster, 1998). 關於賽局理論更徹底和技術性的入門書，由淺入深可以參考 Avinash K. Dixit and Barry J. Nalebuff, *Thinking Strategically: The Competitive Edge in Business, Politics and Everyday Life* (New York: W. W. Norton, 1991); James D. Morrow, *Game Theory for Political Scientists* (Princeton: Princeton University Press, 1994); Martin J. Osborne, *An Introduction to Game Theory* (Oxford: Oxford University Press, 2003); and Drew Fudenberg and Jean Tirole, *Game Theory* (Cambridge, Mass.: MIT Press, 1991).

❸ 每日薪資6美元，恰好落在世界銀行（World Bank）所估計的2007年伊拉克平均每人每日所得的中間範圍。與其他國家不同的是，世界銀行無法對伊拉克的國民所得提供精確的估計。其他機構的估計應也是根據世界銀行的估計範圍而得出的。

❹ Brian Kolodiejchuk, ed., *Mother Teresa: Come Be My Light—The Private Writings of the Saint of Calcutta* (New York: Doubleday, 2007).

❺ 請參考 Irene Hau-siu Chow, Victor P. Lau, Thamis Wing-chun Lo, Zhenquan Sha, and He Yun, "Service Quality in Restaurant Operations in China: Decision- and Experiential-Oriented Perspectives," *International Journal of Hospitality Management* 26, no. 3 (September 2007): 698-710.

❻ 從數學上來說，這裏提到的圓是個特例，表示對於各群組而言，縱軸和橫軸的重要性是一樣的。如果某個軸更重要，則我們應該畫的是橢圓，其長軸與短軸分別表示議題的相對重要性。在內文裏我省略了這些細部說明。

❼ 對於數學有興趣，或想要更深入研究理性決策者如何能將其政

策組合從一點移到另一點，可以參考Richard McKelvey, "Intransitivities in Multidimensional Voting Models and Some Implications for Agenda Control," *Journal of Economic Theory* 12 (1976): 472-82; Richard McKelvey, "General Conditions for Global Intransitivities in Formal Voting Models," *Econometrica* 47 (1979)· 1085-1112; and Norman Schofield, "Instability of Simple Dynamic Games," *Review of Economic Studies* 45 (1978): 575-94.

❽ 與這個例子的數據相當一致的一項關於類固醇使用的嚴謹研究，請參考Jenny Jakobsson Schulze, Jonas Lundmark, Mats Garle, Ilona Skilving, Lena Ekstrom, and Anders Rane, "Doping Test Results Dependent on Genotype of Uridine Diphospho-Glucuronosyl Transferase 2B17, the Major Enzyme for Testosterone Glucuronidation," *Journal of Clinical Endocrinology & Metabolism* 93, no. 7 (July 2008): 2500-2506. 根據此研究的數據，來自一般人口的隨機樣本中約有9%是呈現「偽陽性」的結果。我在例子中假設為10%。

❾ 貝氏定理（Bayes' Theorem）讓我們能夠回答這樣的問題：「如果某人說了或做了某件事（例如藥物檢測結果為陽性），則此人屬於某特定類型（例如為了使比賽成績更好而使用類固醇的人）的機率為何？」要回答這個問題，我們必須做以下的計算：P為機率，R表示類固醇使用者，S表示藥物檢測結果為陽性，~R表示不使用類固醇的人。直線符號 | 讀作given（在某種既定條件下）。那麼，$P(R \mid S) = \frac{P(S \mid R)P(R)}{P(S \mid R)P(R)+P(S \mid \sim R)P(\sim R)}$，意思是「在你藥測結果呈現陽性的情況下，你有使用類固醇的機率」。這個機率等於「當你是類固醇使用者，藥物檢測結果為陽性的機率」乘上「你是類固醇使用者的機率」，除以這個數值加上「當你不

是類固醇使用者,而藥測結果為陽性(即「偽陽性」)的機率」乘以「你不是類固醇使用者的機率」。因此,這個計算式的條件基礎是藥物檢測結果為陽性的兩組人:有使用類固醇的人,以及沒有使用類固醇的人。在棒球選手的例子中,這可以轉譯為

$$P(R \mid S) = \frac{(0.9)(0.1)}{(0.9)(0.1)+(0.1)(0.9)} = \frac{0.09}{0.18} = 0.5 \, \text{。}$$

第3章

❶ 第一位嘗試證明武器競賽導致戰爭的人是Lewis Fry Richardson,他是一位備受尊敬的氣象學家,曾預測到第一次世界大戰,但他用同樣的邏輯並未預測到第二次世界大戰。請參考他所著的 *Arms and Insecurity* (Chicago: Quadrangle, 1960). 在他的研究中,武器競賽和戰爭的關係相當密切,但是完全沒有考量到採購武器是一種預期行為,或者用賽局理論的語言來說,是內生的(endogenous)的策略性決策。

❷ 「不能再談判」(renegotiation-proofness)這個主題引起許多經濟學家的興趣,並產生了大量的文獻。一些重要論文包括:Dilip Abreu, David Pearce, and Ennio Stacchetti, "Renegotiation and Symmetry in Repeated Games," *Journal of Economic Theory* 60, no. 2 (1993): 217-40; Jean-Pierre Benoit and Vijay Krishna, "Renegotiation in Finitely Repeated Games," *Econometrica* 61 (1993): 303-23; and James Bergin and W. Bentley MacLeod, "Efficiency and Renegotiation in Repeated Games," *Journal of Economic Theory* 61, no. 1 (1993): 42-73.

❸ 對這個問題的初期研究,可以追溯到十八世紀的法國哲學家、數學家、同時也是貴族的孔多塞(Marquis de Condorcet)。令人遺憾的是,他因為不見容於當權派,在法國大革命中喪生。在

塞納河左岸有一座他的肖像，離巴黎聖母院（Notre Dame）不遠，我每次到巴黎總會去那兒憑弔。孔多塞在政治科學方面的創見，於二十世紀下半葉引發了對投票方法的諸多研究，請參見例如：Kenneth Arrow, *Social Choice and Individual Values* (New York: John Wiley and Sons, 1951); William H. Riker, *Liberalism Against Populism* (New York: Freeman, 1982); Richard D. McKelvey and Norman Schofield, "Structural Instability of the Core," *Journal of Mathematical Economics* 15, no. 3 (June 1986): 179-98; and Gary W. Cox, *Making Votes Count* (New York: Cambridge University Press, 1997).

第4章

❶ Stanley Feder, "Factions and Policon: New Ways to Analyze Politics," in H. Bradford Westerfield, ed., *Inside CIA's Private World: Declassified Articles from the Agency's Internal Journal, 1955-1992* (New Haven: Yale University Press, 1995).

❷ 這是「中位數選民定理」（median voter theorem）的比較簡單的敘述。這個定理是要了解議題解決方法最重要的觀念之一。參見 Duncan Black, *The Theory of Committees and Elections* (Cambridge: Cambridge University Press, 1958), and Anthony Downs, *An Economic Theory of Democracy* (New York: Harper, 1957).

❸ 這個第二個切入的（first-cut）預估，是根據「平均數選民定理」（mean voter theorem），請參考 Andrew Caplin and Barry Nalebuff, "Aggregation and Social Choice: A Mean Voter Theorem," *Econometrica* 59 (1991): 1-23; and Norman Schofield, "The Mean Voter Theorem: Necessary and Sufficient Conditions for Convergent

Equilibrium," *Review of Economic Studies* 74 (2007): 965-80.

❹ 參見 Bruce Bueno de Mesquita, "Ruminations on Challenges to Prediction with Rational Choice Models," *Rationality and Society* 15, no. 1 (2003): 136-47; and Robert Thomson, Frans N. Stokman, and Christopher H. Achen, eds., *The European Union Decides* (Cambridge: Cambridge University Press, 2006).

第5章

❶ 關於模型如何運作的技術性稍低的解釋，請參考 Bruce Bueno de Mesquita, *Predicting Politics* (Columbus: Ohio State University Press, 2002).

❷ Bruce Bueno de Mesquita, "Multilateral Negotiations: A Spatial Analysis of the Arab-Israeli Dispute," *International Organization* (Summer 1990): 317-40.

❸ 參考 http://news.bbc.co.uk/1/hi/world/middle_east/1763912.stm.

❹ Anthony H. Cordesman, *The Israel-Palestinian War: Escalating to Nowhere* (Westport, Conn.: Praeger, 2005): 219.

第6章

❶ 關於消耗戰（war of attrition）賽局的早期研究，請參考 John Maynard Smith and Geoffrey A. Parker, "The Logic of Asymmetric Contests," *Animal Behaviour* 24 (1976): 159-75. 以及 Anatol Rapaport, *Two Person Game Theory* (Ann Arbor: University of Michigan Press, 1966).

❷ 例如可以參考 James D. Fearon, "Rationalist Explanations for War," *International Organization* 49 (1995): 379-414.

第7章

❶ 關於承諾問題的一些令人驚訝含義的深度研究，以及與敵人（尤其是恐怖分子）推動和平，請參考 Ethan Bueno de Mesquita, "Conciliation, Counter-Terrorism, and Patterns of Terrorist Violence," *International Organization* 59, no. 1 (2005): 145-76.

❷ 關於暴力死亡人數（橫軸）對於觀光人數（縱軸）的影響的確實計算，我們是取死亡人數的對數（logarithm）來得到數量級（order-of-magnitude）的變化。例如，死亡人數從10人增加到20人，和從190人增加到200人相比，其變化更顯著，即使絕對數字是一樣的。用對數可以掌握變化的程度，因此橫軸每一單位代表死亡人數呈現某百分比的增加。

❸ 由於資料取得上的困難，我只能掌握一部分年份的資料。暴力死亡事件與觀光客人數都是以季來計算的。巴勒斯坦的暴力死亡事件明顯較多，它的圖畫出來會很類似，只不過巴勒斯坦的死亡事件不只限於暴力衝突造成的死亡。以色列觀光客的資料是來自以色列銀行（Bank of Israel），也可參考 http://www.bankisrael.gov.il/series/en/catalog/tourism/tourist entries/. 暴力死亡事件的資料是來自 David Fielding, "How Does Violent Conflict Affect Investment Location Decisions?" *Journal of Peace Research* 41, no. 4 (2004): 465-84.

第8章

❶ 請參考 John Lewis Gaddis, "International Relations Theory and the End of the Cold War," *International Security* 17, no. 3 (Winter 1992): 323-73; and James Ray and Bruce Russett, "The Future as Arbiter of Theoretical Controversies: Predictions, Explanations and the End of the Cold War," *British Journal of Political Science* 26, no. 4 (October 1996): 441-70.

❷ Bruce Bueno de Mesquita, "Measuring Systemic Polarity," *Journal of Conflict Resolution* (June 1975): 187-215; and Michael F. Altfeld and Bruce Bueno de Mesquita, "Choosing Sides in Wars," *International Studies Quarterly* (March 1979): 87-112.

❸ EUGene的網站，請參考http://www.eugenesoftware.org/.

❹ 請參考Bruce Bueno de Mesquita, "The End of the Cold War: Predicting an Emergent Property," *Journal of Conflict Resolution* 42, no. 2 (April 1998): 131-55.

第9章

❶ 請參考Xenophon, *Hellenica,* Book VI, Chapter IV, 可從以下網址下載http://www.fordham.edu/halsall/ancient/371leuctra.html.

❷ Edward Kritzler, *Jewish Pirates of the Caribbean: How a Generation of Swashbuckling Jews Carved Out an Empire in the New World in Their Quest for Treasure, Religions Freedom—and Revenge* (New York: Doubleday, 2008).

❸ Niall Ferguson, *The Pity of War: Explaining World War I* (New York: Basic Books, 2000).

第10章

❶ 請參考我在TED的演講http://ow.ly/2gFz，關於伊朗核武計畫的預測。

❷ 阿爾及爾協議（The Algiers Accord）於1975年簽訂，解決了伊朗與伊拉克的邊界糾紛，以巴士拉（Basra）附近的阿拉伯河

（Shatt al-Arab River）中央為兩國國界。雖已簽訂協議，海珊（Saddam Hussein）領導的伊拉克於五年後攻擊伊朗，開啟了延續八年的兩伊戰爭。因此雖然阿爾及爾協議對於兩伊的邊界問題已有法律的（但非策略的）約束條文，但是邊界問題仍是衝突之源。我們都知道，約定不等於保證，兩伊的歷史關係是最好的例子。

❸ 一項相關的分析指出，伊朗德黑蘭市市長加利巴夫（Ghalibaf）勢力逐漸壯大。下一屆伊朗總統選舉（2009年6月），據我分析雖然競爭激烈，但對於現任總統阿瑪迪內賈德（Mahmoud Ahmadinejad）仍較為有利。但他的勢力在選後會消退得更多。

❹ 這裏的政治權力變化的模式，也是來自我對伊朗所做的分析（雖然是用完全不同的資料）。它讓我非常有信心，因為這些資料準確反映了伊朗的政治影響力變化。這些其他分析的部分，可以看看我在TED的演講 http://ow.ly/2gFz

第11章

❶ 拉特朗第二屆大公會議（Lateran II）的內容可參考 www.fordham.edu/halsall/basis/lateran2.html.

❷ Raoule Van Caenegem, *The Birth of the English Common Law* (Cambridge: Cambridge University Press, 1988): 64.

❸ Emmanuel Le Roy Ladurie, *Times of Feast, Times of Famine* (New York: Doubleday, 1971).

❹ George W. Downs, David M. Rocke, and Peter Barsoom, "Is the Good News About Compliance Good News for Cooperation," *International Organization* 50 (1996): 379-406.

編後記

這本書很有趣，橫跨多個領域：首先，作者梅斯奎塔是政治學的學者，他應用賽局理論來做預測。而賽局理論做為數學的一個分支，又在經濟學領域被廣泛研究，如今已是經濟學的顯學。本書還觸及到目前的國際政治紛爭，以及一些歷史問題的解析。

在此要感謝譯者林添貴先生，以其在國際政治歷史方面的深厚素養，他的譯筆為本書的許多篇章增色不少。也要感謝高翠霜小姐、林幼琦小姐，為這本書的完成貢獻不少心力。

特別要感謝世新大學經濟系的黃光雄老師，在編者首次拿到原文書時，他即提供對於作者梅斯奎塔的理解，並肯定他的研究成果。另外也要感謝，現任香港城市大學經濟及金融系的馮勃翰老師（他也是《經濟大師不死》的譯者，長年關心台灣經濟學的出版情況），於編輯期間熱心提供意見，例如作者之子Ethan Bueno de Mesquita也是應用賽局理論分析政治現象的知名學者。還要感謝政治大學國關中心的嚴震生老師，以及元智大學社會暨政策科學系的陳勁甫老師，所

提供的專業意見。

　　將科學方法引入政治經濟學的研究，是很新的東西，希
望能對讀者有所幫助和啟發。

經濟新潮社 〈經濟趨勢系列〉

書 號	書 名	作 者	定價
QC1001	全球經濟常識100	日本經濟新聞社編	260
QC1002	個性理財方程式：量身訂做你的投資計畫	彼得・塔諾斯	280
QC1003X	資本的祕密：為什麼資本主義在西方成功，在其他地方失敗	赫南多・德・索托	300
QC1004X	愛上經濟：一個談經濟學的愛情故事	羅素・羅伯茲	280
QC1007	現代經濟史的基礎：資本主義的生成、發展與危機	後藤靖等	300
QC1009	當企業購併國家：全球資本主義與民主之死	諾瑞娜・赫茲	320
QC1010	中國經濟的危機：了解中國經濟發展9大關鍵	小林熙直等	350
QC1011	經略中國，布局大亞洲	木村福成、丸屋豐二郎、石川幸一	380
QC1014X	一課經濟學（50週年紀念版）	亨利・赫茲利特	320
QC1015	葛林斯班的騙局	拉斐・巴特拉	420
QC1016	致命的均衡：哈佛經濟學家推理系列	馬歇爾・傑逢斯	280
QC1017	經濟大師談市場	詹姆斯・多蒂、德威特・李	600
QC1018	人口減少經濟時代	松谷明彥	320
QC1019	邊際謀殺：哈佛經濟學家推理系列	馬歇爾・傑逢斯	280
QC1020	奪命曲線：哈佛經濟學家推理系列	馬歇爾・傑逢斯	280
QC1022	快樂經濟學：一門新興科學的誕生	理查・萊亞德	320
QC1023	投資銀行青春白皮書	保田隆明	280
QC1026C	選擇的自由	米爾頓・傅利曼	500
QC1027	洗錢	橘玲	380
QC1028	避險	幸田真音	280
QC1029	銀行駭客	幸田真音	330
QC1030	欲望上海	幸田真音	350
QC1031	百辯經濟學（修訂完整版）	瓦特・布拉克	350
QC1032	發現你的經濟天才	泰勒・科文	330
QC1033	貿易的故事：自由貿易與保護主義的抉擇	羅素・羅伯茲	300
QC1034	通膨、美元、貨幣的一課經濟學	亨利・赫茲利特	280
QC1035	伊斯蘭金融大商機	門倉貴史	300

書　號	書　　名	作　者	定價
QC1036C	1929年大崩盤	約翰・高伯瑞	350
QC1037	傷—銀行崩壞	幸田真音	380
QC1038	無情銀行	江上剛	350
QC1039	贏家的詛咒：不理性的行為，如何影響決策	理查・塞勒	450
QC1040	價格的祕密	羅素・羅伯茲	320
QC1041	一生做對一次投資：散戶也能賺大錢	尼可拉斯・達華斯	300
QC1042	達蜜經濟學：.me.me.me…在網路上，我們用自己的故事，正在改變未來	泰勒・科文	340
QC1043	大到不能倒：金融海嘯內幕真相始末	安德魯・羅斯・索爾金	650
QC1044	你的錢，為什麼變薄了？：通貨膨脹的真相	莫瑞・羅斯巴德	300
QC1046	常識經濟學：人人都該知道的經濟常識（全新增訂版）	詹姆斯・格瓦特尼、理查・史托普、德威特・李、陶尼・費拉瑞尼	350
QC1047	公平與效率：你必須有所取捨	亞瑟・歐肯	280
QC1048	搶救亞當斯密：一場財富與道德的思辯之旅	強納森・懷特	360
QC1049	了解總體經濟的第一本書：想要看懂全球經濟變化，你必須懂這些	大衛・莫斯	320
QC1050	為什麼我少了一顆鈕釦？：社會科學的寓言故事	山口一男	320
QC1051	公平賽局：經濟學家與女兒互談經濟學、價值，以及人生意義	史帝文・藍思博	320
QC1052	生個孩子吧：一個經濟學家的真誠建議	布萊恩・卡普蘭	290
QC1053	看得見與看不見的：人人都該知道的經濟真相	弗雷德里克・巴斯夏	250
QC1054C	第三次工業革命：世界經濟即將被顛覆，新能源與商務、政治、教育的全面革命	傑瑞米・里夫金	420
QC1055	預測工程師的遊戲：如何應用賽局理論，預測未來，做出最佳決策	布魯斯・布恩諾・德・梅斯奎塔	390

國家圖書館出版品預行編目資料

預測工程師的遊戲：如何應用賽局理論，預測未來，做出最佳決策／布魯斯‧布恩諾‧德‧梅斯奎塔（Bruce Bueno de Mesquita）著；林添貴譯. -- 二版. -- 臺北市：經濟新潮社出版：家庭傳媒城邦分公司發行, 2013.08
　　面；　公分. --（經濟趨勢；55）
譯自：The Predictioneer's Game: Using the Logic of Brazen Self-Interest to See and Shape the Future
ISBN 978-986-6031-38-0（平裝）

1. 經濟預測　2. 博奕論

551.98　　　　　　　　　　　102014618